닌하오 공자, 짜이찌엔 논어

최고의 스승 공자, 천 개의 배움 논어에 대한 유쾌한 강의!

닌하오 공자, 짜이찌엔 논어: 최고의 스승 공자, 천 개의 배움 논어에 대한 유쾌한 강의!

발행일 초판1쇄 2017년 6월 26일(丁酉年 丙午月 甲申日) | **지은이** 문성환 |
펴낸곳 북드라망 | **펴낸이** 김현경 | **주소** 서울시 중구 청파로 464, 101-2206(중림동, 브라운스톤서울) |
전화 02-739-9918 | **이메일** bookdramang@gmail.com

ISBN 979-11-86851-59-3 03140 | 이 도서의 국립중앙도서관 출판시도서목록(CIP)은 서지정보유통지원시
스템 홈페이지(http://seoji.nl.go.kr)와 국가자료공동목록시스템(http://www.nl.go.kr/kolisnet)에서 이용하
실 수 있습니다.(CIP제어번호: CIP2017013292) | **Copyright © 문성환** 저작권자와의 협의에 따라 인지는 생
략했습니다. 이 책은 지은이와 북드라망의 독점계약에 의해 출간되었으므로 무단전재와 무단복제를 금합니다.
잘못 만들어진 책은 서점에서 바꿔 드립니다.

책으로 여는 지혜의 인드라망, 북드라망 **www.bookdramang.com**

您好 孔丨子

닌하오 공자, 짜이찌엔 논어

최고의 스승 공자, 천 개의 배움 논어에 대한 유쾌한 강의!

再见 論語

문성환 지음

BookDramang
티 북드라망

논어, 왁자지껄하고 고귀한 삶의 길 위에서

두 얼굴의 『논어』

2017년 현재 우리에게 『논어』(論語)는 어떤 책일까요? 저는 『논어』가 서로 다른 두 개의 대척적인 시선 위에 존재하는 것이 아닐까, 생각합니다. 예컨대 한쪽에선 박제화된 고전으로서의 확고부동한 예찬이 있습니다. 그런가 하면 다른 한쪽에서는 완벽한 무관심 혹은 전혀 흥미를 못 느끼는 측이 있습니다. 저는 아카데믹한 현장 혹은 전문적인 한문 독해자들 속에 있는 곳의 『논어』를 대체로 전자의 경우라고 떠올립니다. 그곳에서 공자는 인류의 위대한 스승으로 우뚝히 존재합니다. 공자의 말씀을 기록한 『논어』가 특별한 텍스트로 다루어지는 건 당연한 일입니다. 아닌 게 아니라 『논어』는 동아시아 한자문화권에서 최고의 고전이라 말할 수 있습니다. 지금 현재에도 『논어』는 해마다 새로운 번역서와 해설서들이 끊이지 않고 출간되는 형편입니다. 또한 적어도 한자문화권에 속한 사람이라면 그가 아무리 공자와 무관한 현대인일지라도 '배우고 때에 따라 익히면 즐겁지 아니한가'(學而時習之, 不亦說乎)로 시작하는 『논어』 몇 구절쯤은 낯설지 않을 거라고 생각합니다. 그만큼 『논어』는 누구나 알고 있는 고전 중의 고전입니다.

하지만 『논어』에 대한 또 하나의 시선은 정반대편에 있습니다. 사실 시선이라기보다는 완벽한 무관심입니다. 여기에는 공자와 『논어』가 이미 시효를 다한 완벽한 과거라는 평가가 전제되어 있습니다. 공자는 보수적이며 남성중심적인 유학사상의 원류이며, 유학 및 『논어』는 그러한 공자의 정치적 욕망이 투영된 그들만의 말잔치라는 것. 요컨대 전근대시기의 조선이라는 나라는 오백 년이나 단 하나뿐인 학문으로서의 유학을 근간으로 국가를 유지했습니다만, 결국 나라는 위기에 처했고, 위기에 무력했으며, 오랜 유학 존숭의 결과 사대주의가 내면화되고, 계급과 특권의식이 고착되고, 변화에 유연하지 못하게 되었다는 것입니다. 어찌 됐건 결과적으로 유학은 근대 국민국가(Nation state)로의 전환 과정에서 가장 큰 적폐로 인식되었습니다. 하여 유학은 폐쇄적이고 배타적인 사유일 뿐이며, 시대착오적인 과거의 인습에 불과할 뿐이라는 생각. 요컨대 공자가 죽어야 나라가 산다는 것이고, 부정하고 극복해야 할 내 안의 타자로서의 『논어』입니다. 물론 오늘날에 이르러서는 이런 관심마저도 찾기 어렵고, 그저 깨끗하게 지워진 과거인 듯도 합니다.

『논어』를 어떻게 읽을 것인가

저는 학자들만의 리그에서 『논어』가 엄숙하게 읽히는 것과, 세속(!)에서 아예 잊혀져 존재감이 없는 것은 사실상 하나의 현상이라고 봅니다. 텍스트가 자기 시대의 여러 윤리적 혹은 정치적 문제들과 대화하지 못한다면, 그것은 일종의 자연사(自然死) 상태라고 말할 수 있기 때문입니다. 요컨대 현대인들에게 응답하지 못한다면, 아무리 고매한 해석의 층위를 발견하는 학자들이 있다고 해도, 이것은 슬픈 운명인 것입니다. 책의 운명이란 특히 더욱 그러합니다.

그렇다면 우리 시대에 『논어』는 어떻게 읽어야 할까요. 저는 일단 『논어』를 조금 자유롭고 편한 텍스트로 만들 필요가 있다고 생각합니다. 『논어』는 과거의 폐물로 몰아내야 할 인습도 아니지만, 그렇다고 무조건 떠받들어질 성전(聖典)도 아닙니다. 물론 『논어』는 대단히 훌륭하고 멋진 책입니다. 저는 삼십대 초반에야 겨우 『논어』를 만날 수 있었습니다만, 읽을수록 재미있고 새로운 뜻에 눈을 뜨게 하는 책으로서의 『논어』를 지금도 충분히 다 이해했다고 감히 말하지 못합니다. 하지만 이와는 달리, 아니 그렇기 때문에라도 저는 『논어』야말로 더욱 더 다양한 언어들(외국어를 뜻하는 게 아닙니다)로 '다시 말해져야' 하는 책이라고 생각합니다. 때론 십대들의 언어로, 때론 직장인의 언어로, 때론 백수들의 언어로, 때론 여성의 언어로, 때론 노년의 은퇴자들의 언어로 등등 말입니다. 물론 이 말은 앞뒤가 바뀐 말인지도 모르겠습니다. 십대들이, 직장인들이, 백수들,

여성들, 은퇴자들 등등이 읽어야 그들의 언어로 말해지는 『논어』가 나올 테니 말입니다.

『논어』는 공자와 그 제자들이 나눈 담화(discourse), 즉 '말씀들'입니다. 전체 오백여 개의 문구가 스무 개의 편(篇)으로 나뉘어 있습니다. 『논어』에서 스승과 제자들은 대화합니다. 때론 웃고 때론 논쟁하고 때론 토라지고 때론 혼이 나기도 합니다. 애초에 기록을 의식한 대화가 아니었기 때문에 『논어』에는 스승과 제자가 나누는 사소한 일상으로부터 나라를 경영하는 방책까지 다양한 주제가 자유롭게 펼쳐집니다. 제자들은 저마다 출신도 다르고 나이도 성격도 재주도 다 다릅니다. 이 모든 것이 한꺼번에 혼합되어 끓고 있는 말들의 잔치, 이것이 『논어』입니다. 즉 『논어』 안에 이미 다양하고 다층적인 여러 욕망의 선분들이 넘쳐 흐르고 있는 것입니다. 『논어』를 읽는 초점이 다각화되어야 하는 것은 이미 『논어』가 그러한 텍스트로 형성된 것이라는 점에서도 필요한 사항입니다.

그리고 바로 여기에 저는 『논어』가 이천오백여 년의 시공간을 뛰어넘어 21세기 우리 현대인들에게 육박해 오는 저력의 원천이 있다고 생각합니다. 요컨대 『논어』는 엄숙하고 정적이고 순수한 책이 아니라 왁자지껄하고 동적이고 하이브리드한 텍스트인 것입니다. 대체로 상당히 구체적인 어떤 상황과 맥락 위에서 '누군가'와 나눈 말들이라는 것이죠. 그러므로 이때 말씀들은 그 상황과 맥락 위에서 의미를 갖는 것입니다. 『논어』를 성물로 취급하는 태도에는 종종 그 말씀들의 권위에 눌려 상황과 맥락을 괄호쳐 버리는 경우가 많습니다. 위대한 스승의 반석과도 같은 진리의 말씀이 너무 소중하기 때문입니다. 하지만 저는 이 근거를 전도시키는 것에서부터『논어』를 읽어야 한다고 생각합니다. 누가 누구와 나누는 대화이고, 어떤 상황에서 이루어진 대화인지를 아는 것, 이것이야말로『논어』읽기의 출발점이 되어야 합니다. 고전(古典)을 알 듯 모를 듯한 멋진 경구(아포리즘)들의 모음이나 시대에 뒤떨어진 옛날 책쯤으로 만들어 버리지 않기 위한 방법이기도 합니다.『논어』는 저기 어딘가에서 진리를 감싸안고 고고히 서 있는 화석이 아닙니다. 그것은 반드시 지금 이곳에서 살아가는 내 삶의 현장(現場)과 내 삶의 언어와 격렬하게 부딪치지 않으면 안 됩니다.

공자는 힘이 세고, 제자들은 왁자지껄하다

공자는 힘이 셉니다. 이 말은 수사가 아닙니다. 공자는 키가 2미터 10센티미터가 넘고, 압도적인 신체를 가진 인물입니다. 앞에서 저는『논어』가 공자와 제자들이 나눈 대화들이라고 했습니다. 이 말은 사실 놀랍다면 놀라운 말입니다. 지금은 당연하게 생각하는 스승-제자의 관계, 이 관계는 사실상 공자로부터 기원하는 말이기 때문입니다. 생각해 보면 놀라운 말이 아닐 수 없습니다. 기원전 6세기, 지금으로부터 이천오백 년도 이전에 앎 혹은 배움에 기반한 인간관계가 시작되고 있는 것입니다. 아버지가 아들에게 전수하는 기술이 아니라, 스승과 제자라는 관계 위에서 '앎'의 교환이 이루어지고 있는 것입니다.

공자께서 말씀하셨다. 나는 열 하고도 다섯 즈음에 배움[學]에 뜻을 두었다. 서른에 관점을 세웠고, 마흔에는 어지러이 휘둘리는 일이 없게 되었다. 오십에는 천명(天命)을 알았고, 육십에는 귀에 거슬리는 일이 없게 되었다. 일흔에는 마음이 하고자 하는 바를 좇아도 그것이 법도를 넘지 않았다. 『논어』, 「위정」

공자는 동아시아 최고, 인류 최고의 스승 중 한 사람이었습니다. 전하는 말에 따르면, 공자에게는 무려 삼천 명에 이르는 제자들이 있었다고 합니다. 실로 엄청난 수가 아닐 수 없습니다. 이 가운데 예(禮)·악(樂)·사(射)·어(御)·서(書)·수(數) 등 여섯 가지 기예[六藝]에 통달한 인물만도 77명이었고, 그중에서도 또한 『논어』에는 덕행과 정치, 언어와 문학 등 네 개 부문에서 열 명의 핵심 제자들을 언급하고 있습니다. 그런데 여기에서 우리는 위대한 스승 공자에게 반드시 따라다니는 이 제자들에 관해 생각해 볼 필요가 있습니다. 예컨대 사마천(司馬遷)은 『사기』(史記)를 저술하면서 공자의 일생을 제후(諸侯)들의 기록인 「세가」(世家)편에 넣고, 따로 공자의 제자들에 관한 기록은 '중니제자 열전'(仲尼弟子列傳)이라 제목하여 「열전」(列傳)편에 수록하였습니다. 한마디로 공자에 관한 기록만큼 제자들의 기록을 일부러 남긴 셈입니다. 이는 다른 제자백가들에 대한 기록과 비교할 때, 단연 독보적이고 예외적인 대우였습니다.

스승=공자는 춘추전국시대에 등장하는 많은 제자백가들 중의 그저 한 사람이 아닙니다. 스승=공자가 갖는 특별함은 그가 가르침이 아닌 '배움'(學)에서 출발했다는 데 있습니다. 한마디로 공자는 누구보다 잘 배우는 사람이었고, 누구보다 배우기를 좋아하는 사람이었습니다. 그것이 공자의 스승됨입니다. 하여 공자는 비록 정성스런 마음[忠]이나 믿음직함[信]을 양보할지언정 스스로 잘 배우는 사람이라는 점에서만큼은 자부심이 컸습니다. 「위정」편에서 만년의 공자가 자신의 일생을 회고하는 첫번째 맥락이 '배움'[學]인 것도, 『논어』의 첫 구절이 배움으로 시작하는 것(學而時習之)도 단순한 우연이 아닙니다. 그리고 배움이라는 이 힘이야말로 압도적인 신체를 가진 공자가 가진 진짜 거대한 '힘'이었습니다.

따지고 보면 『논어』는 공자와 그의 제자들이 '배움'이라는 공통분모 위에서 벌인 우정의 말[語]잔치판입니다. 흥미롭게도 이들의 대화에는 추상적이고 객관적인 진리에 관한 열정이 보이지 않습니다. 아마도 이것은 『논어』의 말들이 구체적이고 실제적인 사건 속에 위치하고 있기 때문일 겁니다. 그러므로 『논어』를 읽는 것은 공자의 위대한 말씀을 듣기 위한 것이어서는 안 됩니다. 아니 공자의 위대한 말씀을 듣기 위해서는, 공자의 말로부터 그가 배우고자 했던 그 인생의 행로에 주목해야 합니다. 공자와 그 제자들의 말과 사건이 어떤 의미로 고정되어 버리면 그 순간 『논어』의 생명성은 순식간에 사라져 버린다는 사실을 잊어서는 안 됩니다.

한편, 배움을 통해 삶을 통찰하고자 했다는 점에서, 『논어』는 공자가 그렸던 삶의 이상적 형상이 인간의 능력을 초월한 성자(聖者)들의 삶이 아니었음을 분명하게 보여 줍니다. 또한 『논어』에 등장하는 공자와 그 제자들의 대화는 이들이 현실의 부단한 갈등 속에서 부침하는 평범한 인간들이었다는 사실도 증언합니다. 그런 점에서 공자의 일생에서 천명(天命)을 알게 되었다(지천명)는 오십은 특기할 만합니다. 천명이란 일종의 운명입니다. 하지만 이때의 운명은 결정된 무엇이어서 어찌할 수 없는 무엇이 아닙니다. 공자는 현실의 삶에 대해 정정당당하고 충실할 것을 역설합니다. 저는 이것을 고귀한 삶을 지향했던 공자의 가르침이라고 봅니다. 천명은 그 연장선상에 있습니다. 사람은 고귀한 삶을 지향해야 하는 사명이 있고, 그 사명을 수행하는 중에는 뜻하지 않은 좌절도 있을 수 있지만, 그것은 운명입니다. 중요한 건 우리가 스스로 더 고귀해지기 위해 노력하지 않으면 안 된다는 것이고, 배움은 그 과정에서 나를 이끄는 도반이라는 것입니다.

공자는 말합니다. 배우고 때를 잃지 않은 채 내 것으로 익히고, 나와 삶의 비전을 함께할 수 있는 동지들을 만나고, 내가 다른 사람들의 평가와는 별개로 내 스스로 부끄럽지 않게 살아가고 있다면, 이것이 바로 삶의 의미와 즐거움을 누리는 고귀한 자의 길이 아니겠는가, 라고. 공자는 박학하고 노련한 스승이지만, 지식을 가지고 제자들을 유혹하지 않습니다. 이 놀라운 스승은 대화를 통해 조금씩 조금씩 제자들에게 더 좋은 삶의 기예를 훈습시킵니다. 그리고 이 과정은 항상 시끌벅적+왁자지껄했습니다. 공공연했기 때문입니다. 『논어』에 나오는 말을 빌리자면, 덕은 외롭지 않으니 항상 이웃이 있는 법입니다. 진리는 외롭지 않습니다. 시끄럽고 고귀한 가르침입니다.

나만의 『논어』 사용 설명서를 위하여

그러니 우리는 '배움'을 강조했다고 해서, 공자를 아카데믹한 학문의 장(場)에서 노닐던 학자로 기억해서는 안 됩니다. 공자는 거대한 몸집과 권력 앞에 주눅들지 않는 옹골찬 용기를 지닌 인물이었습니다. 신체성과 지성 모두 보통 사람은 아니었지만, 그렇다고 해서 특별히 신통력을 가진 것도 아니었고, 고귀한 혈통을 이어받은 것도 아니었으며, 성장 환경이 좋았던 것도 아니었습니다. 오히려 공자는 세상이 자신을 알아주기 전에 먼저 자신이 세상을 찾아나선 인물이었습니다. 삶에 대한 이러한 긍정과 적극적인 리듬은 공자가 단지 추상적이고 이상적인 인간성을 탐구하는 데에 머문 학자가 아니었음을 잘 보여 줍니다. 당시로선 노년에 해당하는 55세에 쫓겨나다시피 고국을 떠나 십수 년에 걸친 천하주유(天下周遊)를 마치고 다시 노나라로 돌아왔을 때, 공자는 어느덧 칠십을 눈앞에 둔 만년의 늙은이였습니다. 공자의 삶과 『논어』는 바로 그 길 위에서 다져진 것입니다.

다시, 우리는 왜『논어』를 읽어야 할까요.

이 책은 이상과 같은 문제의식 위에서『논어』를 읽은 흔적의 결과입니다. 개념어나 자구 해석, 역사나 사상사 등의 입장에 치중하게 되는 학술적인 의미에서의『논어』읽기가 아니라,『논어』가 통용되는 동시대의 천 개의 언어 중 하나로 '써먹히는'『논어』를 말해 보고자 하는 것이 목표였다면 목표입니다.

저는『논어』가 그리고 나아가 많은 고전들이 단지 읽히는 것을 넘어 어떻게든 써먹히기를 바랍니다. 이것은 단순히 실용적인 해석을 해야 한다는 뜻이 아닙니다. 일례로 공자와『논어』에게서 '인'(仁)을 배운다는 것은, 인의 개념을 학습하고 익히고 외우는 것이 아닙니다. 책을 읽는다는 것은, 공자를 배우면 공자가 되고 싶고,『논어』를 읽으면『논어』처럼 살고 싶은 것이어야 합니다. 인한 사람이 인을 행하는 것이 아니라, 인을 행하는 사람이 인자(仁者)인 것입니다. 그러니 한 권의 책을 단지 한 권의 책을 읽었다는 기억을 갖기 위해 읽을 필요가 있을까요? 저는 아니라고 생각합니다. 물론 이렇기 때문에 우리의 수없이 많은 독서가 현실적으로 '실패'하게 될 것입니다. 하지만 그 실패들에도 불구하고 아니 실패들 덕분에 우리는 매 순간 다시 도전할 기회를 갖게 되고, 다른 삶의 출구들을 찾는 삶의 주인이 되는 것입니다. 독서는 독서를 하는 지금의 '이 나'에게 하나의 삶이 되어야 한다고 생각합니다. 그리고 그런 의지를 가지는 사람만이 고전을 읽는 사람이라고 생각합니다. 비장한 게 아닙니다.^^

『논어』는 단지 오늘날까지 여전히 번역되고 출간되기 때문에 고전이 아닙니다. 『논어』가 여전히 우리에게 의미가 있다면 그것은 『논어』의 가르침이 현대인의 삶에도 용법을 가질 수 있기 때문이고, 그럴 때에만 고전은 고전으로서의 이름을 가질 수 있습니다. 저는 『논어』가 매 순간 새로 쓰여지고, 시공간을 뛰어넘어 지금 나에게 어울리는 현재의 책이자 미래의 책이라는 점에 동의하기 때문에 이 글을 책으로 묶습니다.

지금 우리에게 『논어』란 무엇인가. 이 물음은 절대 학자들을 위한 것이 아닙니다. 우리 스스로 『논어』를 포함한 고전들을 통해 각자가 대답을 구하지 않으면 안 되는 질문인 것입니다. 그것은 마치 왜 밥을 먹는가, 왜 숨을 쉬는가, 왜 커피를 마시는가… 등등과 같은 것입니다. 그런 질문 앞에 서서 책을 읽을 때라야 『논어』는 다시 말해지고 다시 쓰여지게 될 것입니다. 그렇게 다시 쓰여지고 다시 말해지는 곳에서만 『논어』는 여전히 건재하게 될 것입니다. 단 한 사람이라도 이 말에 응답할 지기(知己)가 나타나기를 기대합니다.

* * *

늘 그렇듯, 한 권의 책은 수많은 인연들의 도움에 힘입어 태어납니다. 이번에는 더욱 그러했기에 이 자리를 빌려 간단하게나마 감사 인사를 드립니다. 우선 이 책은 지난 수년간 제가 공부하는 연구실과 공공기관, 학교 등에서 이루어진 '논어 강의'를 책으로 엮은 것입니다. 강의 현장의 열기와 감흥이 책의 토대가 되었음을 밝힙니다. 감사드립니다.

　『논어』 강독을 통해 가르치는 사람이야말로 먼저 배우고 또 즐겁게 공부하는 호학자의 자리라는 걸 일깨워 준 우웅순 선생님, 늘 삶의 비전을 앞질러 보여 줄 뿐 아니라 이번에는 원고 작업까지 강제시켜(!) 준 고미숙 선생님께 마음으로 큰절을 올립니다. 내 존재의 두 집(남산강학원/인천집)에 있는 식구들에게도 특별한 감사의 마음을 전합니다. 혹시라도 이 책에서 이룬 것이 있다면 그것은 전적으로 제가 누린 이 공부 인연 덕분일 것입니다. 조금씩이라도 더 나은 공부와 삶으로 갚을 수 있기를 바랍니다. 출판사 북드라망에도 진심으로 감사드립니다. 부족한 원고를 책이 될 수 있게 다듬어 주고 길을 만들어 주었을 뿐 아니라 몇 차례의 기한 연기도 우정으로 인내해 주었습니다. 북드라망과 연구실의 오래고 귀한 인연으로 탄생하는 이 책이 더 많은 인연들을 부르는 행운의 부적이 되었으면 좋겠습니다.

2017년 5월 10일

호모-쿵푸스들의 도량 남산강학원에서

문리스

차례

4부. 인이란 '무엇'인가 279

1부.
누구나 알지만 잘 모르는
공자와 『논어』

論
語
孔丘

"너는 어찌 이렇게 말해 주지 못했는가?
공자 그 사람은 (배움에) 마음을 한번 일으키면 밥먹는 것
도 잊고 그 즐거움에 근심걱정도 잊어버릴 정도여서,
곧 늙음이 들이닥치는 것도 알지 못하는 위인이라고."
—— 『논어』 「술이」편

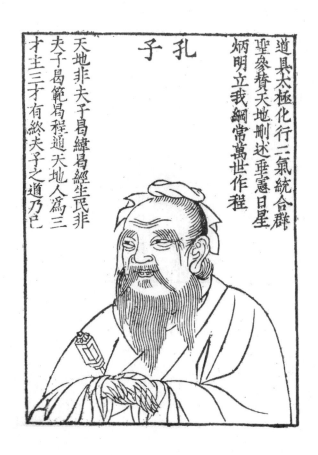

0. 인트로

안녕하세요. 호모-쿵푸스들의 와자지껄한 공부 공동체 〈남산강학원〉(kungfus.net)의 문리스*입니다. 이 책의 주제인 공자(孔子)나 『논어』(論語)는 당장 인터넷서점에만 검색해 보아도 대략 이천삼백육십팔… 권 정도의 관련 책 정보를 얻을 수 있을 것 같은, 요컨대 '신상'이 아닙니다. 그러니 모르긴 몰라도 알 만큼은 아는 듯한, 확실히 오래되고 익숙한 주제입니다.

　대한민국에서 살면서 '공자'라는 이름을 못 들어 본 상태로 살기는 쉽지 않습니다. 그리고 또 대한민국에서 정규교육 ──요즘 고등학교까지가 의무교육이던가요? 여튼 꼭 정규교육이 아니더라도 이 공동체 안에서 생활하면서 『논어』 한두 구절쯤, 아니 『논어』 책과 한 번쯤 만나 보지 않고 살기란 여간 어려운 일이 아닐 것입니다. 드라마나 영화 속 대사로도 심심찮게 쓰일 테고, 아무리 작은 서점에라도 동서양 고전 몇 권쯤은 언제나 교양 서적으로 있게 마련이

----

* 〈남산강학원〉 내에서 저는 '문리스'라고 불립니다.

니 그럴 경우 공자나 『논어』 관련된 서적이 빠질 일은 아마도 없을 것이기 때문입니다. 아무리 작은 서점이더라도 공자와 『논어』 관련된 책 한 권씩은 있고, 공자나 『논어』와 관련 된 책들은 지금 이 순간에도 계속 만들어지고 있습니다.

생각해 보면 정말 놀라운 일이 아닐 수 없습니다. 공자는 기원전 551년에 태어났습니다. 얼추 계산해 보아도 지금으로부터 이천오백 년도 더 이전 인물인 것입니다. 그 인물의 말씀을 편찬해 놓은 책이 『논어』라는 책인데, 책으로 만들어진 것도 최소한 이천삼사백 년은 될 것입니다. 그러니까 조금 유치하게 말해 보자면, 지금으로부터 이천 몇백 년 동안 『논어』는 스테디셀러인 것입니다. 작정하고 저작 권리를 돈으로 보상받고자 했다면 아마도 공자 가문은 세계 최고의 부자 대열에 끼어 있게 되었을지도 모릅니다. 그런데 그것과는 아무 상관 없이, 따지고 보면 우리가 공자의 적통도 아닌 마당에, 우리는 왜 시간상으로도 이천 몇백 년이 떨어져 있고, 공간상으로도 수만 리나 떨어진 저 아득하고 머나먼 시공간의 무엇과 굳이 접속하려고 하는 걸까요.

그런데 또 한편으로는 이런 생각도 해봅니다. 어쩌면 우리들, 공자나 『논어』에 대해 잘 알고 있다고 '착각'하는 것은 아닐까요? 너무 많이 얘기를 들어서, '기억은 잘 안 나지만 과거에 언젠가 내 자신이 『논어』를 읽은 것 같다'는 착각을 하고 있지는 않나. 또는 안 읽어도 될 것 같은 생각을 갖고 있지는 않나. 즉, 우리가 굳이 어떤 책을 읽어야 된다면, 그중에 우선 읽어야 할 책들 중 굳이 『논어』를 선택하지 않게 되는 것은 아닐까. 엄청나게 유명하고 누구나 알지만, 콕 집어 얘기해 보면 그렇게 많은 사람들이 읽지는 않는(은) 책. 모르긴 몰라도 『논어』는 여기에 해당되는 게 아닐까, 라고 저는 생각합니다.

일단 출발은 이렇게 시도해 봅니다. "누구나 아는 공자와 『논어』". 누구나 다 안다고 전제하고, 그 '안다'라고 하는 공자와 『논어』에 대한 이야기를 다 같이 듣는 자리에서 다시 해보자, 라는 취지입니다. 그래서 우리가 상식적으로 알고 있는 공자든, 또는 귀동냥으로 들어서 알고 있는 『논어』든, 아니면 어려서부터 집이 엄하고 뼈대 있는 유학자 집안이어서 가학(家學)으로 배운 『논어』든, 혹은 『논어』가 생전 처음이든… 모두를 염두에 두고 어쨌든 지금 이땅에서 누구나 한 번쯤은 듣거나, 읽어 봤거나, 아니면 자기에게 관여되어 있는 의식주의 생활 규범에서나 우리가 만나게 되는 공자와 『논어』에 대한 이야기를 해볼까 합니다.

"우리가 다 아는 공자가 어떤 인물인가" 하는 것과, "우리가 다 아는 『논어』라는 책이 어떤 책인가" 하는 것, 그리고 시간이 된다면 "그래서 공자와 『논어』라고 하는 이 책에서 가장 핵심적인 가르침이 있다면 무엇인가" 여기까지가 목표입니다. 갈 길이 머네요. 서둘러야겠습니다.^^

1. 공자는 키가 크다—유학의 신체성①

공자(孔子)를 알려면 일단 공자에 대해서 기록하고 있는 문헌들을 참조할 수밖에 없습니다. 공자에 관해 가장 많은 정보를 품고 있는 문헌은 뭐니뭐니 해도 『논어』입니다. 공자 가문에서 전해졌다는 『공자가어』(孔子家語)라는 책도 있습니다만 이는 『논어』보다 훨씬 후대의 기록입니다. 『논어』를 제외한다면, 그 다음은 아마도 사마천(司馬遷)의 『사기』(史記)가 아닐까 합니다.

사마천이라는 역사가는 『사기』 안에 여러 인물들을 다루고 있습니다. 그런데 그중에서도 공자에게 상당한 분량을 할애하고 있어요. 다른 지식인 학자들에 대한 기록들과 비교해 보면 금세 그 차이를 느낄 수 있습니다. 표면적으로는 일단 분량의 문제에서 큰 차이가 나는데, 비단 분량의 문제가 아니어도 공자에 관한 사마천의 특별 대우는 확연히 티가 날 정도입니다. 그래서인지 많은 『사기』 연구자들은 공자에 대한 사마천의 태도를 대체로 긍정적이고 호의적이었던 것으로 평가합니다. 단적인 예로 이런 겁니다.

『사기』라는 책은 다섯 개의 카테고리(범주)로 이루어져 있는데요. 첫번째 카테고리에는 제왕들, 황제들의 일대기가 그려져 있습니다. 사마천은 『사기』에서 이것을 '본기'(本記)라고 제목을 붙여 놓았습니다. 두번째 카테고리는 제후들 편으로, 제왕들이 땅을 나눠 주고 통치권을 준 각 지역의 왕(임금)들의 역사를 기록해 놓은 겁니다. 각 나라들의 이야기, 이것을 '세가'(世家)라고 합니다. 세번째는 '표'(表)입니다. 역사를 연표로 정리해 놓은 카테고리입니다. 네번째로는 예와 악, 기타 천문이나 국가제사 등등에 관한 독립된 주제의 글들을 '서'(書)로 묶어 놓았습니다. 소금 전매정책은 어떻게 할 것인지 세금은 어떻게 걷을 것인지 이런 얘기들을 적어 놓은, 하나의 독립적이고 단편적인 글입니다. 그리고 다섯번째, 『사기』에서 가장 유명한, 제왕도 아니고 제후도 아닌 일반 사람들의 일대기들을 적어 놓은 '열전'(列傳)이라고 하는 글들이 있습니다. 『사기』는 전체가 130개 편으로 되어 있는데요, 이중에 '열전'이 70편을 차지합니다. 굉장히 방대한 분량이라는 걸 알 수 있어요. 『사기』 전체 중에서 반 이상이 '열전'이에요. 이 안에 그 유명한 오자서 열전, 자객 열전, 고사리만 먹다 죽었다는 백이·숙제 열전을 비롯해 우리나라 조선열전도 들어 있습니다.

다시 공자 이야기로 돌아오겠습니다. 사마천은 『사기』에서 공자의 기록을 '세가' 속에 편입시켜 놓았습니다. 「공자세가」(孔子世家), 제목이 이렇습니다. 공자는 우리가 잘 알다시피 왕족이 아닙니다. 석가모니 붓다, 고타마 싯다르타는 왕족의 자손이었지만 공자가 왕족이라는 얘기는 들어 본 적이 없어요. 그런데 사마천은 공자의 일대기를 '세가'에다 적어 놓은 겁니다. '세가'는 제후들의 역사를 적어 놓은, 말 그대로 세습[世]되는 가문[家]들의 이야기인 것입니다. 가문이라고 하니까 요즘 같은 식구 정도로 생각하시면 안 됩니다. 엄청난 부와 권력 등을 가지고 대대로 세습을 통해 지역에서 굳건한 자기 기반을 갖고 있는 이들이며, 그래서 그 지역의 우두머리가 된 세력가, 즉 제후들인 것입니다. 그런데 바로 이 '세가'에다가 사마천은 「공자세가」라는 제목으로 공자 관련한 글을 끼워 넣었던 것입니다.

이뿐만이 아닙니다. 「중니제자 열전」이라고 하는 글을 또 따로 지어서, 공자의 제자들에 대한 이야기까지 '열전' 속에 배치해 놓았습니다. 사마천이 기록하고 있는 여러 인물들 중에 춘추전국시대의 사상가들이 여러 명 있습니다. 이를테면 노자에 대한 글도 있고, 맹자에 대한 글도 있고, 순자, 장자에 대한 글도 다 사마천의 『사기』에 들어 있습니다. 그런데 그 사람들에 대한 글은 번역문으로 보면 한두 페이지 분량밖에 안 돼요. 그런데 「공자세가」와 「중니제자 열전」을 합치면, 얇은 책 한 권 정도나 됩니다. 그러니까 사마천이라는 인물이 자기가 기록하는 역사서 안에서 사상가들 중에서도 특별히 공자를 얼마나 우대하고 있는지를 이런 점에서 금방 알 수 있어요. 어쨌든 이 기록은 『사기』가 가지고 있는 권위에 공자가 가지고 있는 권위가 합쳐져서, 공자를 연구하는 사람들에게는 공자의 행적을 볼 수 있는 비교적 이른 시기의, 상당히 풍부한 기록을 담고 있는, 누구도 피해갈 수 없는 공자에 대한 기본 자료의 지위를 갖습니다.

그런데 여기에 보면 사마천이 공자를 이렇게 적어 놨어요. "공자는 키가 9척 6촌이다." 제가 공자 강의를 할 때마다 늘 이 얘기를 합니다. 사마천이 이런이런 대단한 기록을 남겼는데, 거기에 공자에 대해 이런 말을 했다. 키가 9척 6촌… 그러면 반응이 꼭 지금처럼 이렇게 '적막'합니다. 우리는 9척 6촌이 얼만지를 알 수가 없습니다. 이것을 오늘날의 미터법으로 환산하면 2m 8cm에서 2m 15cm 정도 됩니다. 참고로 농구선수 출신 방송인 서장훈 씨 키가 2m 7cm입니다. 놀랍죠? 아닌가요? 그렇게 억지로 안 놀라실 필요 없어요. 일단 충분히 상상력을 발휘해 보시길 바랍니다.

강의를 하다 보면 "공자님이 이런 신체를 가지고 있다는 건 과장일 수도 있지 않습니까?"라고 묻는 분들도 가끔 있습니다. 물론! 그럴 수(도) 있겠지요. 기록이라는 게 언제나 믿음직한 건 아니니까요. 하지만 그렇지 않다는 기록도 없어요. 이 기록이 얼마나 과장되어 있는 건지 얼마나 사실인지는 우리가 확인할 방법이 없습니다. 그런데 사마천은 "공자는 키가 9척 6촌이다" 이렇게만 적어 놓은 게 아니고, 뒤에 "장인"(長人)이라고 해놓았어요. 키가 크다, 꺽다리다라는 겁니다. 사마천도 어쩌면 사람들이 안 믿을까 봐, "키가 9척 6촌인 키다리"라고 써 놓은 것은 아닐까요? 이것만이 아닙니다. "사람들이 기이하게 여겼다"라는 말까지 덧붙여 놓았습니다. 이렇게까지 써 놓았는데 일단 한번 믿고 가 보는 게 어떨까요?(^^) 자, 다른 기록을 또 살펴볼까요?

2. 공자는 힘이 세다―유학의 신체성②

『춘추』(春秋)라는 책이 있습니다. 노나라의 역사를 기록한 책인데, 공자가 지었다[述]고 알려져 있습니다. 『춘추』는 『시경』·『서경』· 『주역』·『예기』 등과 함께 유학에서는 경전[經]으로 대접받는 책입니다. 나이를 물을 때, "춘추가 어떻게 되십니까?"라고들 하잖아요? 그 말의 연원이기도 합니다. 역사를 담고 있는, 시간을 담고 있는 책이기 때문에 그게 자연스레 나이를 가리키는 관용어가 된 것이죠. 제가 왜 이런 얘길 하냐 하면, 이 『춘추』라는 책에서 공자 관련 기록을 좀 찾아볼 수 있기 때문입니다. 정확히는 공자의 아버지에 대한 기록입니다. 공자의 아버지는 숙량흘(叔梁紇)이라는 사람입니다. 직업이 무사(武士)였어요. 직업 군인이었다는 말입니다. 『공자가어』에 따르면, 숙량흘의 키는 10척, 즉 대략 230cm 정도였습니다. 만약 이 말이 사실이라면 숙량흘과 공자 부자에게서 우리 눈에 먼저 띄는 것은 단연 남다른 신체 사이즈입니다.

저는 지금 공자님의 노골적인 육체미에 대해 말씀드리고 있는 중입니다. 왜? 저는 이것이 한편으론 공자와 『논어』를 이해하고 읽기 위해 꼭 필요한 공통감각 같은 거라고 생각하고, 또 한편으론 일부러 좀 강하게 어필해서라도 누구나 알고 있(다고 믿)는 공자와 『논어』의 이미지를 세탁해야 한다고 믿기 때문입니다. 저는 이 과정이 반드시 필요하다고 생각해요. 특히 우리처럼 특정하고 사실상 고정된 방식으로 유학을 받아들인 경우에는 더욱더 말이죠.

무슨 말이냐면, 우리 조선에서 오백 년간 유학의 나라를 지켜 왔다고 하는데, 사실 엄밀히 말하자면 유학의 나라였다기보다 그나마도 특정한 안경-렌즈로 유학을 보았을 뿐이라고 말할 수 있습니다. 그 특정한 안경-렌즈를 저는 주자-렌즈라고 부릅니다. 물론 주자는 동아시아 고금을 통틀어 누구 못지 않게 훌륭한 업적을 남긴 위대한 학자입니다. 그래서 주자에게 모든 책임을 지우는 게 옳은 것인지는 모르겠습니다만, 영광을 오로지한 만큼 짊어져야 할 책임도 있는 것입니다. 어쨌든 중국 유학사에서 공자·맹자로 대표되는 고대 선진(先秦) 유학을 도덕적인 관점에서 일관되게 이해하려는 흐름을 송대 이후의 유학에서 발견할 수 있습니다. 이 과정에서 공자로 대표되는 선진 유학도 해석되었던 것이고요.

저는 공자를 만나 보기 전에는, 아니 『논어』를 공부하기 전에는 공자와 동아시아 고전 등에 관한 지독한 편견이 있었습니다. 만나보지도 않고 읽어 보지도 않았는데 말이죠. 제 편견을 공유할 수 있는지 한번 들어 봐 주세요. 읽어 보지도 만나 보지도 않은 공자를 제가 어떻게 생각하고 있었느냐 하면, 순전히 주위들은 풍월로 '공자님은 뭐 잘 모르긴 몰라도 핵심은 인(仁)에 있다' 이렇게 생각을 했어요. 인이라는 말은 우리말로 풀면 '어질다' 정도이거나 혹은 한자어 그대로 인자하다 정도이지요. 그러니까 공자님은 인자함을 갖춘 분이야. 인자함이 뭔데? 어진 거니까 이해심이 넓고 다른 사람들을 포용해 주는 그런 거? 실제로 『논어』에서 '인'이 언급되는 대목이 백 번도 넘습니다. 이것도 107번이라는 책도 있고, 109번이라는 책도 있고, 아무튼 책에 따라 다르기도 합니다. 왜 다른지는 저도 모르겠어요. 아무튼 저는 안 세어 봤어요.^^ 어쨌든 실제로 공자가 인에 대해서 많이 말씀하셨구나 하는 것은 확인이 되는 셈입니다.

그리고 공자님은 중국 사람이니, 중국 영화 같은 데서 봤던 나이가 들어 풍채가 넉넉하고 배도 좀 여유있게 나온(포대화상 생각해 보세요. 예전 금복주라는 소주에 있던 신선하고요) 그런 인물이 떠오릅니다. 키는 당연히 좀 작달막하겠지요. 인자하시다니 아마도 만면에 항상 웃음을 띠고 사람들을 향해 고개를 끄덕끄덕해 줄 것 같은 멋진 할아버지! 저는 이렇게 공자를 이미지화했던 것입니다.

그런데 막상 제가 책에서 만나게 된 공자는 이런 분이 아니었습니다. 생각해 보세요. 키가 2미터가 넘는다니! 아버지가 직업군인인 분의 아들이니 신체도 건장했을 확률이 크지 않겠어요? 공자를 만세의 스승이고 만인이 우러러보는 스승이라고 말들 하는데, 이게 수사만은 아닌 거죠. 무슨 말이냐면 공자는 일단 당연히 우러러볼 수밖에 없어요. 공자를 만나면, 기본적으로 하늘을 향해 고개를 치켜들 듯 쳐들어야 하는 겁니다. 키가 월등히 크니 올려다 볼 수밖에요. 그럼 그 이전까지 제가 막연히 공자님 이미지로 그렸던 그분은 누구실까요? 나중에야 우연히 길에서 제 머릿속의 공자님을 마주치고야 알았어요. 그분은 KFC 할아버지였습니다.^^ 좀 더 나가 볼까요. 저는 공자님이 노(魯)나라의 일종의 랜드마크였을지도 모르겠다, 뭐 이런 생각도 해봤어요. 곡부(曲阜) 사람들이 이러는 거죠. "우리 내일 만나서 점심이나 먹자구!" "좋지, 언제 어디서 만날까?" "음… 해가 니구산(尼丘山) 동편 위로 여섯 치쯤 떠올랐을 때, 음… 공자 있는 데서 보면 좋겠네." 그만큼 공자는 대충 어디서든 다 보인다는 거죠. 물론 농담입니다, 농담!^^

핵심은 간단합니다. 기존에 가지고 있던 공자에 대한 이미지를 깨야 한다는 거예요. 유학에 대한 이미지를 깨야 된다는 겁니다. 동아시아 고전에 대한 이미지, 고정관념을 깨야 『논어』가 보이고, 공자가 보이고, 나아가 이런 것들을 가로지르는 고전 독서가 재미있어진다고요. 이게 기본이거든요, 『논어』와 공자. 그런데 이것들에 우리가 가지고 있는 굉장히 완고한 습이 있다고 저는 생각합니다. 여간해선 깨지기가 쉽지 않아요, 그게.

공자를 공부한다는 사람치고 사마천의 「공자세가」를 피해 갈 수 있는 연구자는 절대 없습니다. 여기에 실린 기록들을 어떻게 믿을 것인지는 다를 수 있지만, 이 자체를 부정할 수는 없다는 겁니다. 그런데 그 안에 버젓이 이렇게 되어 있어요. 사마천이 이렇게 써 놓고 있어요. "공자는 9척 6촌이었고, 키가 큰 사람이어서, 사람들이 기이하게 여겼다." 이 정도 써 있으면 어느 정도의 진실은 가리키고 있는 게 아닐까요. 일단 신체사이즈가 보통 사람보다 발군이었다.

이게 첫번째 포인트인 겁니다. 그런데 그냥 키만 컸느냐? 그게 아니라는 거예요. 하지만 제가 볼 때 공자의 신체적 능력은 의식적·무의식적으로 상당히 과소평가되어 있어요. 거꾸로 말하면 굉장히 강력한 육체를 가지고 있는 사람이었다는 게 공자를 이해하는 출발점에서의 포인트여야 한다, 이겁니다. 아버지 숙량흘이 무사 출신이에요. 키가 공자보다 더 크고 직업도 전쟁터에서 무기를 휘두르는 전쟁-기계였죠. 이게 보통 신체였겠습니까? 역시 반응이 미지근하네요. 좋습니다. 그럼 조금 다른 방식으로, 공자의 신체 능력을 간접적으로 상상-체험해 보도록 하죠. 19금 버전으로 제가 소개해 드리겠습니다.

공자의 아버지 숙량흘이 공자를 낳을 때의 비화예요. 첫번째 부인에게서 숙량흘은 아홉 명의 자식을 봅니다. 숙량흘, 굉장하신 분이죠? 부인이 더 대단하다고요? 예, 그렇기도 하네요. 여튼 두 분 다 대단합니다.(ㅅㅅ) 저는 지금 공자 집안이 얼마나 육체적으로 특출난 집안인지를 설명드리고 있습니다.

숙량흘은 아홉 명의 자식을 낳았는데 전부 딸만 낳았습니다. 역시 보통 분이 아니셨던 거죠.(ㅅㅅ) 그래서 숙량흘은, 아니 그래서인지는 잘 모르겠지만 어찌 됐든 공자의 아버님 숙량흘은 두번째 부인을 얻습니다. 그리고 여기에서 다시 1남 1녀를 낳았어요. 벌써 자식이 몇 명입니까? 하지만 불행하게도 아직 공자님은 없어요. 공자는 좀 더 기다려야 합니다. 드디어 세번째 '여인'에게서 숙량흘은 공자를 낳습니다. 사실 숙량흘의 이 위대한 육체 능력이 아니었다면 공자는 존재 자체가 없었을지도 모릅니다. 그 당시 숙량흘은 69세인가 70세인가 그랬어요. 정말 알면 알수록 대단하신 분이죠? 공자님이 이런 분의 자식이에요. 게다가 숙량흘의 세번째 '여인'이었던 안씨 집안의 딸은 그때 당시 나이가 고작 열다섯 살이었어요. 놀라셨죠? 요즘 같으면 법에 걸려요. 제가 지금 가십처럼 말씀드리고 있지만, 저는 공자의 이 육체성을 우리가 놓쳐서는 안 된다고 생각합니다. 과장할 필요도 없지만, 일부러 괄호 치고 별것 아닌 것처럼 외면할 문제는 더더욱 아닌, 아니 매우 중요한 대목입니다. 저는 바로 그 지점을 분명하게 전제하는 데서 유학에 대한 공부가 흥미로운 시선을 얻게 된다고 생각합니다.

3. 공자는 체력이 좋다—유학의 신체성③

이번엔 좀 다른 예를 볼게요. 공자는 기원전 551년에서 479년까지 73년을 살았습니다. 당시로선 꽤 장수한 편이었다고 볼 수 있습니다. 그런데 이런 공자가 칠십 생애 가운데서 후반부에 해당하는 55세가 되던 해에 자기 나라인 노나라를 떠나 추방에 가까운 망명 생활을 하게 됩니다. 그 배경은 좀 복잡한데, 어쨌든 정치적 좌절로 외국 생활을 하게 된 거라 생각하시면 됩니다. 거의 망명객 수준으로 떠돌았거든요.

이때 공자님은 무슨 일을 하냐 하면, 68세가 되는 해까지 햇수로 14년간, 이웃 나라들을 돌아다니면서 이력서를 내고 다니셨습니다. 아마도 정치적으로 쓸모 있기를 바랐기 때문일 겁니다. 자, 나이를 한번 보세요. 55세에서 68세면 요즘으로 쳐도 만만한 나이가 아니에요. 그런데 이 나이에 자기 나라를 떠나서 말이죠. 중국이란 나라는 한 나라라고 보기 어려울 정도로 큰 하나의 우주입니다. 물론 공자님이 떠돌던 시기의 중국이 지금의 중국과 비교해 영토면에서 차이가 크다고 해도, 지금으로부터 이천오백 년 전입니다. 요즘처럼 비행기를 타고 다니는 것도 아니고, 고속철도가 있는 것도 아니죠. 걷거나 수레를 타거나 했죠. 그렇게 14년을 돌아다녔다는 말입니다. 이건 물론 역사적 사실이고요.

자, 이런 대목을 만나게 되면 우리는 어떤 생각이 들어야 할까요? 즉, 이런 장면에서 무엇이 보일까요? 전 아무리 봐도 공자의 놀라운 체력이에요. 근데 이런 건 아무도 안 봐 주죠. 봐 주는 건 고사하고 그렇게 보면 공자를 굉장히 속되고 타락되게 그리는 것인양 여기죠. 그래서 보통 도덕적으로 이 문제를 해결합니다. '공자께서는 세상을 향한 열정과 의지와 높은 도덕적 책임감으로 천하를 주유하셨다', 이렇게요. 왜 그럴까요? 우리한테는 공자에 대한 이미지, 유학에 대한 이미지가 도덕주의적인 것으로 되어 있기 때문에 그렇습니다. 공자님의 강력한 의지와 정신력이, 세상을 구제하려는 선의와 도덕성이, 열정이, 14년을 주유천하(周遊天下)하게 했다는 거예요. 네, 맞지요, 맞고 말고요. 당연히 그러셨겠죠. 저도 그걸 부정하고 싶지는 않아요. 그런데 과연 의지와 열정만으로 가능할까요? 공자님의 이 남다른 체력은 어디 갔냐고요? 저는 차라리 공자님의 의지를 포기할지언정, 체력을 외면하지 않겠습니다.(웃음) 아니 저는 만일 둘 중 하나라면 육체적인 면이 근본적이라고 생각하고 있습니다.

4. 유학인가 주자학인가

오늘날 우리에게 유학은 어떤 이미지인가요? 아! 자꾸 '우리'라고 해서 죄송합니다. 다시 말해 보죠. 예컨대 유학을 공부하기 이전의 '저'는 사실 전근대 문화, 특히 유학에 대해 편견이 아주 많았습니다. 그 당시 제가 생각하고 있던 유학을 말씀드려 보면 대략 이렇습니다. 글방 서생들이 기득권 가문에서 태어나서 나이가 들면 적당히 책이나 좀 읽고 그러다 때가 되면 과거시험 보고 관직에 나아갑니다. 이제부터는 더 쉬워요. 대충 한두 마디 정도만 하면 되거든요. "성은이 망극하옵니다" 혹은 "통촉하여 주시옵소서."(웃음)

이 정도 하면서 평생 잘 먹고 잘사는 기득권 세력이라고 생각했습니다. 유학자 선비들이요. 저에게 유학자 사대부들은 손에 물 묻히지 않고, 아무리 급한 일이 있어도 팔자걸음으로 걷고, 몸 쓰는 일은 천한 일이라고 경시하는 그런 존재들이었습니다. 그리고 그런 인물들의 기득권을 옹호하는 첨병이라고, 유학을 생각했었습니다. 제가 생각하는 유학자 사대부들이란 그저 그런 곱상한 글방 선비님네들이었다는 얘깁니다. 저만 그런가요? 안 그러신 거예요?

그런데 제가 알고 있었던 그 유학은 나중에 알고 보니 이천오백 년 유학 역사에서 보자면, 특정한 역사적 시기에 존재했던 유학이었어요. 더 단도직입적으로 말씀드려 볼게요. 우리에게 '유학'은 유학이라기보단 주자학입니다. 물론 주자학도 유학입니다. 하지만 주자학이 유학 자체인 것은 아니에요. 그렇게 보는 것은 우리에게 씌워진 어떤 안경 필터 같은 것입니다. 그런데 우리에게는 이 오래된 안경 필터가 마치 유학 자체인 것인 양 아무렇지도 않게 그 안경만으로 유학이라고 자처했어요. 주자학의 역사로 보자면 700여 년이었고, 우리에게 그 안경이 들어와 사용된 것만도 500여 년이었던 거죠.

하여 우리는 주자학의 장점이 있더라도 그것이 곧 유학의 장점인 줄 알고 있고, 주자학의 단점이 있더라도 그것이 곧 유학의 단점이라고 생각하게 된 것 같아요. 제가 이전에 생각해 왔던 유학의 폐해들, 혹은 유학의 이미지들, 그 상당 부분이 저는 유학이라기보다 주자학에 대한 우리의 양가적 감정이라고 생각합니다. 그런데 이후에 제가 공부해 본 바에 따르면 주자학은 어찌 됐건 유학의 일부라는 사실입니다. 그리고 저는 바로 이런 지점에서도 지금 우리에게 『논어』를 다시 읽는 의미나 혹은 『논어』 읽기에 대한 시선에 대한 의미를 살펴볼 수 있다고 생각합니다. 즉 우리에게 그렇게 절대적인 것으로 작동했던 주자학에 대해, 그 외부를 살펴볼 수 있는가 하는 문제 의식. 그것은 지금 우리가 고전을 다시 읽는 이유이기도 할 것이기 때문입니다. 저는 주자학의 여백에서 만나게 되는 이 지점이 어쩌면 현대의 우리들이 맞닥뜨린 문제들에 대해 여러 측면에서 응답이 가능할 수도 있으리란 기대를 가지고 있습니다. 저는 그런 관점에서 공자와 『논어』를 다시 보자고 제안드리는 겁니다.

말이 자꾸 길어지고 있는데, 다시 돌아가겠습니다. 말씀드리고 싶은 요점이자 이 강의의 전제로 삼고 싶은 것 하나는 기본적으로 이 유학이라는 학문이 생각보다 아주 건강하고 씩씩한 학문이라는 사실입니다. 보수적이고 꼰대적이기보다는 의외로 혁신적이고 유연합니다. 수동적이고 얌전한 줄 알았는데, 웬걸! 아주 적극적이고 용감합니다. 또 사회적 예법과 고리타분한 도덕 설교를 강요하는 답답한 학문인가 했더니 오히려 스스로 삶의 실천적이고 윤리적인 가치를 창출하라고 독려합니다. 유학(주자학 아닙니다ㅋ)을 만나게 되면서 저에게는 이런 점들이 비로소 보이기 시작했던 것입니다.

신분 문제도 그렇습니다. 공자는 기득권 귀족 세력 출신이 아닙니다. 귀족은커녕 어찌 보면 미천한 출신입니다. 이미 말씀드렸 다시피 아버지 숙량흘은 하급무사[士]였어요. 물론 민(民)보다는 낫다고 할 수 있어요. 하지만 사(士)계급은 당시 지배계급 중에서 가장 낮은 지위였습니다. 이들은 조상으로부터 권력이나 부를 상속 받지 못한 계급이고, 자신들의 능력을 통해 존재를 증명해야 하는 그룹입니다. 어머니 안씨녀는 무가(巫家)의 딸입니다. 일종의 천민 입니다. 그러니까 이렇게 미천한 공자가 춘추시대에, 신분제가 공 고했던 시대에, 지역의 임금에 해당하는 제후(군주)들과 일대일로 대화를 할 수 있을 정도의 인물이 되는 겁니다. 한마디로 엄청난 신분 상승인 거죠. 하지만 이때에도 핵심은 '공자가 노력해서 신분 상승한 입지전적 인물이다'가 아니라 유학이라는 학문이 이처럼 가난하고 미천한 출신의 인물로부터 출발한다는 사실입니다. 상상 한번 해 보시죠. 노나라의 제후, 노나라의 대부들이 이 미천한 공자에게 와서 질문을 하고 답을 구하는 장면을요. 또는 공자가 자기 나라를 떠나 이웃 나라를 다니고 있으면, 그 나라에서 "공자가 우리 나라에 왔다하니 한번 만나서 무슨 말 하는지 들어 볼까?" 하는 겁니다. 제나라 같은 강대국에서도 말이죠. 공자님과 제경공(齊景公), 혹은 노애공(魯哀公) 등이 만나는 장면이 당연한 것처럼 보이셨죠? 얼핏 생각하면 당연한 것처럼 보이지만, 또 한편 생각해 보면 이건 사건이라면 특별한 사건이었습니다.

5. 미천하고 야생적인 학문으로서의 유학

다시 한번 반복해서 강조드리지만, 공자는 키가 9척 6촌에 달한 아주 건장한 사람이에요. 『공자가어』에 묘사된 공자 아버지는 키가 10척입니다. 대략 230센티미터 정도 될 겁니다. 거기에 직업은 용병 무사. 아마 숙량흘은 압도적인 육체를 가진 인물이었을 겁니다. 저는 숙량흘의 이 신체적 능력을 공자가 고스란히 물려 받았을 거라고 봅니다.

　안 믿기세요? 그럼 이런 예는 어떨까요. 공자의 주요한 제자 중에 자로(子路)라고 하는 인물이 있습니다. 자로는 공자보다 고작 아홉 살 적어요. 공자랑은 거의 형제 또는 친구뻘인데, 공자의 제자 중에서 초기 제자이고 굉장히 씩씩하고 용맹한 사람입니다. 사마천이 「중니제자 열전」에 이 자로에 관해 써 놓은 게 있는데요. 거기를 보면, "자로는 공문에 들어오기 이전에 왈인이었다"라고 되어 있어요. 왈인이란 말은 건달이란 말입니다. 지역에서 껌 좀 씹었다는 말이죠.(웃음) 골목 하나를 딱 쥐고 있었어요. 그런데 사마천에 따르면 자로는 공문에 들어온 이후로 아주 온순해졌다는 거예요. 훌륭한 사(士)가 된 거죠. 『논어』에 많은 제자들이 나오지만, 자로는 제자들 중 가장 많이 등장하는, 아주 중요한 제자입니다. 그만큼 나이도 많고 공자랑 오래 생활을 하기도 했고 그만큼 에피소드도 많은 공자의 최측근입니다.

자, 이제 결론. 그런 자로에 관해 사마천의 말은 이렇게 이어집니다. "자로가 공문에 들어온 이후로 세상에서 공자에 대한 비방이 사라졌다." 이게 뭘 뜻하는 줄 아세요? 연구자들은 이걸 이렇게 해석합니다. 자로가 본래 깡패처럼 성질이 굉장히 거칠고 드세고 주먹을 잘 쓰는 인물이었는데, 의리가 또한 뛰어나서 우연히 선생님(공자)을 비방하는 사람을 만나면 자로가 먼저 주먹으로 다 해결을 한 거다! 이렇게요. 그래서 자로가 공자의 문하에 들어온 이후로는 세상에서 공자에 대한 비방이 사라졌다는 겁니다. 그런데 그런 자로가, 우리 힘세고 용맹무쌍한 자로가, 『논어』 안에서 어떤지 아십니까? 거의 대부분 스승께 크게 혼나고 깨지고 박살나는 장면의 주인공입니다. 이걸 후세의 유학자들은 이렇게 이해합니다. '성인(공자님)의 고매한 도덕적·인격적 인품이 지역 깡패였던 자로를 인격적으로 교화시켰다.' 물론 맞죠. 누가 그걸 아니라고 하겠습니까. 그런데 저는, 왠지 자로에게는 다른 방법도 없었지 않았을까 하고 생각합니다. 즉 공자한테 자로는 힘으로도 아마 안 되었을 거라는 겁니다. 키가 2미터가 넘는 거구 스승한테 성질 한 번 못 참고 덤볐다가는 제대로 깨지지 않았겠어요?(웃음)

지금까지 제가 드리고 싶은 말의 요점은 이렇습니다. 유학이라고 하는 학문은 기본적으로 매우 야생적인 학문이라는 거예요. 아주 밑바닥 삶을 경험한 천한 인물로부터 연원하는 학문이라는 겁니다. 우리는 굉장히 귀족적인 학문이라고 생각을 하고, 굉장히 온순한 학문이라고 생각을 하고, 굉장히 수동적이고 보수적인 학문이라고 생각을 하지만, 사실은 굉장히 거친 학문이에요. 역동적이고, 실제적이고, 용감하고, 야성적인 학문이라는 것. 그런데 그렇게 보고 나서 다시 보니, 제가 좋아하는 유학자들은 대부분 다 본래 이런 사람들이었습니다. 구체적으로 말해 보라고요? 맹자가 그렇고요. 명나라의 왕양명이 그렇고. 사마천이 그렇고…, 또 결정적으로 조선 후기 최고의 지성 연암 박지원이 그렇습니다.

6. 맹자·박지원·왕양명의 공통점은?

맹자(孟子)는 자신을 공자 학맥의 일원이라고 생각했습니다. 맹자는 증자(曾子)의 제자이자 공자의 손자인 자사(子思)에게, 아니 정확하게는 자사의 문인에게 배웠습니다. 사실 맹자는 학력 세탁 논란이 좀 있을 수도 있어요. 「공자세가」에 보면 공자의 문도가 삼천 명이었다고 하는데, 그중에는 아마 등록금 한 번 낸 정도의 인연들도 포함되었다고 볼 수 있어요. 그래도 삼천 명이라는 숫자는 엄청난 숫자입니다. 그런데 맹자는 사실 공자의 제자(증자)의 제자(자사)의 제자(자사의 문인)의 제자라는 겁니다.

이 맹자의 일생도 파란만장합니다. 대략 팔십수 이상을 누렸는데, 존경하는 스승 공자처럼 맹자도 20여 년간 천하를 유랑했어요. 더구나 전쟁의 시대[戰國時代]입니다. 그런데 전쟁과 패권 경쟁으로 날이 설 대로 서 있는 제후들 앞에서 할 말 다 하는 대장부가 맹자입니다. 맹자 얘기도 할 말이 많지만, 일단 지금은 맹자 역시 건강했고, 기개가 높았으며, 잠시도 가만히 있지 못하는 부지런하고 활동적인 사람이었다는 점을 지적해 두겠습니다. 그런 점에서 맹자는 공자 학문의 적통이 될 수 있습니다.

조선 후기의 선비인 연암 박지원(朴趾源). 이 분도 풍채가 남달랐어요. 공자만큼 거대하지는 않지만 보통 사람보다 몸집이 크고 기백이 좋았습니다. 특히 주량과 체력은 타의 추종을 불허합니다. 연암의 둘째아들 박종채의 『과정록』에 보면 연암이 아침, 점심, 저녁 손님들을 응대하면서 하루 동안 수십 잔의 술을 마셨다는 기록이 있습니다. 또 한번은 친한 후배이자 함께 어울렸던 무사 백동수가 술을 먹고 살짝 주사를 부렸는데, 연암께 크게 꾸지람을 듣고 다시는 주사를 부리지 않았다는 일화도 있어요. 물론 이 말은 연암이 백동수를 주먹으로 혼내줬다는 말은 아닐 거예요. 하지만 그만큼 엄하고 기백이 남달랐다는 겁니다.

연암의 체력은 결정적으로 『열하일기』로 증명됩니다. 대략 반년가량 연암은 아주 건강하게 압록강을 건너 북경에 이르고, 열하로 갔다가 다시 북경을 거쳐 한양으로 돌아오는 그 어마어마한 일정을 소화합니다. 단순히 일정을 소화하는 게 아니라 거의 매일 밤해당 지역 사람들과의 교유를 위해 필담과 술로 밤문화를 만들어내시지요. 지역 사람들과 교유하느라 이틀밤을 꼬박 새우는 건 보통 일이고, 북경에서 열하까지 700리 길을 무박 사흘의 초인적인 일정으로 소화하기도 합니다. 박지원은 그런 강철 체력을 가지고 있었습니다.

또 한 명, 제가 좋아하는 중국 명나라 최고의 학자가 있습니다. 사실 저는 명나라를 별로 좋아하지 않습니다만, 왕양명(王陽明)을 배출한 시대였다는 점은 긍정하고 있습니다. 이 왕양명이라는 분도 대단히 흥미로운 분인데, 그 이유는 그러니까 한마디로 말해 이 분은 보통 우리가 생각하는 지식인=학자=유학자 이미지를 단숨에 깨버리는 인물이기 때문입니다. 왕양명은 사대부 출신 문인이고 양명학의 창시자이니 학자임에 틀림없습니다. 그런데 왕양명은 스물여덟 살에 과거 시험을 통해 중앙 관료로 나아간 이후, 초반 몇 해를 제외하고는 잠깐 휴직했다가 복직한 이후 죽을 때까지 20여 년간을 전쟁터에서 야전사령관으로 살아갑니다. 각종 민란과 내란 등에 투입된 군인이었던 겁니다. 전쟁터의 유학자, 칼을 든 유학자, 이런 말들이 왕양명에게는 은유나 수사가 아닙니다. 양명학은 철저하게 야전에서 꽃피워진 학문입니다. 그렇기 때문에 번다하고 지리한 말이 없고 굉장히 간명하고 직관적으로 정수리를 내려치죠. 양명학에 맞으면 제대로 아주 아찔합니다. 어쨌든 포인트는 왕양명이 평생을 말 타고 중국 전역을 누빈 군인-사령관이었다는 사실입니다. 유학은 이런 사람들로부터 출발하고 또 아주 멋지게 꽃을 피운 학문이었던 것입니다.

7. 원초적이고 야생적인 환관 사마천

얘기가 자꾸 옆으로 새는데, 어쨌든 말 나온 김에 사마천 얘기까지 마저 합시다. '사마천'이라는 이름을 들으면 어떤 게 떠오릅니까? 저는 예전에 '사마천'이라는 이름을 들으면 두 가지가 떠올랐어요. 『사기』의 저자, 그리고 궁형(宮刑)을 당한 사람. 이 정도 수준이었습니다. 아마 여러분들도 비슷하지 않을까 싶습니다. 이제 고개를 끄덕이시는군요. 최근에는 사극이나 영화 등에서 아주 큰 역할을 하는 멋진 환관들이 종종 등장합니다만, 제가 어렸을 때는 드라마나 영화에 등장하는 환관들은 다 가느다란 목소리에 여성적인 홀쭉한 몸을 가진 약해 보이는 남성들이었어요. 실제로 환관은 남성이 거세된 사람들이었으니 신체가 여성화됩니다. 인위적으로 여성화되는 거지요.

사마천도 궁형을 당했던 겁니다. 그런데 이런 사마천이 저술한 『사기』라는 책이 있습니다. 어마어마한 분량이죠. 무려 526,500자라고 합니다. 제가 어디 가서 사마천 얘길 하게 되면 꼭 이 얘길 하는데요, 그때마다 반응이 꼭 이렇습니다. 못 들은 척, 아무 반응이 없죠. 거의 백 퍼센트 반응이 이렇습니다. 왜? 도무지 가늠이 안 되거든요. 많은 건지 적은 건지, 많다면 얼마나 많은 건지 말이죠. 아까 공자의 키가 9척 6촌이었던 것처럼요. 참고로 유학에서 사서로 일컬어지는 『논어』, 『맹자』, 『대학』, 『중용』으로 말씀드릴게요. 『논어』가 대략 15,000여 자, 『맹자』 35,000여 자, 『대학』 1,750여 자, 『중용』 2,350여 자 이렇습니다. 그러니까 사서를 다 합쳐도 『사기』의 10의 1인 거죠. 『장자』가 좀 많은데 대략 70,000여 자, 『노자』(도덕경)는 겨우 5,000여 자 정도입니다.

그런데 사마천의 『사기』는 무려 526,500자! 내용상 당시 세상에 내놓지 못하고 후세를 기다려야 했는데, 혹시 몰라 2부씩 작성했다고 하거든요. 이제 좀 놀라시는군요. 저는 이 사실을 처음 알게 되었을 때 이런 생각이 들었어요. 사마천, 대단하다! 그런데 뭐가 대단한가? 팔뚝힘이 대단하다.(웃음) 실제로 사마천은 이십대 초반에 수년에 걸쳐 우임금의 전설이 있는 땅에서부터 고대 역사의 현장들을 직접 답사했고, 이후 관료가 되어서도 당시 한(漢)나라 전역을 종횡으로 휘젓고 다닌 씩씩한 인물이었습니다.

다시 한번 강조하지만 동아시아 유학, 이거 웬만한 학문이 아니고요. 유학자들, 이분들 웬만한 사람들이 아닙니다. 특별한 사람들의 학문이라는 뜻이 아닙니다. '내추럴 본 기득권'으로 살았던 만만한 골방 샌님 학자들이 아니라는 말입니다. 훗날 이 학문이 문명의 권위가 되고, 이 사람들이 국가의 기득권 세력이 되고, 귀족 관료 세력이 되어 보수화되고 생동감과 현장감을 잃게 되는 건 역사적 문제일 뿐입니다. 특히 중국 남송대 이후, 즉 남송으로부터 원나라를 거치는 이 시기가 주자학이 등장하고 관학화되는 시대인데요, 우리나라의 경우는 바로 이 남송대 유학을 받아들이면서 유학의 표준으로 삼았던 겁니다. 공자 맹자 등으로부터 유래하는 유학의 부정할 수 없는 핵심 줄기에는 인류의 원초적 생명성이랄까, 여하튼 아주 에너제틱한 기운이 있습니다. 사람과 사람이 맞부딪치는 현장에서 현장의 언어로 길어올려진 삶의 지혜인 거죠. 저는 그러한 냄새가 나는 유학을 사랑합니다.

8. '누구나'가 아닌, '누군가'를 위한!

한편『논어』속에는 의외로 인간적인, 너무도 인간적인 공자님이 등장합니다. 조금 과장해서 말하자면 우리 주위에서 볼 수 있는 생명도 감정도 있는 어르신들처럼요. 훌륭한 인품을 갖췄고, 지성인의 풍모도 물론 있지만, 때론 까칠하고, 공격적이고, 화도 잘 내고, 삐친 것처럼 보이기도 하고, 결정적으로 아주 유머러스한 모습을 보여 주시기도 합니다. 제가 만난『논어』속 공자는 굉장히 매력적인 분이었습니다. 그 배경에는 사람과 세상에 대한 공자만의 에너지가 있죠. 저는 그 에너지를 만나는 게 도덕적이고 교훈적인 방식으로 『논어』의 구절 한두 개를 더 외우는 것보다 중요하다고 생각합니다. 그러니 우리부터 색안경을 좀 벗고 공자와『논어』를 만날 필요가 있어요. 예를 들면, 대화 흐름상 공자님이 삐친 게 분명한데 그걸 굳이 아니라고 볼 필요가 없다는 거예요. 대놓고 제자들을 편애하는 게 뻔한데 그걸 굳이 멋진 말로 포장할 필요는 없다는 거예요.

요컨대『논어』는 사람살이에서 일어날 법한 이러저러한 일들이 그저 공공연하게 일어나는 하나의 현장입니다. 이걸 굳이 공자님이, 공자님의 제자들이 그랬을 리가 없다, 고 미리 수세적으로 방어하고 그럴 필요 없습니다. 사실 제자들끼리 서로 다툴 수도 있는 것 아녜요? 스승님이 특정한 친구만 예뻐하는데 질투도 생기고 그럴 수 있는 거 아닌가요? 『논어』 안에 보이는 구절들을 모범적이고 이상적으로만 생각을 해서, 도덕적 교훈이 있는 글들로 읽어 내려고 하지 않아도 됩니다. 자꾸 그러니까 재미가 없어집니다. 맥락과 상황과 캐릭터들이 다 사라져 버리고 그저 자구에 대한 번역문만 남아서 전해지는 『논어』가 무슨 힘이 있겠냐고요. 그냥 착하게 살아라, 라고 말하는 책인 거죠.

저는 그런 고전을 고속도로 화장실 고전이라고 해요. 고속도로 휴게소 화장실에 가 보면, (여자 화장실은 모르겠어요) 남자 화장실에는 종종 일 보는 곳에 고전 명구들이 적혀 있곤 하거든요. 한참 일을 보는데 눈높이에 써 있는 거죠. "네가 원치 않는 일을 다른 사람에게 행하지 말라." 그럴 때면 어째야 할지를 모르겠어요. 맥락도 없이 그저 좋은 문장이니 한번 읽고 가, 이런 뜻일 텐데 그런 건 그냥 경구예요. 멋진 말들이지만 죽은 말들이죠.

우리는 이제까지 『논어』를 『맹자』를 그런 식으로 읽어 온 게 아닐까요? 우리가 특정한 도덕적 방식으로 『논어』를 읽는 것은 고속도로 휴게소에서 만나는 명언명구들과 뭐가 다를까요. 그저 훌륭하고 착하게 살라는 말처럼 보이는 게 어쩌면 당연한 거 아닐까요. 하지만 제가 아는 한 고전은 그렇게 두루뭉술하게 말하는 법이 없습니다. 생각 없이 일 보고 있는 사람한테 주는 명언이 아니라는 말입니다. 아주 구체적이고 실제적인 언어=실천적 언설입니다. 만인을 위한 교훈이 아니라 지금 나에게 말을 건네는 『논어』를 읽어야 한 다는 겁니다. 『논어』는 당위를 말하는 책이 아닌 원래 그런 책이었 기 때문입니다. '누구나'를 위한 책이 아니라 바로 '너'(즉 나)를 위 한 책, 그것이 『논어』예요. 아직 못 믿으시는 것 같으니, 그럼 간단히 『논어』한 구절을 보고 갈까요.

9. 스승, 질문을 만드는 자

『논어』열한번째 편인「선진」(先進)편에는 이런 대목이 있습니다. 공자님이 자로(子路), 염구(冉求), 공서화(公西華)라는 제자들과 같이 있는데, 자로라는 제자가 불쑥 선생님에게 이렇게 묻습니다.

"선생님! 어떤 말을 들었다면 실행에 옮겨야 하겠죠?"

그러자 공자 선생님께서 이렇게 대답합니다.

"아니다. 부모 형제가 계신데 그렇게 듣는 대로 바로 행동에 옮겨서야 되겠는가. 심사숙고해야지."

그러자 곁에 있던 염구가 묻습니다.

"선생님! 어떤 말을 들었다면 실행에 옮겨야 하겠죠?"

그러자 공자 선생님께서 대답합니다.

"콜!(웃음) 당연하지, 들으면 실행해야지!"

그러자 공서화가 고개를 갸우뚱거리며 묻습니다.

"선생님! 방금 전에 자로 형님이 '들었으니 실천해야죠?'라고 여쭈니까 '부형이 계시다'고 말씀하시고선, 지금 다시 염구가 '들으면 실천해야죠?'라고 물으니 '실천해야 한다'고 하셨습니다. 아니 1

분도 안 지났는데, 한 입으로 두 말을 하시면 어떡합니까?"

여기서 공자님이 "그래, 공서화야, 네 말도 맞다"라고 말하면 황희 정승이 됩니다.(웃음)

하지만 공자님은 이렇게 대답하시죠.

"자로는 남을 누르고 너무 나서는 기질이라 좀 눌러 앉힌 것이고, 염구는 자꾸 물러나려고 하기에 북돋워 준 것이다."

『논어』라는 책의 맛을 느낄 수 있는 멋진 구절입니다. 다른 건 둘째치고 이 『논어』라는 책은요, 여기서 보듯 스승 공자와 제자들이 이렇게 바로바로 얘기하고 자기 생각들을 나눕니다. 이 배치만 봐도 그렇습니다. 염구와 공서화는 서로 나이가 비슷하지만, 자로는 이들에 비하면 거의 한 세대가 앞서는 선배입니다. 이렇게 선배와 후배가 함께 공부를 하는 거죠. 아니, 공부라기보다는 스승+동료와 함께 '살아가는' 겁니다.

그런데 다시 한번 찬찬히 보시죠. 이 내용이 상당히 재미있어요. 원문을 보면 똑같습니다. "問斯行諸?"(문사행저) '들으면 곧 실행해야죠?'라는 뜻입니다. 자로의 이 질문과 염구의 이 질문이 원문에서 똑같습니다. 하지만 뭐니 뭐니 해도 이 대화의 묘미는 제자들의 질문에 대한 스승 공자의 대답에 있습니다. 자로한테는 '참아라 워워' 한 거고, 염구한테는 '롸잇 나우!'라고 한 거예요. 이게 무엇을 의미할까요?

보통은 이 구절을 이렇게 봅니다. 자로와 염구의 기질이 달랐기 때문에, 성인께서는 같은 질문에 다른 대답으로 각자를 이끌어

주신 것이라고요. 맞습니다. 옳은 말입니다. 그런데 저는 이런 구절이야말로『논어』라는 책을 읽는 방법과 관련해서 좀 더 적극적으로 생각해 볼 지점이 아닐까 합니다. 요컨대 이 구절은 같은 질문에 다른 대답을 했다고 볼 게 아니라, 이미 다른 질문이었다고 보아야 한다는 거죠. 이미 다른 질문이었으니 당연히 다른 대답을 할 수밖에요. 생각해 볼까요?

자로는 동네 왈인(건달) 출신이고, 나이는 많고, 거칩니다. 이런 자로가 "들었으면 곧 실행해야죠?"라고 했던 말과 평소 얌전하고, 아직 나이도 어린 염구가 "들었으면 곧 실행해야죠?"라고 하는 말이 과연 같은 질문일까요? 어떤 말이 자로와 계열화되면 그것은 이미 자로의 질문인 것입니다. 염구와 계열화되면 이미 염구의 질문인 것이고요. 그러니 당연히 다른 질문에 다른 대답인 것이지 않을까요?

저는 이런 점이 대화로 구성되어 있는『논어』의 묘미라고 생각합니다. 무슨 말이냐 하면, 고속도로 화장실 같은 데서 불쑥 만나는 것처럼 맥락이나 상황이 전혀 없이 맞닥뜨리는 경구가 아니라, 대단히 구체적이고 실제적인 어떤 상황 등으로부터 뿜어져 나오는 말들이라는 겁니다. 그러니까 역으로, 지금 우리가『논어』를 읽는다는 것은 한마디 한마디에서 그런 상황과 배경 등을 가능한 한 충분히 고려해서 읽어 내려는 노력과 분리되지 않습니다. 그런 상황들을 상상할 수 있을 때,『논어』는 비로소 더 효과적이고 실질적인 텍스트가 되는 것이기 때문입니다. 그런 맥락을 지워 버리거나 괄호 쳐

버리고 읽는 것은 『논어』를 그저 도덕교과서로 만들고 마는 겁니다.

그런데 우리는 이 간단한 사실을 종종 혹은 쉽게 잊습니다. 우리는 '공자님의 『논어』'라는 생각에는 익숙하지만, 사실 이 책이 공자님과 제자들이 분리될 수 없는 방식으로 함께 등장하고 있는 책이라는 점에 관해서는 의외로 주의를 기울이지 않습니다. 미리 말씀드리자면 공자의 제자들은 절대 『논어』의 카메오나 조연들이 아닙니다. 카메오나 조연이기는커녕 당당한 공동주연들입니다. 『논어』는 비록 공자님 말씀으로 이루어진 책이지만, 엄밀히 말해 공자님은 『논어』에 한 글자도 쓰지 않으셨어요. 공자님은 『논어』를 본적도 없지요. 공자님 돌아가시고 나서도 한참 후에 만들어진 책이니까요.

말이 또 좀 돌았네요. 여하튼 『논어』는 묻고 답하는 대화의 책입니다. 대화라는 말은 무엇인가에 대응한 말들이라는 뜻입니다. 상황 자체가 단수적이지 않고 이미 복수=상호적 상황에서의 말들이라는 거죠. 독백이 아니라는 뜻입니다. 복수=상호적 말씀들이라는 의미는 단순히 수적으로 둘 이상이라는 뜻이 아니라, 앞의 대화에서 보듯 스승께서 항상 제자들의 질문을 이제까지 없었던 단하나의 질문으로 만들어 낸다는 의미입니다. 아니 그게 바로 『논어』속에 등장하는 스승의 모습인 거겠지요. 스승은 대답하기 위해 질문을 받는 자가 아니라, 제자와의 관계를 하나의 질문으로 만들어내는 자라는 것. 그렇게 하나의 질문이 만들어질 때마다 『논어』는 바로 '너에게'('나'에게)만 응답하는 스승의 말씀이 되는 겁니다.

10. 야합, 공자 출생의 비밀?

이제 지금까지의 이야기를 좀 마무리 짓고, 『논어』라는 책에 관해 이야기를 해야 할 듯합니다. 여하튼 지금까지 제가 말씀드리고 있는 것은 좁게는 이 강의 전체에 관해서, 넓게는 우리가 만나는 유학에 관해서 일종의 밑그림 같은 것을 세팅하는 작업입니다. 유학에 대한 어떤 전제들을 미리 공유하고 출발하자는 바람이라고 해도 좋습니다. 그 일환으로 우선 공자라는 인물을 살펴본 것입니다. 너무 오랫동안 공자님은 그저 성인군자셨거든요. 보통 사람으로선 감히 엄두도 내지 못할 정도였고, 사실 그 바람에 그다지 엄두를 내고 싶지 않은 정도가 되어 버린 상황이었던 거죠. 왜냐하면 굉장히 도덕적인 분이어서 아주 고리타분한 느낌을 주었기 때문입니다. 하지만 제가 보는 공자님은 그렇지 않았을 뿐 아니라 오히려 오늘날 우리가 알고 있는 공자 이미지로 인해 손해를 보는 느낌이었습니다. 공자님을 지나치게 성인화하거나 신성시하는 게 꼭 공자님을 존경하는 것은 아니기 때문입니다.

　반대로 공자님에 관해 인간적인 여러 풍모들(거기에는 단점이

나 약점이 될 만한 무엇도 있을 수 있겠죠)을 강조한다고 해서 이것이 공자님에 대한 폄훼나 공격이라고 생각하지도 않습니다. 우리가 생각해 봐야 하는 것은 공자의 그런 면모들이 강조된다면, 그것이 무엇을 의미하느냐 하는 점일 겁니다. 저는 공자나 『논어』 혹은 유학에 관한 논의가 다양화될 수 있는 근거에는 기본 자료들에 대한 해석과 상상력의 스펙트럼이 필수적이라고 생각합니다. 그것을 가능하게 할 수 있을 때, 그 가능성을 열어 두고 또 그 다양한 해석들을 포용할 수 있게 되는 만큼 고전에 관한 우리 시대의 이해와 실제적 효용은 섬세하고 깊어질 것이라 생각하기 때문입니다. 그리고 저는 이런 제 생각이 특별한 게 아니라 사마천 때부터 유래하는 지극히 정통적인 해석적 태도라고 생각합니다. 또 예를 들어 보라고요?

사마천의 「공자세가」를 다시 참조해 보겠습니다. 공자의 출생에 관해서 사마천이 기록을 남기고 있는 대목이 있는데요. 앞서도 말씀드렸지만, 사마천은 공자와 공자 제자들에 관한 상세한 기록을 각각 따로 남겼을 정도로 공자에 대해 각별한 예우를 보여 주는 인물입니다. 그럼에도 「공자세가」에 보면 사마천도 차마 어떻게 이해하고 처리해야 할지 난감해한 듯한 대목이 있습니다.

공자의 출생에 관한 부분인데요. 공자가 출생할 때 공자의 아버지 숙량흘 어른이 거의 70세 정도였어요. 그런데 안씨 집안 따님이었던 공자의 어머님은 나이가 얼마였느냐 하면 고작 열다섯이었습니다. 심해도 좀 많이 심하죠? 아무리 공자님이 특별한 분이시긴 해도, 이건 너무 특별했던 거죠. 그래서였을까요? 사마천은 이 대목을 이렇게 기록했습니다.

紇與顔氏女野合而生孔子.흘여안씨녀야합이생공자

'흘'(紇)은 공자 아버지 숙량흘을 말합니다. '여'(與)는 and(그리고)이고, '안씨녀'(顔氏女)는 공자의 어머니를 말합니다. 안씨 집안 딸이라는 겁니다. 그런데 그 뒤에 뭐라고 써 났냐면 '야합'(野合)이라고 되어 있어요. 야합해서 생공자(生孔子), 즉 공자를 낳았다는 겁니다. 즉 숙량흘과 안씨집 딸이 야합해서 공자를 낳았다 이런 겁니다. 이것이 사마천의 기록입니다. 공자를 그렇게 존경하는 사마천이 보기에도 이 만남은 좀 잘못된 만남 같다는 그런 표현이지 않았을까요? 이 대목을 두고 연구자들이 여러 해석을 내리기는 합니다만, 어찌 됐건 안씨집 딸이 숙량흘의 정혼녀, 즉 정식 부인은 아니지 않았을까 하는 게 유력한 시선입니다.

이 '야합'이라는 단어는 오늘날에도 그다지 좋은 뉘앙스로 쓰이는 말이 아닙니다. 보통 적절하지 못한 관계를 이르는 단어죠. 그런데 사마천이 그 존경하는 공자님의 출생을 두고 이런 단어를 써서 표현하고 있는 겁니다. 어느 정도 완화시켜 줄 수도 있었을 텐데 말이죠. 딱 까놓고 말하면, 숙량흘과 안씨네 딸이 야합, 즉 들에서 (야외에서) 일을 치렀다는 말입니다. 저는 이렇게 담백한(?) 해석을 좋아합니다.(웃음) 하지만 사마천은 그랬을 것 같진 않고요, 아마도 수사적인 표현이었을 겁니다. 어찌 됐건 이 야합이라는 말을 사마천이 선택했을 때, 그는 공자를 조롱하거나 흠을 내려고 쓰지는 않았을 겁니다.

물론 우리는 사마천의 본래 의도(?)를 알 수는 없어요. 여러 해석들을 시도해 볼 수 있을 뿐입니다. 이 말은 해석이란 개인적이고 주관적이어야 한다는 뜻이 아니라, 여러 맥락과 정황 등등에 대한 근거와 이유들의 연결 위에서 새로운 의미를 생성시킬 수 있도록 유연해질 필요가 있다는 뜻입니다.

공자도 『논어』도 마찬가지입니다. 사마천의 기록은 공자와 『논어』에 대한 하나의 역사적 해석인 겁니다. 맹자도 마찬가지고요, 당연히 주자도 마찬가지입니다. 지금까지 제가 너무 자극적인 이야기들만 했던 것 같네요. 공자님 키가 9척 6촌이었고, 14년 동안 천하를 고생고생 하면서 돌아다니셨고, 육체적으로 굉장히 건장했고, 자로를 압박할 정도의 체력을 갖고 있었고, 부모님의 야합 결과 출생했고 등등…. 하지만 이런 얘기를 강조했던 이유는 그렇게 해서라도 좀 다른 편에서도 생각을 작동시켜 볼 수 있기를 바라기 때문입니다. 저는 이 부분에 관해서는 아무리 반복해서 강조해도 지나치지 않다고 생각합니다.

11. 위대한 스승, 남겨진 제자들

화제를 좀 돌려보죠. 이번엔 『논어』라는 책에 관해 이야기를 해보겠습니다. 우선 『논어』라는 제목을 보겠습니다. 보통 편찬하다라는 의미의 '논'(論), 말씀 '어'(語)라고 풉니다. 선생님의 말씀들을 논찬했다는 뜻이죠. 논찬이라는 말은 편찬한다는 의미라고 보시면 됩니다. 그러니까 『논어』는 제목에서 이미 공자라는 스승의 말씀들을 편집한 책이라는 뜻이 들어 있습니다.

그렇다면 누가 공자의 말씀들을 편집했을까요? 네, 맞습니다. 공자의 제자들입니다. 공자의 제자들이 스승 공자님이 돌아가신 뒤에 스승님의 말씀들을 모아낸 겁니다. 충분히 상상할 수 있는 과정입니다. '더 늦기 전에 우리 스승님의 훌륭한 가르침을 한데 모아야겠다, 이런 식으로 흩어져서는 안 되겠다, 우리가 스승님의 가르침을 모아 정본을 전하자' 등등.

그런데 여기에서 변수가 생깁니다. 공자의 말을 모아 편집하고 싶었던 그 제자들이 누구인가라는 문제입니다. 왜 그럴까요? 앞서도 말이 나왔지만 공자는 73세(혹은 74세)에 돌아가셨습니다. 당시 평균 수명을 알 도리가 없습니다만, 전염병이나 기근 등이 지금보다 훨씬 광범위하게 영향을 끼쳤고 유아 사망률 또한 높았던 시대인지라 그 속에서 70수를 넘게 누렸다는 것은 아마도 평균보다는 꽤 많이 장수하셨다고 볼 수 있을 겁니다. 달리 말하면 이 말은 공자님에게 제자들이 아주 많았다는 말과 통합니다. 사마천도 언급하고 있는 것처럼 공자님은 특히 제자들이 많았던 스승이었습니다.

공자님에게는 삼십대에 이미 제자들이 있었습니다. 지금은 스승, 제자 이런 말들이 하도 자연스러워서 당연히 훌륭한 스승을 찾아 제자들이 모여들었구나라고 생각하실 수 있지만, 어떤 책에선가 보니 이 '스승-제자'라는 관계와 스승이라는 지위와 권위가 갖추어진 게 공자에 의해서라고 하더라고요. 그러니까 제자들이라고는 해도 지금처럼 제자와 스승의 관계가 미리 존재했던 것은 아닐 겁니다. 그저 따르는 무리들이 자연스럽게 생기면서 스승-제자라는 관계적 모델들이 고민되고 또 창안되었을 거란 말입니다.

그러니 자로 같은 경우는 나이가 아홉 살밖에 어리지 않은 거의 친구(형제) 같은 제자가 아니었을까 싶습니다. 그런가 하면 보통 훗날 공자의 적통이라고 소개되는 증자는 무려 46살이 어렸습니다. 공자와는 말할 것도 없고, 자로와도 거의 두 세대 차이였죠. 이런 제자들이 무리로써 계속 이어졌던 겁니다. 어떻게? 공자와 더불어 일종의 공동체적 생활 및 관계로서 말이죠. 그 속에서 강학도 이루어지고, 기타 생활적인 문제들을 상의하기도 했는데, 『논어』란 결국 그러한 생활상·강학상의 말씀들을 제자 그룹들이 편집·편찬했다고 보는 겁니다.

그러니까 이렇게 상상해 볼 수 있습니다. 선후배들이 자연스럽게 겹치는 겁니다. 공자님이 오래 사셨기 때문에, 제자들은 계속 생깁니다. 모든 제자들이 함께 생활하지는 못했을 겁니다. 말이 칠십 제자, 삼천 제자지 실제로는 오고 가고 했겠죠. 등록금 한 번 낸 제자도 있을 테고, 먼 지역에서 우연히 제자가 된 이도 있었을 겁니다. 또 그 제자들도 어느 순간에는 제자들을 갖게 됩니다. 『논어』「자장」(子張)편에 자하의 제자들이 자장에게 '친구 사귀는 도리'에 관해 묻는 대목이 있는 걸 보면 알 수 있습니다. 이 대목은 공자의 제자들 사이에 묘한 견제와 경쟁이 있었을 거라는 걸 짐작하게 하는 대목이기도 합니다. 나중에 공자의 제자들을 본격적으로 다룰 텐데 그때 다시 설명해 보기로 하겠습니다.

또 공자 말년에 이르면 공자보다 먼저 죽는 제자들이 생깁니다. 어떤 제자들은 세력이 커지기도 하고, 그러다 보니 제자들끼리 알력이랄까, 뭐 여하튼 이견들이 충분히 생길 만해집니다. 그나마 스승님이 살아계실 때는 문제가 크지 않았겠죠. 하지만 스승님이 돌아가시고 난 후엔 사정이 다릅니다. 어느 순간부터는 이제 제자들끼리도 서로 잘 모르는 경우가 생깁니다. 각기 자기 지역에서 공자의 말을 전하는 스승이 되기도 했을 겁니다. 나라도 다 다르고, 활약하는 지역도 다르고…. 그러다가 어느 순간 "이대로는 안 되겠다. 다 모여. 우리가 이렇게 흩어져서는 안 되지. 스승님 말씀 한번 모으자." 그렇게 결집을 하게 된 겁니다. 부처님 말씀 모으는 것처럼요.

12. 말씀들을 모으고 편찬하다

자, 그럼 이 사람들이 모여서 뭘 했겠어요? 당연히 자신들이 전수받은 스승님의 말씀들을 비교해 추려 모은 거죠. 그런데 이게 애초에 책에 기록으로 전한 게 아니었기 때문에 전하는 과정에서 묘하게 달라졌습니다. 듣고 기억하는 방식에서 내용에도 미묘한 차이가 생겼던 거죠. 그리고 결정적으로는 아예 자신들이 들어 보지도 못한 스승님의 말씀들이 존재하기도 합니다. 어떻게? 각자 스승님께 직접 들었기 때문입니다. 둘이 있을 때, 셋이 있을 때 스승님이 하시는 말씀들인 겁니다. 오늘날의 우리처럼 수업 시간에 공식적으로 과목별 강의를 하신 걸 노트 필기 한 게 아니기 때문에 단 둘이 있는, 자신만 아는 어떤 상황에서 스승님의 가르침이 있었다는 것은 당연한 겁니다.

한마디로 '내(우리 그룹)가 들은 우리 스승님의 말씀들'이라는 거죠. 나는 이렇게 들었다, 여시아문(如是我聞), 부처님 말씀처럼요. 그런데 한쪽에서 "무슨 소리! 난 절대로 그런 소리 들은 적 없다! 내가 듣지 못했을 뿐 아니라 그런 말씀을 하셨을 리 없다!" 이런 것들을 가지고 격렬하게 싸우는 겁니다. 이제야 비로소 우리 스승님의 말씀을 제대로 된 기록으로 남기는 역사적인 사업이기 때문에, 또 한 자신들 그룹의 정통성 차원에서도 이 편찬 작업은 쉽게 양보할 게 아닌 겁니다.

이게 다 공자님의 남다른 능력 때문입니다. 오래 사셨고, 제자들이 많았기 때문인 거죠. 어떻게 보면 행복한 고민입니다만, 현실은 아마도 꽤 치열했을 거예요. 제자의 제자들끼리 서로 엄정하게 스승님 말씀을 놓고 싸웠을 거란 말입니다. 현재 전하는 『논어』가 대략 1만 5천여 자 정도입니다. 절대 많은 양이 아닙니다. 이른 시기부터 제자들이 있었고, 말을 하면 그게 다 가르침인 건데, 그리고 직접 저술하는 것도 아니고 제자들이 알아서 모아 놓은 건데 말이죠.

참고로 맹자는 공자와 거의 비슷한 일생을 사는데, 20여 년 천하유력한 후 자기 고향땅에 돌아와서 제자인 만장과 만장의 제자 무리들과 함께 『맹자』 일곱 책을 저술했다고 되어 있어요. 이 맹자의 저술이 3만 5천여 자입니다. 공자는 훨씬 더 많은 제자가 있었고 제자들이 썼지만 남아 있는 것은 겨우 1만 5천 자이고요. 이건 뭘 얘기하는가? 『논어』라고 하는 책을 만들기 위해 제자들 사이에 보이지 않는 전쟁이 있었을 것이다, 라는 거죠. 뭐 직접적으로 어떻게 충돌(?)하고 선별되었는가에 대한 기록은 물론 없습니다만, 이렇게 한번 추측해 보는 겁니다.

왜? 그 이유는 그 책이 바로 『논어』이기 때문입니다. 『논어』는 공자님이 직접 저술하지도 않았고, 공자님 사후에 공자님도 모르게 만들어진 책이지만, 그 안에 있는 말들에 대해 우리는 적어도 공자님 말씀이라는 점에 의심을 하지 않기 때문입니다. 아니 그런 의심을 하지 않는 이유는 거꾸로 이렇게 엄격한 선별·선정 과정을 거쳐서 남고 남고 남은 최소한의 말씀들이 『논어』라는 추론이 가능했던 결과인 거죠. 최소한 이렇게 치열하게 스승님 말씀을 필터링했으니, 적어도 여기 실린 말씀 정도는 공자님 말씀이란 걸 의심하지 않는 거죠. 그렇잖아요. 공자님이 쓴 것도 아닌데 이걸 어떻게 믿겠어요. 어떤 제자들은 공자님을 직접 만나 보지도 못한 공자 제자의 제자들이었을 텐데요. 그러니까 『논어』는 다 같은 공문(孔門)이라고는 해도 서로 다른 이 제자 무리들을 하나로 묶어 줄 수 있는 구심점도 되는 거죠.

다시 본론으로 돌아옵시다. 어찌 됐건 스승이 전하는 이 말씀들을 서로 깎고 닦고 조이고 해서 만들어 낸 책이 현재 『논어』라는 책으로 전하는 오백여 문구들인 겁니다. 그런데 이게 끝이 아닙니다. 자 이걸 다시 또 나눕니다. 이 구절들을 어떻게 편찬하느냐. 즉 어떻게 범주화시키는가 하는 문제가 남습니다. 산 넘어 산이죠. 『논어』는 현재 스무 개의 편(篇)으로 나누어져 있습니다. 「학이」(學而)편, 「위정」(爲政)편, 「팔일」(八佾), 「이인」(里仁), 「공야장」(公冶長), 「술이」(述而) 등등등 해서 맨 마지막 「요왈」(堯曰)편까지 스무 개입니다. 전체가 대략 오백 문구라고 했으니 한 편당 스물다섯 개 정도씩 들어가면 되는 거죠. 물론 각 편마다 꼭 스물다섯 개씩 들어가 있는 건 아니고, 문장이 긴 것도 있고 짧은 것도 있고 등등 대략 이삼십 개 정도씩 나눠져 있습니다.

이제까지 『논어』를 공부하는 사람들에게 『논어』는 성인의 말씀들이었습니다. 얼마나 많은 사람들이 이 책에 있는 구절들을 읽고 주석을 달고 해석을 하고 그 책을 가지고 공부를 했겠습니까? 그러면서 이 비밀을 풀기 위해서 많은 공력을 들이고, 논쟁을 합니다. 『논어』의 제일 첫번째 편이 「학이」(學而)인데요, 그러니까 이 편은 배움[學]에 관한 얘기인가, 하고 생각해 볼 수 있습니다. 실제로 「학이」편을 보니 배움에 관한 주옥 같은 구절들이 많아요. 그러면 이렇게 생각해 볼 수 있겠죠? '아, 「학이」편은 제자들에게 배움에 관해 말씀하신 내용들을 중심으로 묶어 놓은 거구나'라고요. 그 다음 편을 보니까 「위정」(爲政), '정치를 행하다'라는 거예요. 정치에 관한 얘기들이 좀 있어요. 그러니까 사람들이 이렇게 생각합니다. 『논어』는 편명들이 주제화되어 있는 거구나.

그런데 이렇게 생각하는 순간 전혀 엉뚱한 대목들이 있습니다. 예를 들면 다섯번째 편인 「공야장」(公冶長)편과 열다섯번째 편인 「위령공」(衛靈公)편. 이 두 편은 『논어』 전체 스무 개 편 중에서 세 글자 편명을 가진 두 편입니다. 아 참 그 얘기를 안 했네요. 『논어』의 편명은 대부분 두 글자로 되어 있고, 두 편만 세 글자로 되어 있습니다. '이 편명에 무슨 이유가 있는가'를 지금 말씀드리고 있는 겁니다. 제자들이 저 정도로 엄밀하고 격정적이게 스승님 말씀들을 정성을 달해 편집했는데 그 편집본의 결과에는 이유가 있을 것 아니겠는가, 하는 거죠. 그런데 잘 알려져 있는 것처럼, 『논어』의 편명은

각 편의 첫문장이 시작되는 두 글자 내지 세 글자일 뿐 사실 큰 의미가 없습니다. 「학이」, 「위정」 등을 보고 혹시 고도로 편집된 텍스트인가 싶다가도, 「공야장」 같은 편을 보면 아무 의미가 없는 제목이란 걸 알게 됩니다. 그럼 결국 『논어』의 각 편명들은 별다른 의미가 없는 것일까요? 아니면 드세고 말 많은 제자 그룹들의 무능력과 합의 실패가 낳은 참극인 걸까요?

저는 이렇게 생각합니다. 공자의 제자 그룹들이 『논어』를 편집해야 할 즈음에는 이미 스승 공자의 말씀이 특정한 방식으로 해석될 수 없는 상태, 즉 전원이 동의할 수 없는 방식으로 존재하고 있었던 겁니다. 각자의 이해관계나 조건과 상황 등에 의해 해석된 텍스트로 존재하고 있었기 때문에 그것을 하나의 고정된 범주나 의미로 묶어 내기 어려웠던 것이죠.

그러니까 제자들이 도저히 자기들의 능력으로는 합의에 이르지 못해 펼쳐 놓게 된 이구절들이야말로 공자님 말씀의 원석 중의 원석들이라는 사실입니다. 『논어』가 만약 깨끗하게 다듬어져 매끈한 주제로 묶여 있었다면 우리는 굉장히 단조롭게 『논어』를 읽게 되었을지도 모릅니다. 하지만 지금 우리는 격렬하게 논쟁했지만 다행히(!) 그 합의에 실패한 열정적인 편집자들 덕분에, 역설적이게도 스승 공자의 정예 사유들을 담은 문장들을 『논어』라는 큰 카테고리 안에서 만날 수 있게 된 것입니다. 그 위대한 실패에 충심으로 감사할 따름입니다. 요컨대, 『논어』의 미정형성은 『논어』를 읽는 우리가 『논어』 해석의 유일한 독서인이 되어야 한다는 뜻입니다.

13. 공자, 자신을 말하다①

섭공이 자로에게 공자에 대해 물었다. 자로는 대답하지 못했다.

선생님(공자)께서 말씀하셨다.

"너는 어째서 말하지 못했는가? 그(공자) 사람됨은 한 번 마음이 꽂히면 먹는 것도 잊어버리고 그 즐거움에 근심 걱정도 잊으며, 장차 늙음이 이르는 것도 알지 못하는 위인이라고."

葉公섭공, 問孔子於子路문공자어자로, 子路不對자로부대.

子曰자왈, 女奚不曰여해불왈, 其爲人也기위인야, 發憤忘食발분망식, 樂而忘憂락이망우, 不知老之將至云爾부지로지장지운이.

『논어』「술이」편에 나오는 구절입니다. 하루는 자로가 거리에서 초나라의 섭공(葉公)을 만납니다. 보통 공(公)이라는 호칭은 주나라 왕(王)이 인정한 제후국 군주를 일컫는 용어인데, 이 초나라에서는 큰 현의 우두머리에게도 공이라는 호칭을 썼습니다. 여튼 초나라 군주까지는 아니지만 주요한 지역의 우두머리였다는 뜻이죠. 그런데 이 사람과 자로가 만난 겁니다. 아마 공자께서 천하를 주유할 무렵이 아니었을까 합니다.

초나라는 남쪽에 위치한 큰나라입니다. 아시다시피 공자는 14년간이나 천하를 주유하면서 열심히 이력서를 넣고 있었죠. 그런데 초나라의 높은 인물이 자로를 만나 공자에 관해 물어본 상황인 겁니다. 상황을 좀 더 극적으로 만들어 볼까요. 길거리에서 초나라 섭공이 우연히 자로를 만납니다. 섭공이 한눈에 자로를 알아봅니다. 사실 자로는 알아보기 쉬워요. 머리에 수탉 깃털을 꽂고 허리엔 돼지 가죽으로 된 물통을 차고 다니는데 그런 옷을 입고 비단옷 입은 사람들 곁에서도 부끄러워하지 않을 사람이 자로입니다. 그런 자로를 섭공이 만난 거죠. "어이! 자로!" 즉, 섭공이 자로를 반갑게 부르고는 이렇게 묻습니다. "자로! 자네 스승 공자는 어떤 사람인가?"

자, 이게 지금 무슨 상황 같으세요? 이게 요즘으로 따지면 일종의 길거리 캐스팅 상황입니다. 자로가 대답만 잘 하면 공자님은 길거리 캐스팅이 딱 돼서 초나라로 갈 수도 있는 거예요. 그런데 공자님이 운이 좀… 하필이면 그 많은 제자 중에 섭공이 자로를 만날 게 뭡니까.(웃음) 이 자로 어르신은 스승님에 대한 충성심은 백점 만점에 백이십점쯤 될 정도로 높은 우직하고 충직하고 강직한 제자지만, 안타깝게도 빠릿빠릿한 부분은 좀 떨어지는 분이었습니다. 자로 입장에서는 느닷없이 질문을 받는 바람에 좀 당황하기도 했는지, 갑자기 스승 공자를 어떻게 말해야 할지 멍해져 버립니다. "어? 우리 스승님? 이름은 짱구[丘]고, 야합으로 태어나셨고, 키가 완전 크시고, 주먹도 세고…." 자로부대(子路不對), 즉 자로가 제대로 대답을 못한 겁니다.

자로가 시무룩하게 공자님한테 옵니다. 뭔가 자신이 사고를 쳤다고 직감했겠죠. 아무것도 모르는 스승님은 그날도 이력서 여러 군데 넣고 늦게 돌아오셔서 자로에게 뿌듯해하시는 거죠. 자로가 그냥 아무 일 없는 척 눈 딱 감으면 됐을지도 모르는데, 자로의 성품이 그러지를 못해요. 자로는 솔직담백한 사람이라서 선생님한테 고백을 합니다. "선생님! 좀 전에 초나라 섭공을 만났는데, 그 양반이 선생님이 어떤 분이신가 묻더라고요." 그러자 공자가 반색이 되셨죠. "오! 그래? 뭐라고 대답했니? 어떻게 말해 주었느냐?" "사실대로 말씀드렸습니다…. 밥 많이 드신다고…." "주먹 엄청 세다고."(웃음). 자로가 제대로 대답을 못했다는 걸 알게 된 우리의 공자님은 어떠셨을까요? 우리가 아는 공자님은 인(仁)의 사상가이시고, 도덕적인 분이시니 그냥 이해하셨을까요? "자로야 말을 제대로 못했다니, 참 아쉽구나. 머리 나쁜 게 오로지 네 탓이겠니…" 이렇게 달래 주셨을 것 같지만 천만의 말씀! 공자님은 아마 자로를 박살을 내주었을 겁니다. 일단 힘으로요. 그러고는 이렇게 말씀하십니다. 여해불왈(女奚不曰), 너는 어째서 말하지 못했느냐? 이 말은 이렇게도 읽을 수 있습니다. 너는 왜 이렇게 말하지 못했느냐! 앞으론 누가 물으면 이렇게 적어서 가지고 다니면서 대답해라. 적어! 적어!

여기에 발분망식(發憤忘食)이란 말이 나옵니다. 발분. '분'(憤) 자에 '마음 심(忄)'이 있죠? 마음으로 분을 내는 겁니다. 마음이 뭔가에 꽂히는 겁니다. 그리고 그렇게 분을 내면 밥 먹는 걸 잊어버린다는 말이죠. 뭐? 내가 밥을 많이 먹는다구? 나 발분망식하는 사람이야. 그리고 락이망우(樂以忘憂), 즐거움에 근심을 잊지. 그래서 부지로지장지운이(不知老之將至云爾), 장차 늙음이 이르는 것을 알지 못하는 사람. 자로야, 적으라니깐.(웃음)

공자 문하에서 "발분하다"라고 하는 말에는 내력이 있습니다. 그건 배움에 마음을 일으킨다는 뜻이에요. 『논어』「술이」편에서 공자님은, 누구라도 배움을 원하는 사람이 있다면 작은 예만 갖춰도 가르치지 않는 경우가 없다고 말해요. 하지만 한 모퉁이를 들어 보여 줬는데, 다른 세 모퉁이가 반응하지 않으면 더는 가르치지 않는다고 하셨어요. 그러면서 불분(不憤), 즉 분을 내지 않으면, 다시 말해 배우겠다는 분을 내지 않으면 불계(不啓), 즉 깨우쳐 주지 않는다는 겁니다. 무슨 말인지 아시겠어요? 공자가 자기 자신을 어떻게 말하고 있는 건지. 자로에게 공자는 자신이 분을 일으키면 밥 먹는 것도 잊는 사람이라고 했죠. 그러니까 그 '분(憤)을 낸다'는 말은 배움에 열을 낸다는 뜻입니다. 공자가 자기 자신을 배움과 관련된 지점에서 특징화하고 있다는 말씀입니다. 공자가 스스로를 어떻게 생각하고 있었는지, 조금 더 따져 들어가 보겠습니다.

14. 공자, 자신을 말하다② : 충과 신보다 배움을 좋아하다

「공야장」편에 나오는 구절입니다.

> 선생님 말씀하셨다.
> "열 가구 정도뿐인 작은 마을에도 반드시 나만큼 마음에 정성을 다하고 말에 믿음직한 사람은 있을 수 있을 것이다. 하지만 나보다 더 배우기를 좋아하는 사람은 없을 것이다."
> 子曰자왈 十室之邑십실지읍 必有忠信필유충신 如丘者焉여구자언 不如丘之好學也불여구지호학야.

십실지읍(十室之邑), 열 가구쯤 되는 작은 마을이에요. 한 집에 서너 명이라고 치면 대략 30~40명 정도 사는 작은 마을인 겁니다. 그런 마을에도 공자만큼 충(忠)하고 신(信)한 사람은 있다는 겁니다. 바로 앞에서 자로에게 말씀하신 대목에 비하면, 이 구절은 공자님께서 굉장히 겸손하게 말씀하고 계시다는 걸 알 수 있습니다. 60

억 인구 중에 나만큼 겸손한 사람이 한두 사람 있을 수 있을 거다. 만약 이런 식으로 말한다면 이건 겸손한 게 아니잖아요. 하지만 고작 이 정도밖에 안 되는 작은 마을에도 충직함과 신의로는 나와 견줄 만한 사람이 있을 수 있다는 것은 다르죠. 이때 '충'(忠) 자는 나라에 대한 충성 아닙니다. 주자께서 잘 풀어 줬던 것처럼 '가운데 중(中)'+'마음 심(心)'인 겁니다. 마음의 중심 혹은 마음에 적중하는 걸 말하는 거죠. 신(信)이라는 글자는 사람[人]+말[言]입니다. 사람이 말을 지키면 믿음직한 사람이 되죠.

다시 인용한 글을 좀 보시죠. 하지만, 끝내 뭘 양보할 수 없는 겁니까? 예. 그렇습니다. 호학(好學). 배우기를 좋아함. 이것만은 공자가 자긍하고 있는 겁니다. 호학, 이 말 묘합니다. 공자가 스스로 많이 배웠다고 자랑하는 게 아닙니다. 다시 말해 박학이나 다식 등을 자부하는 게 아니란 말입니다. 공자는 다만 자신은 '배우기를 좋아한다'는 것에 관해 분명히 말하고 있을 뿐입니다. 예컨대 공자께서 세 장의 패를 쥐고 있습니다. 어떤 것이든 내야 하는데 뭐부터 내는가 하는 겁니다. 공자께서는 먼저 충(忠), 효(孝)를 내신다는 겁니다. 최후까지 뭘 버리고 싶어하지 않으신다고요? 넵. 맞습니다. '호학'입니다. 공자는 호학자였습니다.

15. 참을 수 없는 배움의 혁명성

우리는 지금 『논어』에서 공자가 자기 자신을 직접 가리켜 이야기하고 있는 몇 개의 구절을 보고 있습니다. 이 말들 속에 공자가 자기 자신을 가리켜 지적하고 있는 공통점이 하나 있습니다. 네, 바로 배움[學]이죠. 그러니까 우리는 적어도 배움이라는 문제가 공자 스스로에게 대단히 중요한 문제였다는 사실을 지적할 수 있습니다.

『논어』라는 책을 편집하기 위해 공자의 제자들이, 아니 그 제자의 제자 그룹들이, 그 개성과 자존심이 강한 인물들이 모여서 왕스승님(공자)의 어록을 모으기 시작했죠. 30대에 제자를 받고 70대까지 삼천여 제자를 거느릴 정도로 왕성하고 건장한 스승님께서 40년을 강조한 말씀들입니다. 그 말씀들이 얼마나 많겠습니까마는, 여차여차 책이 되기 위해서는 수많은 말들이 노미네이트 되었다가도 탈락되고 탈락되고 또 탈락되기를 거듭했었던 것 같습니다. 현행본 『논어』가 불과 500여 개의 구절, 15,000여 글자로 살아남게 된 것이 그 편집 과정의 지난함을 말해 주는 것일지도 모른다고도 앞에서 말했습니다. 그리고 이 남은 문장들을 끝끝내 주제별로 모으지 못했던 건 단지 제자들의 무능력이라기보다 그 자체로 읽는 사람들의 적극적 해석을 필수조건으로 한다는 『논어』의 특징일 것이라는 말도 드렸었죠.

그렇게 해서 드디어 존재하게 된 『논어』를, 비록 편집에 참여했던 제자들 간의 어떤 합의에는 실패했지만 한 번 더 편집에 참여한 이들의 입장에서 생각해 보고자 합니다. '앞으로 이게(『논어』) 책으로 나오면 이제부터는 스승님의 공식적인 말씀이 되는 건데, 그렇게 되면 선생님을 싫어했거나 선생님에게 비판적인 생각을 가진 사람들도 이 책을 보게 될 테고… 그런데 20개 편(篇)을 제목도 못정했으니…' 저 같으면 이런 마음을 가졌을 것 같고, 그렇기 때문에 최후까지도 포기할 수 없는 편집에의 욕망이 있을 것 같아요. 전체가 안 된다면 최소한 한두 편만이라도, 아니 단 한 구절 만이라도 우리 스승님의 핵심사상을 제대로 전달하고픈 욕망 아니겠습니까?

어떤 사람들이라도 책을 펼쳤을 때, 단 한 구절을 읽더라도 우리 스승님의 핵심 사상의 정수를 만나게 하고 싶다는 욕망 말이죠. 모르긴 몰라도 '공자는 무슨 얘기를 한 사람이야?'라고 책을 들춰볼 사람들에게는 책의 초반부 한두 편이 이후의 독서를 가름하는 무척 중요한 지렛대 역할을 할 거라고 생각했을 겁니다. 그런 점에서 처음 「학이」편과 「위정」편은 그 편집 위치만으로도 특별합니다. 그리고 그런 마음과 눈으로 다시 보면 아무리 어쩔 수 없이 각 편을 시작하는 두 글자로 정한 제목이라고 하더라도 「학이」편의 제목이 예사롭지 않음을 느끼게 됩니다. 왜냐고요? 지금까지 열심히 살펴본 것처럼 공자께서 스스로 자신을 배움[學]이라는 말로 규정했기 때문인 겁니다. 그리고 『논어』의 첫 단어가 배움[學]이라, 우연치곤 놀라운 우연 아닌가요?

스승을 존경하는 제자(의 제자)들이 모여 스승의 말씀들을 모아 편찬하면서, 최소한 책의 앞머리 쪽에 있는 첫번째 문장들은 '그래도 이런 문장들을 우리 스승님이 진짜 여러 차례 강조하신 문장이다. 적어도 이 문장은 우리 스승님의 가르침을 대표하는 핵심 중의 핵심이지'라는 생각이 드는 문장으로 채우려 노력하지 않았을까요? 제가 그 자리에 참석했던 제자였다면 전 그랬을 것 같아요. 시간이 지나 문파(?)도 각각 달라졌고 마구 가지치기되어 어렵고 또 어려운 작업이었을지도 모르지만, 그래도 책의 첫머리 첫 구절 정도는 "아 그래. 그 말씀은! 맞아. 스승님이 참 여러 번 강조하셨지"라며 공히 모든 제자들이 기꺼이 평소 스승의 가르침으로 인정할 만한 말이었어야 하지 않을까요?

스승의 말로서 의심할 수 없는 정도의 말이라거나 서로 합의할 수 있는 말 정도가 아니라, 그저 고개를 끄덕일 수밖에 없는 말. 이런 의미에서 저는 『논어』의 첫번째 문장을 매우 중요하게 생각합니다. 그리고 그 첫 글자가 '배움'[學]이었다는 사실에 대해서도 대단한 경외감과 놀라움을 갖습니다. 이런 사실은 아무리 강조해도 지나치지 않다고 믿습니다. '학이시습지'로 시작되는 『논어』의 첫번째 문장은, 물론 우연의 일치일 수 있지만, 단순히 500여 문장 중 한 문장이 아닌 것입니다.

16. 학이시습지 불역열호

배우고 때 맞춰 익히면 기쁘지 않은가.

벗이 먼데서 찾아오면 즐겁지 않은가.

다른 사람들이 알아주지 않아도 성나지 않으면 군자가 아니겠는가.

學而時習之학이시습지 不亦說乎불역열호

有朋自遠方來유붕자원방래 不亦樂乎불역락호

人不知而不慍인부지이불온 不亦君子乎불역군자호

말 나온 김에 이제 『논어』의 가장 유명한 구절이기도 한 이 첫번째 문장을 얘기해 보죠. "학이시습지 불역열호." 배우고 때 맞춰 익히면 기쁘지 않은가. 배우고 익히다. 학과 습, 학습이죠. 즉 학습하는 것은 기쁘다, 라는 말입니다. 글쎄요…, 여기가 지금 중고등학교 교실이라면 이 말에 어떤 반응이 왔을지 짐작이 대충 갑니다. 아무튼 일단 통과. 우리는 지금 『논어』의 첫번째 문장을 보고 있습니다. 그 다음이 "유붕/자/원방래 불역락호." '벗이 먼 데서 찾아오면 즐겁지 않은가.' 즐겁다는 말입니다. 그것도 완전! 내용상 딱히 어려운 구절

은 아니죠. 그 다음이 마지막 세번째 구절 "인부지이불온 불역군자
호." '다른 사람들이 알아주지 않아도 성나지 않으면 군자가 아니겠
는가.' 여기 '사람 인(人)' 자는 타인들을 뜻합니다. '온'(慍)이란 글
자는 마음 심(忄=心)자가 있는 걸 보니, 마음이 부글부글하며 끓는
겁니다. 남이 몰라준대도 부글부글 '끌탕'하지 말라, 그러면 군자다,
이런 말인 셈이죠. 이게 『논어』의 첫번째 문장입니다. 어쩌면 이 글
귀는 제자들(물론 편집에 참여한 제자들)에 의해 선택된 스승님이 평
소 강조했던 단 한마디일 수 있다고 말씀드렸습니다. 그만큼 의미
가 작지 않다는 말씀인데요. 평범하고 밋밋해 보이시나요?

　　학이시습지. 배우고 때 맞춰 익히면. 이렇게 되어 있어요. 제 식
으로 말해 보면 '배운 것을 때를 놓치지 않고 익힌다'입니다. 여기
에서 일단 볼 것은, 학과 습을 구별해 사용하고 있다는 점입니다. 간
단하게만 설명을 할게요. 학과 습이 다르다는 거죠. 배운다는 것은
무엇이고 익힌다는 것은 무엇이냐.

　　『논어』 주석에 보면 배움[學]이란 지행(知行)을 겸한 것이라는
말이 있어요. 아니 지행이니 뭐니 하는 건 둘째치고 저는 『논어』가
이 배움을 일종의 존재 조건 같은 것으로 보는 게 아닌가 싶습니다.
말이 거창하지만, 간단히 말하면 공자께서 사람들의 사는 모습을
가만히 살펴보다가 중요한 공통점을 발견하게 되었는데 그게 바로
배움이었다는 겁니다. 산다는 게 배움의 연속이라는 건데, 이 말은
단순히 사람은 계속 배워야 한다는 당위적 명제가 아니라, 일종의
존재 원리 같은 것이라는 말입니다. 늘 일어나는 일이라는 것이죠.

우리는 배운다, 고 하면 더 많이 아는 사람(스승)에게 배우는 것이라고 생각하기 쉽지만, 배움은 그런 게 아닙니다. 『논어』에 보면 이런 말이 있어요. 삼인행(三人行)이면 필유아사(必有我師)라. 세 사람이 같이 있으면 거기에 반드시 나의 스승되는 이가 있다는 말입니다. 이게 무슨 뜻일까요. 나보다 나은 사람들과 사귀어라, 그런 뜻일까요? 실제 『논어』에 그런 구절이 있어요. 친구를 사귈 때는 나보다 나은 사람과 사귀라는. 하지만 그 말은 벗 사귐의 자세를 말한 것이지 여기서 말하는 배움의 의미와는 결이 다릅니다.

제가 생각하기엔 이렇습니다. 세 사람이란 말은 아마 활동이 이루어지는 작은 단위를 가리키는 말일 겁니다. 두세 사람 정도에서 공동체적 활동이 가능하겠죠. 그런데 거기에 반드시 내 스승되는 이가 있다는 것은, 어디에서나 나 혼자가 아닌 곳에는 반드시 내가 배울 게 있다는 뜻이 아닐까요. 저는 이게 아주 의미있는 통찰이라고 봅니다. 일단 고립된 개인이 아니라 복수의 인물들이 얽힌 상황이 전제입니다. 그리고 거기에서 활동을 보는 겁니다. 훌륭한 이에게는 따라가면서 배우고, 그렇지 못한 이에게는 내 자신에게 돌이켜 성찰하는 겁니다. 그러니 어디에서나 언제나 배움이 있게 되는 거예요. 배움은 일종의 존재의 배경 같은 거죠.

『논어』「이인」(里仁)편에는 이런 구절이 있습니다. 견현사제언(見賢思齊焉), 견불현이내자성야(見不賢而內自省也). 견현(見賢), 어진 사람을 보면, 사제언(思齊焉), 나도 그 사람처럼 되려고 생각한다는 말입니다. 견불현(見不賢), 즉 어질지 않은 사람을 보면 어떻게 하느냐. 내자성야(內自省也), 안으로 돌이켜 스스로를 성찰한다고 합니다. 나는 어떤가를 봐야 한다는 거죠. 이게 무슨 뜻일까요. 배움 이란 배울 사람이 따로 있어서 이루어지는 게 아니라 배우고자 한다면 어디서나 누구에게나 가능한 것이라는 뜻일 겁니다. 그래서 우리는 배움에 대한 편견도 빨리 깨야 돼요. 동아시아 유학은 마치 스승과 제자 관계가 고정되어 있는 것 같고, 스승이 항상 제자들에게 상명하달식으로 가르치는 것 같죠? 스승님은 그림자도 밟으면 안 되는 분이라 무조건 복종하는 제자들의 모습도 떠오르고요. 해서 유학에서 말하는 배움이라는 것은 마치 사람을 억압하는 것 같은 그런 갑갑함이 일기도 하고요. 하지만 천만의 말씀. 공자는 제자인 안회가 자기보다 낫다고 말하는 인물입니다. 용기는 자기보다 자로가 낫다고 그러시죠. 그러니까 배움은 어디에서나 일어날 수 있어요. 내가 배우고자 하는 한.

사실 이만큼만 말했어도 공자가 멋진 분이라는 걸 느낄 수 있습니다. 그런데 여기에 익힌다[習]는 말을 붙여 놨습니다. 그것도 그냥 익히는 게 아니라 시습(時習), 즉 때를 놓지지 않고 익혀야 한다고 말씀하신 겁니다. 제가 지금 '익혀야 한다'라고 말했습니다. 제 느낌으로 배운다는 말은 배워야 한다가 아니지만 익힌다는 말은 익혀야 한다의 뉘앙스입니다.

'습'이라는 이 글자는 '깃털 우(羽)' 자와 '흰 백(白)'으로 결합되어 있습니다. 그러니까 익힌다는 것은 새가 날갯짓을 익히는 것이라고 생각하시면 됩니다. 왜 '흰 백' 자가 붙어 있느냐? 어느 책에선가 보면, 새의 겨드랑이 쪽이 하얗다고 하더라고요. 새가 날갯짓을 익히려 날개를 파닥거리는 것은 겨드랑이의 흰 곳이 보이도록 계속 움직여야 한다는 거죠. 저는 '흰 백' 자를 '스스로 자(自)' 자로 읽고 싶은데요. 그렇게 되면 익힌다는 말은 결국 자기 것이 되도록 배우는 것을 말합니다. 한 마리의 새가 된다는 건 무엇일까요. 새끼가 처음 알에서 태어나 어느 정도 성장할 때까지는 어미새가 둥지로 먹을 것을 물어다 줍니다. 아예 입에 넣어 주죠. 하지만 어느 순간 이 새는 스스로 둥지를 떠나 먹이를 구해야 하는 때가 옵니다. 존재가 되는 거죠. 아마득한 높이의 둥지에서 막상 허공을 향해 몸을 던져야 하는 순간이라고 생각해 봅시다. 얼마나 두렵고 긴장되는 순간일까요. 엄청난 용기가 필요하지요. 그러니까 하나의 존재가 된다는 건 이처럼 떨리고 두렵고 용기를 갖는다는 것입니다. 그리고 바로 그때 새는 자기 날갯짓(비행의 기술)을 가지고 있어야 하는 거죠.

새가 날갯짓을 익힐 때 보면 어미새가 계속 먹을 것을 날라다 준단 말이에요. 계속 먹을 것을 받아먹어요. 어느 순간이 되면 더 이상 어미새는 자기 새끼 새에게 먹을 것을 갖다 주지 않아요. 그럼 이 새는 어마어마한 세상을 향해서 엄청난 용기를 내야 되는 거죠. 떨어져 죽을지도 몰라요. 하지만 이거는 가르쳐 줄 수가 없어요. 이제 어미는 먹이는 물어다 주지 않지만 날 수 있는 힘을 키워 주는 계기들은 계속 주죠. 어미가 마침 비행 조교사 출신이라, "얘야, 하늘을 날 때에 날개를 4분의 3의 각도로. 분당 몇 회를 강약강약 강강약으로 휘저어야 한단다. 역풍이 불땐 고개를 15도쯤 외로 틀고 허리를 비틀면서…", 이런 식의 매뉴얼을 만들어 줄… 수도 없겠지만, 설사 그런 비행 매뉴얼이 있다 해도, 그건 결코 자기의 날갯짓이 될 수 없어요. 이승엽, 추신수 선수가 리틀야구단에 가서 아무리 좋은 타격 코치를 한다고 해도, 한 명의 선수가 된다는 건 결국 자기 타격 자세를 익히는 데서 이루어지는 것과 같은 원리입니다. 그러니까 익힌다는 것은 하나의 존재가 된다는 것이고, 그것은 '때'를 잃지 않고 익히는 것이어야 합니다.

자, 이것을 일컬어 기쁜 일이라 그랬어요. 배우는 것, 그리고 그것이 내 것이 되도록 익히는 것, 이것은 기쁘다. 학교 다니는 젊은 친구들이 들으면 기겁을 할 얘기예요. 학습이 기쁘다고? 학습이란 말만 들어도 노이로제가 걸리겠는데 말이야. 이게 공자 말이었어? 이럴 줄 알았네!(웃음) 근데 실은 그 친구들도 알고 있어요. 요즘 학교는, 아니 사실 제가 요즘 학교는 잘 모릅니다. 제가 다니던 예전 학교는 배워야 할 것을 정해 놓고 배우라고 하는 곳이었어요. 배워야 할 게 나에게서 나오는 게 아니고 정해져서 주어지는 형태죠. 그러니 엄밀히 말해 공자님이 말한 학습이 아니에요. 그런데 가만히 놔 두면 젊은 친구들도 사실은 끊임없이 배우러 다니고 배우고 있다는 걸 알 수 있어요. 배우러 찾아다녀요. 학원 얘기하는 거 아닙니다. 스마트폰, 게임, 뭐 이런 것들을 그 친구들이 어떻게 배우는 줄 아세요? 기가 막히게 찾아서 배워요.(웃음) 자기가 배우려고 하는 것들은 기가 막히게 배운다고요. 절대 때를 놓치는 법이 없어요. 신생아를 생각해 봐도 좋아요. 아이가 태어나면 아이는 끊임없이 주변의 것들을 보면서 서는 것, 우는 것, 말하는 것 등등을 끊임없이 배워요. 왜? 배우고 익히면 기쁘거든요. 배워서 내 것이 되는 것은 굉장히 기쁜 일이기 때문입니다. 지금 여기도 인문학 강의 들으러 오셨잖아요. 이만큼 배운다는 게 기쁜 일이란 말이에요. 배운다는 것, 배워서 익힌다는 것은 기쁜 일입니다.

17. 벗, 멂, 즐거움

유붕자원방래(有朋自遠方來) 불역락호(不亦樂乎). 『논어』의 첫 문장 두번째 구절입니다. 유붕, 벗[朋]이 있어서, 이 정도의 말이죠. 자원방래. '자'(自) 자는 '~로부터'라는 뜻입니다. 그러니까 '자(自)원방'이라고 하면 원방, 즉 먼 곳(먼 방면)으로부터라는 뜻이 되겠죠. 자/원방/래. 먼 곳으로부터 오니, 혹은 먼곳으로부터 오면, 이라는 뜻입니다. 불역락호! 또한 즐겁지[樂] 아니한가! 즐거운 일이다, 라는 거죠.

이 두번째 구절에는 벗과 먼 곳, 그리고 즐거움이 계열화되어 있습니다. 첫째 구절이 학습-때[時]-기쁨인 것과 비교해 보면 절묘한 대구입니다. 유학의 벡터가 가까운 데서 먼 데로, 나에게서 남에게로 나아가는 것이라는 입장에서 보면 기쁨[悅]과 즐거움[樂]은 점증적인 것으로 볼 수도 있겠습니다. 꼭 그런 것도 아니지만요.

어찌 됐건 일단 여기에서 중요한 건 벗[朋]이라는 존재입니다. 아, 글쎄 저기 어딘가에 갔더니, 키가 2m도 훨씬 넘는 한 껑다리 아저씨가 있어요. 그 양반이 키도 크고 몸집도 그렇고, 생긴 것도 심상치 않은데 같이 어울리고 있는 사람들도 척 보기에 상태가 보통이 아닌 인사들이 득실득실 모여 있는 거죠. 대체 이들이 왜 모여 있으며, 모여서는 무엇을 하는지 알 수는 없지만, 희한한 게 이들이 자기들끼리 아주 즐거워한다는 것, 이게 포인트입니다.

붕(朋)이라는 이 글자는 앞에서 본 새의 날개[羽]를 표현한 글자와 같은 방식으로 형성된 글자입니다. 아니 새의 날개에서 온 글자라고 볼 수 있습니다. 새의 날개는 한 쪽이 다른 한 쪽을 도와주는 관계가 아니죠. 두 개의 날개가 하나인 겁니다. 마찬가지로 벗도 나의 존재적 결합체, 나의 존재적 완성을 이루는 존재라는 거예요. 그래서 연암은 벗을 '또 하나의 나'라고 불렀습니다. 그렇기 때문에 『논어』에 등장하는 이 벗이라는 말은 오늘날 우리가 보통 쓰는 '친구'와는 조금 의미가 다를 수밖에 없습니다. 우리 현대인들은 같은 나이, 같은 학교, 같은 반 동창 등등… 보통 친구라고 하면 그냥 같은 또래를 가리키죠. 하지만 그런 건 그저 프렌드(friend)입니다. 이에 반해 『논어』의 '붕'은 삶의 비전을 공유할 수 있는 사람들입니다. 동지(同志), 즉 지향점이 같은 사람들이에요. 적어도 이러이러한 것들만큼은 내 생활에서 타협하지 않고 살아야지. 최소한 내가 사는 지역공동체에서 이러이러한 정도만큼은 같이 지키면서 살아야지…, 하는 겁니다.

그런데 여기서 공자님이 또 우리를 아니 저를 감동시킵니다. 삶에 대해 내가 어떤 비전을 가지고 살고 있는데, 그러한 비전들을 공유하는 벗들이 찾아온다는 겁니다. 이게 얼마나 멋진 일인지 아세요? 저는 현재 공부 공동체 '남산강학원'이라는 곳에서 활동 중인데요, 이곳에는 이러저러한 공부 관련 프로그램 활동들이 있습니다. 충무로역에서 남산을 보고 곧장 산책하듯 올라오시면 됩니다. 저희와 같은 건물에는 고전과 의역학을 공부하는 '감이당' 회원들도 있고, 여튼 많은 분들이 저희 공간을 찾아와 함께 공부하고 생활합니다. 지금 공부하시는 분들 중에는 제주도에서 오신 분이 계세요. 매주 창원에서도 오시고, 대구에서도 오고, 청주에서도 옵니다. 이 안에도 각각 가깝고 먼 데서 찾아온 분들이 계실 겁니다.

한편 이 구절에서 사람들이 먼 데서 찾아온다는 이 말의 의미도 충분히 상상해 보면 좋겠습니다. 요컨대 이 말은 단지 거리가 먼데서 온다는 점만 강조하는 게 아닙니다. 먼 데서 사람 '들' 아니 동지(同志) '들'이 찾아오는 거고, 그 말은 결국 이 배움의 조직이 본격적으로 공동체적 관계로 펼쳐진다는 것입니다. 요컨대 배움이 타자적인 것들(먼 데)과 우정의 연대를 이루는 데까지 나아간다는 것을 통찰한 대목인 셈입니다. 예컨대 자로는 성읍 바깥에 살던 야인(野人)이었고, 자공은 이웃 나라인 위(衛)나라 출신입니다. 거리도 거리지만 두 사람은 공자님을 사이에 두고 서로 나이차가 스물한 살이 납니다. 거주 환경도 다르고, 나라도 다르고, 나이도 한 세대가넘어 차이가 '먼' 것입니다.

그럼에도 이 사람들이 모여 있다는 말입니다. 찾아온다는 것입니다. 왜요? 이들이 왜 찾아오고 왜 모입니까? 공자님이 무슨 권력자도 아닌데 말입니다. 아는 게 많아서? 하하. 뭐 그럴 수도 있습니다만, 제가 보기에 그 이유는 이들이 각각 다른 삶을 살았지만 궁극적으로는 삶의 방향이 일치했기 때문입니다. 선수는 선수끼리 알아보는 법이거든요. 자연스럽게 서로 끌리고 찾게 되겠죠. 저희 연구실, 강학원에 와서 공부하시고, 여기 또 좋은 강의가 있으니 서로 찾아오시고…. 저도 제 얘길 들어주고 함께 이런 고민들을 나눌 사람들이 있다고 하니 강의를 하러 오는 것이고요. 그리고 함께 공자와 『논어』이야기를 나누어 보는 겁니다. 배우고 익히는 기쁨과 공부를 매개로 동지가 된 이 강의실의 활기. 이게 얼마나 기껍고 즐거운 일입니까. 안 즐거운 게 이상한 거 아닌가요?

18. 지인, 군자

이제 슬슬 마무리할 때가 되었습니다. 저는 앞의 이 두 구절에 이미 『논어』의 중요한 주제 하나가 다 드러났다고 생각해요. 제가 생각할 때 이 두 구절의 뜻이면 『논어』가 말해 주는 윤리적 비전이라고 할까요. 즉 어떻게 살아야 할 것인가, 에 대한 문제를 거의 관통할 수 있다고 여겨집니다.

그리고 저는 이 부분에 관해서만큼은 유가에 확실한 공이 있다고 생각합니다. 수천 년간 유가가 책임져 온 부분이 있다는 겁니다. 아니 확실히 유가가 출중하다고 생각합니다. 뭐냐. 간명합니다. 우리는 배우는 존재들이다, 라는 거죠. 산다는 것은 배운다는 것이고, 배움은 삶으로 실천하는 끝없는 과정이다. 그리고 죽을 때까지 배우는 그것들은 나 아닌 다른 사람들과의 관계 속에서 펼쳐지는 것이다. 멀면 멀수록, 많이 펼치면 펼칠수록 즐거운 삶이 될 것이라는 것. 제가 보기엔 『논어』의 윤리적 명제는 이 두 가지면 다 된 것이 아닌가 합니다. 그런데 어떻게 되어 있죠? 세번째 구절이 있어요.

인부지이불온(人不知而不慍). 다른 사람들이 나(우리)를 알아주지 않아도[不知] 성나지 않으면[不慍]. 불역군자호(不亦君子乎). 군자가 아니겠는가.

전 이 세번째 구절을 공자님께서 노파심에서 덧붙이신 게 아닐까, 라고 생각합니다. 포인트는 몇 가지 있습니다. 일단 인(人). 이건 타인들, 다른 사람들이란 뜻이라고 앞에서 말씀드렸죠. 그리고 부지(不知). '알지 못하다', 즉 다른 사람들이 알아주지 않아도, 라는 뜻입니다. 이 부분은 『논어』에서 아주 중요한 문제이니 잘 기억해 두시기 바랍니다. 『논어』에는 여러 차례 '다른 사람이 나를 알아봐 주지 않는 것을 근심하지 말라'라는 식의 문장이 되풀이됩니다. 제가 얼핏 기억하는 것만도 세 차례 이상 나오는 것 같아요. 그러니 사실 매우 강조되는 주제였던 셈이죠. 요컨대 '사람을 알아보는 문제'가 문제가 되고 있었던 시대인 겁니다. 왜일까요? 그것은 아마도 공자 계열의 제자들이 전통적인 권력 집단이나 귀족층이 아니었다는 의미와도 관련이 있을 테고(결국 누군가 능력을 알아봐 주고 선택해 줘야 하는 문제이니까요), 또 한편으로는 공자가 이제까지의 시대적 흐름에 맞서 다른 가치를 제시하는 인물이었기 때문이기도 합니다. 공자 자체가 기존 권력 집단 외부의 인물이었으니까요.

그리고 그 다음은 불온(不慍), 즉 '성나지 않으면'이라는 대목입니다. 남들이 알아주지 않아도 성나지 않는 것입니다. 뭘 알아주지 않아요? 의롭게 사는 것이죠. 뭐가 의로운 것인가? 떳떳한 것이 의로운 것입니다. 그리고 의로운 것이 옳은 것이죠. 그럼 어떻게 해야 떳떳하죠? 간단합니다. 자기의 옳음을 실천하며 살면 떳떳한 것이죠. 배우고 익히고, 뜻을 함께하는 벗들과 일을 도모하고… 그냥 그렇게 사는 건데, 이걸 또 사람들은 수군거리는 거죠. "공자네 재들은, 자기들만 좋아. 자기들끼리 기쁘고 즐거워…" 이러면서 비아냥거리기도 하고, 뭐 여튼 뒷담화를 하는 거죠.

그럴 때 발끈하거나 이럴 필요가 없다는 겁니다. 또 이런 경우도 있을 수 있어요. '내가 보기엔'(이게 중요합니다. 내가 보기엔!) 분명 나보다 못난 인물인 어떤 사람이 출세하는 것, 출세해서 부귀해지고 돈도 많이 벌고, 위세 부리고 그러는 모습을 보면서도 굳이 '왜 나는 알아주지 않는 거야, 내가 더 잘났는데' 이러면서 성이 나지 않아야 합니다.(웃음)

다른 사람들이 알아주지 않아도 마음에 끄달리는 게 없어야 합니다. 억누르고 참아서 그렇게 되는 게 아닙니다. 제 식으로 이야기하면 자기 삶의 가치를 선택하는 기준이 자기로부터 나와서 다른 사람들과 비교할 것도 없이 스스로가 건강한 삶의 주인이 될 수 있으면 됩니다. 이런 사람을 군자(君子)라고 하는 것이고요. 그리고 바로 이것이 『논어』에서 공자가 강조하는 윤리적 주체로서의 군자입니다. 군자는 그런 사람들이라는 거예요. 다른 사람들이 알아주지 않아도 그까짓 것에 연연하지 않는다는 것. 이것을 아Q의 '정신승리법'과 착각하시면 안돼요. 아Q의 정신승리법은 패배를 패배로 받아들이지 않으려는 약자의 방식이지만, 군자의 윤리는 저 스스로 가치를 생산하는 것이기 때문에 누군가의 외부적 가치로 자신의 삶을 재단하지 않는 것입니다. 누구나 다 비난할 만한 것을 가지고 비난하고 있는데도, "난 괜찮아. 난 괜찮아. 나만 좋으면 돼" 이게 아니에요. 배우고 익히고 유붕자원방래 하는 관계에서 '불온'한 것이지, 아무도 안 친하고 혼자 골방 속에 있으면서 "난 괜찮아. 난 괜찮아. 난 오늘 좋아서 이러는 거야" 그러는 게 아니라는 겁니다.

한편 군자(君子)라는 이 말은 공자를 만나면서 말의 뜻이 전면적으로 변화하게 되는 대표적인 용어입니다. 본래 공자가 살던 시절에 이 말은 일차적으로는 신분적으로 높은 특정 그룹을 가리키는 말이었습니다. 말뜻 그대로 하자면 군주의 자식이란 뜻입니다. 최고급 귀족을 뜻하는 말이죠. 그렇기에 고귀한 자이고, 그런 사람들이 원래 고귀한 삶을 실천하는 사람들이었던 것입니다. 요컨대 이 사람들이 어떻게 귀족이 됐나 따져 보면, 그 사람들이 실제로 고귀했기 때문에, 고귀한 삶을 실천하(려)는 자들이기 때문에 그런 거였어요. 그런데 이게 여러 세대가 맞물려 내려오다 보면 그저 아버지가 고귀한 사람이기 때문에 고귀한 사람이 된 자들이 대부분이거든요. 공자 시대가 되면 사실상 신분의 표지일 뿐 인물의 됨됨이를 평가하는 것과는 무관해진 겁니다.

그런데 『논어』에서 공자는 이 군자라는 말의 용법을 바꿔 버립니다. 군주의 자식으로 태어나는 게 군자가 아니고, 고귀한 자답게 고귀한 삶을 실천하는 자들이라야 군자라고요. 도덕적+인격적 완성을 위해 노력하는 자, 라는 의미를 붙인 겁니다. 그래서 『논어』 안에는 이 두 가지 용례가 혼재되어 있어요. 군자라는 말이 나올 때, 어떨 때에는 귀족들을 가리키는 말로 쓰일 때가 있고, 어떨 때에는 지금 이 용례에서처럼 훌륭한 삶의 가치를 실천하는 고귀한 인물을 가리키는 말로 쓰일 때가 있습니다. 유념해서 살펴야 하는 언어입니다.

시간이 많이 지나 버렸네요. 이번 강의는 이쯤에서 그만 정리해야겠습니다. 지금까지 『논어』의 첫번째 문장 세 구절을 읽어 보았습니다. 저는 이 첫번째 문장. '학'(學)이라는 글자로 시작하는 스승의 첫 문장. 제자들이 절대적으로 우리 스승이 남긴 최고의 문장이라고 합의해 줬을 거라고 믿어봄직한 이 첫 문장이 『논어』 전편을 가름하는 핵심 중의 핵심 문장이라고 생각합니다. 이게 『논어』입니다. 배움으로 시작하고, 붕우와의 관계로 펼치고, 사람을 알아보는 문제로 끝난다는 것. 가만히 살펴보면 이 우연한 편집의 책 『논어』 전편이 이 몇 가지의 키워드를 끊임없이 반복하며 변주하고 있다는 사실을 알게 됩니다. 『논어』 마지막 편 마지막 구절이 뭔지 한 번 확인해 보세요. 아마 흥미로우실 겁니다. 물론 이게 『논어』의 전부는 아닙니다. 『논어』로 말할 수 있는 어떤 한 계열의 이야기축 한 개, 고작 한 개를 지금까지 떠들었을 뿐입니다. 다음 시간엔 다른 계열에서 『논어』를 읽는 또 다른 이야기를 말씀드려 보겠습니다. 감사합니다. 마치겠습니다.

孔子

2부. 이 사람을 보라!

제자를 알면 공자와 『논어』가 보인다

論語

자로가 물었다. "들었으면 곧 실천해야 하죠?"
선생님 말씀하셨다. "부모 형제가 있는데 어떻게 그것을 들었다고 곧장 실천에 옮길 수 있겠는가."
염유가 물었다. "들었으면 곧 실천해야 하죠?"
선생님 말씀하셨다. "실천해야 한다."
공서화가 물었다. "자로가 묻기를 '들었으면 곧 실천해야 합니까?'라 하니 선생님께서는 '부모 형제가 있지 않으냐' 하셨습니다. 염유가 똑같이 물었을 때는 선생님께서 '바로 실천해야 한다'고 하셨습니다. 제가 의심스러워, 감히 어떤 게 옳은지 여쭙습니다."
선생님 말씀하셨다. "염유는 물러나는 성품이기 때문에 나아가도록 했고, 자로는 남을 누르는 성품이기 때문에 물러서도록 했을 뿐이다."──『논어』「선진」편

왼쪽부터 안회, 자로, 자공

1. 공자와 제자들, 『논어』의 제작자 겸 공동 주연

안녕하세요. 반갑습니다. 오늘 강의는 공자와 그의 제자들에 관한 이야기입니다. 지난 시간에도 말씀드렸다시피 『논어』를 둘러싼 배치에서 공자의 제자들은 절대 조연이 아닙니다. 저는 이 점이 각별히 강조되어야 한다고 생각하는데요, 특히 『논어』 독서에서는 사실상 절대적으로 성패를 좌우한다고도 생각합니다.

『논어』는 구전으로 전하던 스승의 말씀을 기록으로 정착시킨 텍스트입니다. 그런데 스승-제자 사이라고는 해도 오늘날 강의 시간처럼 시간이 지정되어 있지는 않았을 겁니다. 설혹 함께 모여 스승님의 말씀을 듣는 시간이 있었다고 해도 『논어』가 전하는 강학의 풍경은 그런 집단적인 모습이 아닙니다. 대부분은 두서너 명과 나누는 대화 형태였습니다. 즉 공부 시간이 따로 있는 게 아니라 스승과 함께 있는 그 상황 자체가 공부였던 것입니다.

그런 말씀들이 제자들을 통해 또 다른 제자들에게 전해집니다. 그중 어떤 말씀들은 공자 및 공자 학단의 가르침과 관련해 이미 많은 것을 공통으로 공유하고 있는 사람들에게 전해졌을 겁니다. 그럴 경우 말씀을 전하는 사람은 일일이 전하지 않아도 될 말들은 생략하기도 하고, 또 자신이 기억할 수 있는 방식으로 내용을 구성(!)해야 했을 겁니다. 기억으로 구전하기 위해서는 내용을 최소화시켜야 하고, 핵심 위주로 남겨야 했을 테니 말입니다. 대화 상황과 관련된 배경이나 내용 외적이라고 생각되는 것들은 생략되겠죠.

하여튼 이처럼 각자가 배우고 익힌 말씀들이 먼 훗날 자기가 제자들을 갖게 되었을 때 전해지기도 하고, 또 함께 공부하던 다른 제자 그룹들끼리 서로 나누기도 하고 그랬던 겁니다. 처음에는 자기가 직접 들은 사람으로서 전하는 것이었으니 생략된 부분은 전혀 문제가 되지 않았습니다. 설혹 듣는 사람들이 궁금해해도 바로 대답할 수 있었겠죠. 하지만 말이라는 게 그렇습니다. 두서너 다리만 건너도 전혀 엉뚱한 얘기가 될 수가 있는 거죠. 실제 그렇기도 했을 겁니다. 자유(子有)의 제자들이 스승께 전해 들은 말과 자하(子夏)의 제자들이 스승께 전해 들은 말이 달라서 충돌하는 경우처럼 전승되는 과정에서 여러 변수가 생겨납니다.

아예 맥락이 사라지고 말씀만 덩그러니 남은 경우들도 많습니다. 일종의 경구 같은 거죠. "흘러가는 것이 물과 같구나"라거나, "배우기만 하고 생각하지 않으면 멍해지고, 생각만 하고 배우지 않으면 위태롭다." 이런 구절들은 그 자체로 이리저리 의미를 생산할 수 있고, 이 말만으로도 의미가 없는 것은 아닙니다만, 어쩌면 어떤 구체적인 어떤 상황에서 공자께서 하신 말씀일 수도 있습니다. 『논어』에는 이런 구절들도 꽤 많습니다.

이럴 경우에 『논어』 읽기가 난감해지는 건 당연한데, 역사적으로 일군의 유학자 무리는 이런 대목을 만날 때마다 특별한 방식으로 읽었습니다. 어떤 특별한 방식이냐 하면, 스승 공자를 도덕적인 성인으로 읽는 것이었습니다. 간혹 스승님이 잘 이해 못할 말씀을 하셔도, "아, 우리 스승님께서 특별히 이유가 있어서 그러신 거다"라는 식이죠. 제가 조금 희화해서 말씀드리고 있습니다만, 이런 사람들을 주자학자라고 합니다. 성리학자들이라고 하는 사람들은 대개 이런 사람들이에요.

『논어』에는 스승과 제자의 대화들이 크게 두 가지로 존재합니다. 정황과 인물 등이 구체적으로 전해지는 경우와 스승의 말씀들만 간략히 전해지는 경우입니다. 주자학자들은 후자와 같은 문장들을 만날 때, 이것을 굉장히 도덕적인 방식으로 해석합니다. 즉 인격적으로 완성되어 있고 탈현실적인 스승께서 하신 말씀인지라 시간과 공간을 떠나서 누구나에게 가치 있는 진리로 이해하는 방식입니다. 굉장히 그럴 듯해 보이고 굉장히 멋있습니다. 스승은 흠 잡을 데 없는 완벽한 사람이 됩니다. 하지만 인간적인 맛은 사라지고, 그 대신 매우 이상적인 성인의 모습만 남게 되지요. 우리가 공자에 대한 상들을 가질 때 보통 '굉장히 훌륭한 인격이긴 하지만 좀 고리타분한 도덕군자인 것 같은 느낌'이라고 생각하지 않습니까? 물론 공자가 그런 성인이 절대 아니어야 할 이유도 없습니다. 하지만 우리가 공자를 그런 이미지로만 여길 때, 공자는 물론 성인이라는 말도 다분히 초월적이고 완벽해서 인간적인 맛이 없어지게 되고, 군자라느니 유학자라느니 하는 이미지들이 전반적으로 완고하고 무거워집니다.

　그런데 실제로 『논어』를 보면 여기에는 아주 다층적이고 현실적이고 인간미 풀풀 풍기는 공자가 있습니다. 솔직히 말해 어찌 보면 우리랑 별반 다를 것 없는 제자들이 수두룩하게 등장하고 그렇습니다. 진짜 고차원적인 스승과 재능 있는 제자들만 있는 게 아니고, 보기에 따라선 우리가 주위에서 늘 볼 수 있는 평범한 제자들도 수두룩하게 있는 겁니다. 70제자니 77제자니 하며 이야기되는 에이스급 제자들조차도 『논어』 안에서 서로 질투하고, 삐치고, 파문당하고, 인정욕망에 불타고 그렇습니다. 스승이 한번 예뻐해 주면 막 기뻐했다가 혹은 막 삐쳤다가 이런 마음들이 계속 일어나고 있죠. 막상 보면 신기할 정도입니다. 이렇게 재미있는 책이 없을 정도입니다. 그런데 이런 점들이 발견된다고 해서 『논어』의 가치나 공자의 권위가 떨어지는 게 절대 아닙니다. 오히려 저는 그런 점들을 볼 수 있게 되면서 『논어』가 재미있어졌고, 『논어』를 제대로 읽는 기분이었습니다. 『논어』는 그저 위대하고 우뚝한 한 성인의 초인간적인 어록집이 아니라는 것이죠. 『논어』는 아주 생생하게 매 순간 살아 있는 사건들을 볼 수 있는 활발발한 언어의 현장인 것입니다.

2. 같은 질문 다른 대답? 그 질문에 바로 이 대답

오늘은 제자들이 스승 공자와 벌이고 있는 '대화'라고 하는 측면에 주목해서, 상상으로 대화의 상황들을 최대한 재구성하고, 대화의 사이에 빠져 있는 부분들을 최대한 유추해서, 이 글들을 어떻게 다르게 읽을 수 있는지 살펴볼 생각입니다. 그래서 만약에 그렇게 읽을 수 있는『논어』가 그럴 듯하고, 그게 훨씬 더 우리 생활에 유용하거나 훨씬 더 지혜로운 방안이 될 수 있겠다고 생각하면, 앞으로 그런 방식의『논어』독해를 제안하고 싶은 겁니다.

자, 그 일례로 인용문을 하나 보시죠. 앞서 한 번 소개해 드린 적이 있었던「선진」편에 나오는 구절입니다.

자로가 물었다. "들었으면 곧 실천해야 하죠?" 선생님 말씀하셨다. "부모 형제가 있는데 어떻게 들었다고 곧장 실천할 수 있겠는가." 염유가 물었다. "들었으면 곧 실천해야 하죠?" 선생님 말씀하셨다. "들으면 곧 실천해야지." 공서화가 물었다. "자로가 묻기를 '들으면 곧 실천해야 하죠?'라 하니 선생님께서는 '부형이 있지 않느냐' 하셨습니다. 염유가 똑같이 물었을 때는 선생님께서 '들으면 곧 실천해야지'라고 하셨습니다. 제가 의심스러워 (어떤 말이 맞는지) 감히 여쭙습니다." 선생님 말씀하셨다. "염유는 물러나는 성품이기 때문에 나아가도록 했고, 자로는 남을 누르는 성품이기 때문에 물러서도록 했을 뿐이다."

같은 질문, 다른 대답. 제 식으로 말하면, 매 순간 대화는 그 대화 상대자와 대화자 둘만의 환원 불가능한 단 한 번의 관계인 거예요. A라는 제자가 와서 "선생님, 진지 잡수셨습니까?" 하는 질문과 B라는 제자가 와서 "선생님, 진지 잡수셨습니까?" 하는 질문은 똑같은 질문인 것 같지만 다른 질문이라는 거예요. 왜? A라는 제자는 밥을 사러 온 제자일 수 있고, B라는 제자는 밥을 훔치러 온 제자일 수 있어요. 얻어먹으러 온 제자일 수 있다는 거예요. 그러면 이 둘의 처지와 상황이 다르므로 같은 (것처럼 보이는) 질문에 다른 대답을 해 줄 수밖에 없는 거죠.

또는 이미 A라는 사람의 상황과 스승이 연결되는 하나의 상황, B라는 제자와 스승이 연결되는 또 하나의 상황이 이미 다르기 때문에 이 질문은 다른 질문이다, 오늘 포인트는 이겁니다. 우리는 매번 다른 질문 앞에 선다, 『논어』라는 책은 매번 다른 질문 앞에 서는 스승이 매번 다른 대답을 해주는 기록이다, 라는 것이지요. 또는 매번 다른 대답을 하도록 스승이 제자들마다 질문을 던져요. 그러니까 스승이 똑같은 질문을 던져도 그것은 제자들에 따라서 다 다른 질문이 되는 거죠. 이런 쌍방의 과정이 살아 있는 책이 『논어』이고, 그래서 어느 한 구절도 허투루 읽을 수 있는 구절이 없게 되는 것입니다. 다만 불행하게도 오랜 세월을 거치면서 진행되어 오는 동안 앞서 말씀드린 것처럼 아무리 용을 써도 상황과 맥락을 재구성하기가 어려운 것들이 상당히 있어요. 그 부분은 우리가 계속 채우는 수밖에는 도리가 없습니다. 그걸 고려하고 읽어 낼 수 있는 한 최대한 더 재미있게 『논어』를 읽는 것, 그게 관건이 않을까 싶습니다.

아, 또 이런 게 있어요. 아까 『논어』라는 책이 제자들에 의해서 만들어졌다고 했는데요. 이 제자들 사이에도 알력이 있었고, 또 제자들 속에도 권위를 가진 집단이 있었다는 걸 알 수 있는 몇 가지 표지들이 있습니다. 『논어』에는 많은 제자가 등장하는데, 스승과의 관계에서 보면 어차피 전부 제자들이니 나이 차가 많든 적든 모두 그냥 이름을 부릅니다. 그런데 『논어』에 보면 어떤 제자들은 이름이 아니라 존칭으로 불리는 경우가 있습니다. 예를 들면 『논어』에는 공자님 말고도 성씨 뒤에 '자'(子) 자가 붙는 인물들이 있습니다. 유자(有子), 증자(曾子)… 뭐 이런 식입니다. 유자는 유약(有若)이고, 증자는 증삼(曾參)입니다. 어떻게 이들 이름에는 '자' 자를 붙일 수 있었을까요?

아마도 『논어』라는 책을 편찬할 때, 이들의 제자들이 가장 힘이 막강했던 편집자 그룹이 않았나 생각해 볼 수 있습니다. 그러니까 증자의 제자들과 유자의 제자들이 편집 과정에서 굉장히 막강한 힘을 발휘했다는 거죠. 이 말은 유자와 증자가 반드시 공자의 적통이라는 말을 의미하지는 않습니다. 그걸 착각하면 안 돼요. '아, 『논어』 안에 공자처럼 '자' 자가 붙는 사람들이 있는 걸 보니, 이 사람들이 당시에도 존경받는 적통이었나 보다. 저는 그렇게 생각하지 않아요. 물론 존경을 받는 스승들이었겠죠, 당대에. 그렇지만 공자 문하에서는 이들이 최고 적통이라든지 이런 의미와는 별개로, 일단은 『논어』라는 책을 편집할 때에 힘이 셌다는 것을 증명한다고만 해 두겠습니다. 왜? 그 이유는 『논어』를 계속 읽어 가다 보면 저절로 풀릴 것입니다.

우리가 『논어』라는 책을 읽을 때는 진짜 별것 아닌 것 같은 한 구절 한 구절에서 어떤 사람들은 엄청난 이야기보따리들을 풀어내요. 어떤 상황에서 재구성되었을 것이다, 어떤 시기의 글일 것이다, 어떤 맥락에 있는 것일 것이다… 등등. 이런 것들을 찾아내는 것도 재미가 있지만 오늘은 그런 역사적인 배경 이전에 제자들이라고 하는 사람들이 어떤 개성을 가지고 『논어』 안에 등장해서 이 책을 풍성하게 만들어 주고 있는가, 혹은 어떤 역할을 하는가 하는 점을 살펴보겠습니다. 『논어』는 절대 공자에 의해 '저술'된 책이 아니라는 것, 그뿐만 아니라 공자만이 주연인 책도 아니라는 것, 최소한 『논어』는 공자 제자들의 저술이고, 주연도 공자뿐만 아니라 제자들까지라는 것 등등을 상기하면서 말입니다.

공자의 제자들을 그저 조연으로 만들어 버릴 때 『논어』는 재미가 없어질 뿐 아니라 아주 평범하고 개성 없는 책이 되어 버리고 맙니다. 우리가 특별히 신경 쓰지 않으면 자꾸 스승님, 공자의 말씀만 중요하다고 생각하게 됩니다. 물론 배우는 사람으로서 스승님의 말씀이 무엇보다 중요하죠. 하지만 스승님의 말씀이 배움의 진리가 되는 것은 그 말을 믿고 배우는 사람들이 있기 때문입니다. 이걸 잊으면 『논어』는 정말 도덕 교과서가 되어 버리는 것이기에 이게 어떤 제자한테 주는 말인지 어떤 제자의 어떤 질문에 응대하는 대답인지를 반드시 잘 살펴야 합니다. 물론 절대 알 수 없는 구절들도 있습니다. 하지만 그럴수록 알 수 있는 구절들에서 자세히 살펴 나갈 때 다른 구절들에서 해석의 실마리를 얻을 수 있습니다.

자, 그런 의미에서 일단 한 세 명 정도의 대표적인 제자들을 중심으로 이야기해 보겠습니다. 첫번째가 안회(顔回), 두번째가 자로(子路), 세번째가 자공(子貢)입니다. 이들 세 제자는 공자 문하의 제자들 중에서도 매우 뚜렷한 개성을 드러내 보이는 인물들입니다. 무엇보다도 안회는 덕행(德行) 부문의 에이스죠. 자로는 실천 혹은 정사(政事) 분야의 톱입니다. 그리고 자공은 제가 가장 사랑하는 캐릭터인데, 언어(言語) 제일 제자입니다. 이들 세 제자를 통해『논어』읽기의 안목이 일변하는 체험을 해보시겠습니다.

3. 안회 — 호학하는 유일 제자

공문(孔門)에서 첫번째로 살펴볼 제자는 안회(顔回)입니다. 안회란 이름 들어보셨어요? 들어보셨다고요? 네, 역시 안회는 유명하군요. 맞습니다. 안회는 자타공인 공자의 수제자 아니 톱(TOP) 오브 수제자예요. 요즘 말로 하면 안회는 레전드 제자입니다. 스승 공자조차도 진심으로 존중하고 경외했던 인물이었죠. 말이 제자지 사실 공자가 생각하기에도 안회는 어떤 점에서는 공자 이상이었습니다.

안회는 공자보다 스물아홉 혹은 서른 살 적은 것으로 되어 있습니다. 그리고 공자의 초기 제자입니다. 공문에는 말씀드렸다시피 여러 세대의 제자들이 있습니다. 이들을 나이별로 구분해 보면 대략 세 세대 정도가 나오는데요, 이거 생각보다 흥미로운 대목입니다. 한 스승의 제자가 세 세대가 있다는 거죠. 이런 관계가 가능하기 위해서는 무엇보다도 공자님처럼 '오~래' 살아 주셔야 합니다.

예를 들어 앞에서 한 번 이름이 나왔던 증자(曾子) 같은 제자는 막내 세대인 3세대 제자예요. 나이가 공자보다 마흔여섯 살이나 어립니다. 자장(子張), 자유(子遊), 자하(子夏) 등이 이 그룹입니다.

44~48세 정도 어렵니다. 그 위로 2세대 제자 그룹이 있어요. 안회, 자공(子貢), 염구(冉求) 등이 대표적인데 이들은 대략 스승님과 30세 안팎의 나이 차가 납니다. 그리고 1세대 제자 그룹이 있는데, 자로(子路)처럼 나이가 아홉 살 정도 차이 나는 경우죠. 증자의 아버지라고 하는 증석(曾晳)도 이쪽 나이 또래입니다. 이들을 편의상 1세대 그룹이라고 하면, 여기에 속하는 제자들은 형님-아우 같은 그룹이라고 볼 수도 있습니다. 하지만 스승은 스승이어서 자로 같은 경우 얼마나 깊은 존경심으로 스승님을 따르는지 모릅니다. 농담처럼 하는 말로, 자로는 100점 만점에 120점짜리 충성도를 보여 주는 제자입니다. 자로 이야기는 안회를 이야기한 이후 본격적으로 해볼 생각입니다.

안회라고 하는 인물의 생에는 몇 가지 핵심 맥락이 있는데, 제가 보기에 그 맥락은 무엇보다도 공문의 수제자라는 것과 가난하다는 점에 있습니다. 『논어』에는 안회가 여러 차례 등장합니다. 안회는 요절한 제자거든요, 그럼에도 많이 등장한다는 건 뭘 의미하겠습니까? 살아생전에 스승과 그만큼 각별했다는 뜻이겠지요? 그러므로 안회와 스승 공자가 얼만큼 각별한 사이냐, 하는 게 안회를 이해하는 지점이 될 것입니다. 이 부분은 또 간단히 두 가지로 나눠 볼 수 있습니다. 먼저 인용문을 하나 보시겠습니다.

계강자가 공자에게 물었다.
"제자들 중에 호학(好學)하는 인물은 누구입니까?"

공자가 이에 대해 대답하였다.

"안회라는 이가 호학하였는데, 불행히도 단명하여 죽었습니다. 지금은 없습니다."

『논어』「선진」편에 나오는 구절입니다. 어딘가 익숙하신가요? 예, 그 호학(好學)입니다. 또 나왔습니다. 이 호학이라는 말이 공자에게 얼마나 중요한 말인지 지난 시간에 말씀드렸었죠? 그런 공자가 인정한 단 한 명의 호학자, 그게 안회입니다. 공자 문하에서 '호학하는 인물을 손꼽아 주세요!'라고 하면 거의 동시에 '안회'라는 대답이 나오는 겁니다. 사실 손꼽을 것까지도 없는 단연 독보적인 평가인 거죠.

이 글의 맥락을 살펴보겠습니다. 계강자(季康子)라고 하는 사람이 공자에게 물었어요. 자, 계강자라는 인물은 누구냐? 노나라의 대부 계급이면서 그중 가장 세력이 강했던 계씨 집안 리더입니다. 그러니까 노나라 실세인 겁니다. 공자가 태어난 노나라에는 제후 밑에 세 그룹의 힘 센 가문이 있었어요. 이들을 각각 계손씨, 숙손씨, 맹손씨라고 합니다. 이들은 노나라 환공의 형제들이 각각 독립하여 세 가문으로 나뉜 겁니다. 이들을 묶어 삼환(三桓)이라고 하는데, 이들은 나중에 노나라의 제후보다도 힘이 막강해져서 결국에는 제후가 쫓겨나 망명하는 지경에 이릅니다. 그때 그 노나라 제후는 끝내 망명길에서 객사합니다. 권력의 세계는 이렇게 비참한 겁니다.

그런 가문의 일인자(계강자)가 공자에게 직접 물은 겁니다. 무엇을? "제자 중에 누가 배우기를 좋아합니까?" 대부이지만 거의 군주(제후)급의 권력을 가진 실력자가 미천한(!) 사(士) 계급 출신에게 묻는 겁니다. 그러니까 공자가 계강자와 일대일 독대를 할 정도였다는 사실은 덤입니다. 계강자도 공자의 소문을 들은 거겠지요. 노나라에 아주 특별한 인물이 하나 있는데, 덩치도 아주 큰데 제자들도 많이 들락거린다는 소문이요. 그런데 이 인물이 인품도 훌륭하고 학식도 높고, 주먹도 세고 말이죠. 이쯤 되면 당장 데려다 써야 하는데 말입니다. 그런데 왠지 좀 부담스러워요. 데려다 쓰기에는… 안 그렇겠습니까? 제자가 수십 수백 명이고 자로처럼 힘센 제자들은 물론 충성도 높은 제자들이 둘러싸고 있으니까요. 이런 인물은 그저 잘 구슬려야 한다고 생각했을지도 모릅니다.

　　그런데 그것도 쉽지가 않습니다. 이 스승이라는 인물이 꽤 까다롭고 또 원칙주의자 같은 측면이 있어서, 자기들 같은 권력자 앞에 바로 고개를 숙이고 그러는 사람도 아니기 때문입니다. 좀 뻣뻣한 거죠. 그러니 괜히 잘못 데려와서 같이 일을 도모했다가 대들고 그럴지도 모르고요^^, 그런데 또 세상 사람들 눈이 있으니까 모르는 척할 수도 없습니다. 그러니까 살짝 떠봅니다. 공자를 만나 묻긴 묻는데 이렇게 묻습니다. "제자 중에서", 자 여기가 1차 포인트입니다. '공자 당신 빼고 묻는 것입니다.' 이런 뜻입니다.(웃음) '공자 당신은 내가 너무 대단한 사람이라 그렇고, 당신 제자 중에서 당신처럼 능력 있는 사람 추천 좀 해주시오.' 계강자의 말을 번역하면 대충 이런 뜻입니다. 무슨 말이냐 하면, 공자가 평소 자신을 어떤 사람이라고 자부했느냐 하면 늘 호학자라고 여겼단 말이에요. 그러니 "'제자 중에서' 호학자가 누구입니까"라는 질문은, '당신(말고) 제자 중에서 진짜 괜찮은 인물 좀 추천받읍시다'라는 뜻에 다름 아닌 겁니다.

그런데 공자의 대답을 한번 들어 보죠. 이 대목이 2차 포인트입니다. 우리의 덕 높으시고 인자하신 공자님이 이 질문을 딱 듣는 순간 어떤 마음이었는지를 읽어 내야 돼요. 이 대답은 스승 공자의 사심 없는 진실로 시작합니다. "호학하는 인물로는 안회라는 이가 있었는데, 불행히도 단명하여 죽었습니다." 그런데 그 뒤 구절에서는 복잡한 마음이 느껴집니다. "하여 지금은 호학과 관련해 추천해 드릴 만한 사람이 없습니다, 제자 중에서는요." 공자님 대답에서 약간 빈정 상한 것 같은 느낌은, 저만 받는 거 맞죠?(웃음) 공자를 만나서 곧바로 "우리 같이 정치 한번 해보십시다!" 이렇게 얘길 안 해요. "제자 한 사람을 추천해 주십시오. 그 사람이랑 정치 한 번 해보게!" 이렇게 말하죠.

삼 개월 인(仁)하다

맹무백이 물었다. "자로는 인(仁)합니까?"
공자께서 말씀하셨다. "잘 모르겠습니다."
맹무백이 다시 물었다.
공자께서 말씀하셨다. "유(由, 자로 이름)는 큰 나라의 군사를 맡길 만합니다…만, 그가 인한지는 모르겠습니다."

"염구는 어떻습니까?"

"구(염구)는 큰 대부의 행정 읍재 일을 맡을 만합니다…만, 그가 인한지는 모르겠습니다."

"공서적(공서화)은 어떻습니까?"

"적(공서적)이는 예복에 띠를 매고 빈객 응대하는 외교 일을 맡길 만합니다…만, 인한지는 모르겠습니다."

경우가 똑같은 건 아니지만, 이 대목 말고도 『논어』 안에는 제자를 추천해 달라는 얘기가 있습니다. 안회를 이해하는 두번째 핵심 맥락입니다. 『논어』 다섯번째 편인 「공야장」편에서 맹무백이 공자에게 이렇게 묻습니다. "자로는 인합니까?" 그러면 공자는 듣고 시크하게 대답해요. "잘 모르겠습니다." 아, 죄송합니다. 공자님 흉보는 거 아닙니다. 오늘은 제자들이 주인공이니까 조금 과장해 보는 겁니다. 하여튼 제 느낌은 이 대목에서 맹무백이 살짝 무안했을 거라는 생각이 들 정도입니다. 오죽하면 맹무백이 한 번 더 묻거든요. 그러자 어쩔 수 없이, 정말 어쩔 수 없이, 대답하긴 해야 하는데 하기는 싫고…, 그런 느낌으로 공자가 이렇게 얘기해요.

"자로는 삼군을 통솔해도 마음이 흔들리지 않을 정도로 굳건한 기상을 가진 인물입니다…만(!) 인한지는 모르겠습니다."(웃음) 자로가 인한 인물인지 물어봤더니, '내 제자 자로는 삼군의 군수통수권이 어쩌고…' 삼군이면 천승지국(千乘之國) 즉 큰 나라의 병력입니다. 쿠데타를 일으킬 수 있을 정도의 병력이란 말이에요. 그런데 자로는 그런 삼군을 통솔하는 장수가 되어도, 즉 실력(무력)을 갖추고 있어도 마음이 흔들리지 않는다는 겁니다. 충성심이 변하지 않을 정도의 굳건한 기상을 갖고 있는 대단한 인물이라는 뜻입니다. 그렇지만 그건 그거고, "인한지는 모르겠습니다" 이런 말을 붙이는 겁니다.

"염유는 어떻습니까?" "아! 염유는 백 리 땅의 행정을 맡기면 한 치의 착오도 없이 딱 해낼 수 있는 인물입니다…만(!), 염유가 인한지는 모르겠습니다." "공서화는 어떻습니까?" "아! 공서화는 정식으로 예복을 갖춰 입고 빈객을 응대하는 외교 일을 맡기면 기가 막히게 해낼 인물입니다…만(!), 공서화가 인한지는 모르겠습니다." 이런 공자님께서 안회에 대해서는 어떻게 말씀하시는지 한번 볼까요?

선생님(공자)께서 말씀하셨다. 회(안회)는 그 마음이 삼 개월간 인을 어기지 않았다. 그 나머지는 하루에 한 번이나 한 달에 한 번쯤 인에 이를 뿐이다.

이쯤 되면 치우쳐도 참 많이 치우시셨다고 말씀드리고 싶을 정도예요. 안 그러신가요? 물론 더 대비되도록 제가 해석을 약간 과장되게 한 건 있어요. 「옹야」편 이 구절의 뒷부분은 해석하기에 따라 뉘앙스는 좀 달라지긴 합니다. 원문이 '其餘則日月至焉而已矣'(기여즉일월지언이이의)인데, '그 나머지 다른 이들은 하루나 한 달쯤 인에 머물렀다'는 뜻으로 볼 수도 있습니다. 어찌 됐건, 포인트는 안 회에 대한 공자의 시선입니다. 이 대목은 안회의 인함을 강조하고 칭찬하는 대목이라는 겁니다.

우리는 공자님, 하면 거의 자동적으로 '인(仁)의 철학자'라는 식으로 떠올리지만, 실제로 『논어』를 읽어 보면 의외로 『논어』 안 에서 공자님이 '인'한 사람들을 이야기하는 경우가 많지 않다는 걸 알게 됩니다. 『논어』 속에 "선생님께서는 이익[利]과 운명[命]과 인 (仁)에 관해서는 드물게 말씀하셨다"라는 구절이 있을 정도입니다.

제가 보기에 공자는 안회를 거의 경외하는 제자로 대하고 있습 니다. 조금 과장하면 공자는 동시대 인물 중에서 안회를 거의 성인 급으로 대하고 있는 게 아닌가 싶을 정도입니다. 이 대목도 그렇게 이해할 수 있는 구절인데요, "안회는 무려 인에 삼 개월간이나 머물 렀다"라는 뜻입니다. '애개! 겨우 삼 개월? 삼 년도 아니고?'라고 보 실지 모르겠습니다만, 제 느낌엔 '무려 삼 개월이나'의 뉘앙스입니 다. 그러니까 공자가 평소에 인에 관해 어떻게 언급했는지를 알면, 안회에 대한 이런 구절이 매우 드문 경우라는 걸 알 수 있습니다. 그 와 더불어 "안회는 인에 삼 개월이나 머물렀어. 다른 애들은 한 달 에 한 번 정도 인을 행할까 말까 한데"라는 식으로 읽어 본 겁니다.

안회에 대한 공자의 진심 어린 칭찬에는 이런 것도 있습니다. 안회의 인물됨이 어떠냐 하면, 잘못을 알면 고쳤고, 같은 잘못을 두 번 저지르지 않았다는 겁니다. "불이과"(不貳過)예요. 잘못을 저지르지 않는 자가 아니에요. 이것이 중요합니다. 안회는 잘못을 안 저지르는 사람이 아니고 같은 잘못을 되풀이하지 않은 인물인 거죠. 사실 유학의 성인은 이런 사람들입니다. 성인도 사람입니다. 성인도 잘못할 수 있다는 거죠. 물론 꼭 잘못을 한다는 건 아닙니다. 진짜 잘못은 잘못 자체가 아니고, 잘못을 알고도 고치지 않는 데 있는 거죠. 실수인 줄 알면 고치고 같은 실수를 반복하지 않는 사람이 성인이다, 이게 유학에서의 성인이에요. 그런데 안회가 그런다는 거예요. 그리고 "불천노"(不遷怒)라는 말도 있습니다. 천은 옮긴다, 노는 분노. 그러니까 불천노라는 건 화를 다른 데로 옮기지 않는 겁니다. 이게 안회에 대한 평가였어요.

이제 조금 느낌이 오세요? 삼 개월간 인에 머무르다니. 이게 얼마나 대단한 일입니까. 안회한테는 진짜 엄청 높은 평가를 하고 있는 거예요. 삼 개월이라니. 지금 여기서도 계강자가 와서 물었어요. "선생, 공자 선생, 솔직히 당신은 부담스러워서 못 쓰겠고 제자들을 추천 좀…." 이렇게 말하고 싶은데, 이렇게는 말을 못하겠으니까 그냥 은근히 와서 "아유, 제자들이 참 많으시군요. 제자 중에서 혹시 호학하는 친구가 있습니까?" 하고 물은 건 아니었을까요? 지금 제가 말씀드리는 건 역사가 아니라 텍스트를 읽는 하나의 사례로써입니다.

하지만 공자 입장은 이런 거죠. 아니 내가 버젓이 살아 있고 활동할 수 있는데 말이야, 나 말고 제자들을 추천해 달라고 하는 건가? 이에 대한 공자의 대답. "아, 있죠. 안회라고. 호학하는 아주아주 훌륭한 인물이요…만(!), 단명해서 죽고, 지금은 없습니다."(웃음) 그러니까 호학하는 사람은 지금 딱 한 명 있긴 한데… 제자 중에서만 찾는 게 아니라면!

물론 공자님이 이렇게 작은 마음으로 이야기했을 리 없겠지요? 없겠지만, 호학이라는 말이 다른 사람도 아닌 공자에게라면 그저 그런 평범한 말이 아니잖아요? 공자가 열 가구 정도밖에 안 되는 작은 마을 사람들한테 마음의 정성스러움[忠]과 내뱉은 말에 대한 믿음직함[信] 등을 다 내주고도 절대로 양보하고 싶지 않았던 게 "호학하는 나"였어요. 그런데 다른 것도 아니고 호학하는 사람을 찾는데 나를 빼고 딴 사람을 찾아? 공자님 입장에서 보면 확실히 정곡을 찔리는 대화였을 수도, 별로 탐탁지 않았을 대화였을 수도 있다는 겁니다.

『논어』 전편에서 공자는 여러 사람을 총평하지만, 실제로 어떤 사람의 인(仁)함을 긍정적으로 평가하는 측면에서 보면 굉장히 인색한 편입니다. 우리는 공자님이 인의 철학자이기 때문에 인에 대한 이야기로 사람들을 막 몰아넣을 것 같지만, 의외로 그렇지 않아요. 공자님은 인에 대한 언급을 상당히 인색하게 하고 있습니다. 그런 면에서 볼 때에도 공자에게 안회는 아주 특별한 제자였음을 알 수 있습니다. 안회에게만큼은 인을 꽤 넉넉히 평가했던 거예요. "아, 안회야말로 인을 행하던 사람이지." 또 자신의 트레이드마크와도 같은 "호학"이라고 하는 것도 안회에게만 주고 있어요. 이 정도면 공자 문하에서 왜 안회를 수제자, 톱(Top)이라고 하는지 이해가 되지 않으십니까?

안회의 죽음

호학(好學)과 인(仁). 이 두 가지가 제자들 중에서는 특히 안회에게 거의 유일하게 인정되었다는 점에서만 봐도, 안회가 공자에게 어떤 제자였는가는 금세 알 수 있습니다. 그렇다면 이번엔 조금 다른 차원에서 안회 얘길 해보죠. 앞서 말씀드렸는데, 배움을 좋아하는 자라거나 인을 실천하는 자라는 것 외에 안회를 대표하는 또 하나의 중요한 키워드가 있습니다. 그것은 바로 '가난'입니다. 안회는 공자 문하의 제자 중에서 몹시 가난했던 제자였습니다.

안회는 공자와 같은 노나라 출신이에요. 공자는 안회를 자기의 아들처럼 여겼다 이렇게 돼 있어요. 『논어』에 언급되어 있는 말입니다. 그 정도로 둘 사이는 돈독합니다. 그래서였을까요. 『논어』「선진」편에 보면 안회가 죽자 안회의 아버지가 공자를 찾아와서 이렇게 얘기하는 대목이 있습니다. '선생님. 우리는 집이 너무 가난해서 안회의 장례에 겉에 쓰는 관(곽)을 살 돈이 없습니다. 선생님 갖고 계신 자동차(수레)는 당분간 사용할 것도 아니니, 그거라도 좀 팔아서 우리 불쌍한 안회에게 곽(槨)을 하나 짜 주면 안 되겠습니까.' 대강 이런 얘깁니다. 곽이라는 것은 관을 덮는 일종의 외장 케이스 같은 것이라고 보시면 됩니다.

우리 생각으로는 평소 그렇게 아끼고 존중했던 하지만 찢어지게 가난한 애제자가 요절을 했는데 공자께서 그깟 곽 하나 선물하는 걸 아끼셨을까 싶을 수 있습니다. 평소 늘 인자하고 자상하신 분이 공자님 아닙니까. 지금 그깟 자동차 하나 아깝겠습니까, 라고 생각하시겠지만 뜻밖에도 공자님은 안회 아버지의 부탁을 일언지하에 거절합니다. 그러면서 두 가지 이유를 댑니다. '무슨 소리 하는 거요. 나는 내 아들이 죽었을 때도 곽을 쓰지 않았소. 안회에게 곽을 쓸 수 없소.' 이게 첫번째 이유입니다. 내 아들처럼 여기는 안회이기 때문에, 내 아들에게도 쓰지 않은 관을 쓸 수 없다는 말처럼 들리지만, 사실 이 얘기는 신분에 맞고 형편에 맞게 장례를 치러야 한다는 뜻으로 봐야 합니다.

그런데 두번째 이유. '나는 비록 지금은 꼭 자동차를 써야 하는 관직을 갖고 있는 것은 아니지만 어쨌든 그 언저리에 있는 사람이라 혹시라도 누가 부르면 차를 타고 가야 하오. 내가 걸어 다니면서까지 안회의 곽을 할 순 없소.' 이 대목은 좀 어리둥절할 수 있습니다. 하지만 당시 예법이 그러했던 모양입니다. 대부의 말석이나마 지위에 따른 의전 같은 게 있었던 겁니다. 예컨대 조정에 들어갈 땐 반드시 수레를 타고 이동하는 것이 예법이었던 겁니다.

그런데 아무리 그렇다 하더라도, 듣기에 따라서는 좀 매정해 보이기도 하지요. 오늘날의 감각으로 보자면 이상하게 들릴지 모르겠지만 이건 공자가 제자를, 특히 안회를 사랑하는 방식이었다는 걸 알아야 합니다. 안회가 죽었을 때 공자의 반응은 하늘이 자기를 죽였다는 것이었습니다(天喪予! 天喪予!). 공자는 진심으로 안회를 아꼈고 안회의 죽음에 비통해했으며, 안회의 죽음을 자신의 죽음처럼 받아들였습니다.

헌데, 급기야 공자의 제자들이 따로 돈을 걷는 일이 벌어집니다. '스승님이 못하시면 우리끼리라도 하자.' 이러면서 돈을 걷어가지고 안회의 장례를 후하게 치른 겁니다. 공자는 처음에 나머지 제자들이 안회의 장례에 관해 물어볼 때 후장(厚葬)은 안된다는 뜻을 분명히 밝혔습니다. 하지만 제자들은 그 말씀을 어기고(!) 안회의 장례를 후하게 치른 겁니다. 이걸 알게 된 공자의 반응은 어떠했을까요? 공자는 이렇게 말합니다. "안회는 나를 아버지처럼 여겼는데, 나는 그를 아들처럼 대하지 못하였구나. 하지만 그건 내가 그런게 아니라, 저 녀석들 때문이다." 글쎄요. 내가 못 해줬는데 딴 제자들이 무덤을 잘해놓은 걸 보니 혹시 공자님이 속으로 부끄러워져서 그런 걸까요?(웃음) 그건 아닐 거예요. 공자는 공자대로 애제자 안회를 보내는 데 최선의 길을 찾았던 것입니다.

여기서 말 나온 김에 한 가지 짚어 보고 갈 게 있어요. 공자 이후에 공자와 유가에 대해 가장 엄중하게 공격했던 집단으로 묵가(墨家) 그룹이 있습니다. 이 묵가 그룹은 공자와 유가에 대해 여러 가지를 비판하는데요. 그 가운데 대표적인 한 가지가 바로 후장의 폐해였습니다. '유가들은 장례를 너무 후하게 치러서 산 사람 뼛골이 다 빠져!'라는 겁니다. '예법에 너무 얽매여 가지고 장례를 너무 후하게 치러서 돈이 너무 많이 든다'라는 거지요. 또 공자가 제나라 경공 등과 어찌어찌해서 일을 좀 해볼 수도 있었을 때가 있었는데, 그때 공자의 관직 진출을 막은 제나라 재상이 안영(晏嬰)이었습니다. 안영은 제나라 환공 때의 관중 이후 제나라뿐 아니라 춘추시대를 대표하는 명재상 중 한 분인데, 그때 안영이 공자를 막는 논리도 비슷합니다. 유가는 돈이 많이 든다는 논리였거든요. 오늘날 우리들이 유가의 허례허식이니 뭐니 하면서 제사나 기타 등등 유가의 형식적인 의례가 지나치게 부풀려져 있다고 비난하는 것을 떠올려 보면 안영의 걱정에 고개를 끄덕이게 되기도 합니다.

그런데 말입니다. 막상 『논어』를 읽다 보면 후한 장례를 독려하는 장면 같은 건 만나 볼 수가 없습니다. 오히려 반대입니다. 자기의 형편과 처지에 맞게 장례를 치러야 한다고 되어 있죠. 앞서 안회의 경우도 그렇고, 또 다른 대목에서도 상례는 뜻을 지키는 게 중요하다는 구절이 있습니다. 그러고 보면 '후한 장례' 등과 같은 유가의 형식적인 의례 관련한 사항들은 공자 사후에 제자들이 조금 형편이 피고 먹고살 만해지면서 왜곡된 것인지도 모르겠습니다. 스승님의 말씀들을 조금 더 잘 지키려는 과정에서 아마 다른 집단들보다 장례와 같은 의례에 대해 좀 더 격식을 갖추며 치르게 된 것이 이런 폐해로 이어진 것은 아니었을까요? 물론 이건 좀 더 자료를 찾아봐야 할 부분이기는 하지만 여하간에 일반적인 통념과 달리 실제로 원시 유가의 맥락에서 장례나 기타 의례는 오히려 뜻을 다하는 마음의 문제였지 형식을 구현하는 외적인 원리가 아니었다는 사실입니다.

가난과 즐거움

『논어』에는 안회의 죽음 관련한 언급이 여러 차례 등장합니다. 「선진」편에는 안회의 죽음과 관련해서 다섯 대목이 이어지기도 합니다. 수제자이고 안회의 존재감을 생각해 볼 때 충분히 그럴 수도 있겠다 싶습니다. 그런데 앞의 이야기는 다르게 생각하면 좀 이상하기도 합니다. 제가 예민한가요? 좀 이상하지 않습니까? 아무리 공자가 자기 아들의 스승이었다고는 하지만요. 이를테면 가난한 집 아이가 죽었어요. 그런데 그 집 부모들이 와서 담임선생님한테 아이 장례식을 해달라는 거예요. 어떤 선생님께서 아이 형편을 보고 기꺼이 아이의 장례를 책임지겠다, 그런 경우는 있을 수 있겠지만 부모가 먼저 와서 콕 집어서 XX상조로 해달라고 요구할 순 없죠. 그것도 선생님 자동차를 팔아서라도 해달라니요.

안회의 아버지는 안로(顔路)라는 인물인데, 이 사람도 공자의 제자라는 설이 있습니다. 하여튼 이 경우는 너무 당당하게 해달라고 하거든요. 이건 아무리 봐도 일반적인 경우는 아닌 거죠. 그래서 연구자들이 또 이 문제를 고민하고 그럽니다. 이리저리 생각하고 추적을 해보니 이런 결론도 나오는 경우가 있습니다. 혹시 처음 공자를 소개할 때 공자의 어머님 말씀드렸던 것 기억나세요?

공자의 어머니는 무가(巫家) 집안의 딸 안씨였다고 했었죠. 공교롭게도 안회는 공자의 엄마와 성이 같습니다. 물론 우연의 일치일 수 있습니다. 하지만 숙량흘과 안씨 부인 사이에서 공자가 태어난 후, 아버지 숙량흘은 공자가 세 살 무렵인가에 죽습니다. 안씨 부인의 나이는 고작 십대 후반 정도였고요. 아마도 안씨 부인은 공자를 친정 식구들이 있는 곳으로 데려가서 길렀을 수 있습니다. 이런 이야기는 요시카와 고지로(吉川幸次郎)란 일본인 학자의 글에서 봤던 기억이 있습니다.

공자의 영성(靈性)은 모계 쪽이었다는 걸 설명하는 방식인데, 그런 이유로 안회나 안로 등 공자의 공동체와 관련되어 있는 안씨 사람들은 넓은 의미에서 공자의 외가 쪽 인맥이었을 수 있다는 그런 얘깁니다. 물론 순전히 정황들을 바탕으로 한 추측입니다. 우리가 안회와 공자의 유전자 정보를 확보해서 확인해 보지 않는 한 이건 확정할 수 없어요. 그런데 몇 가지 정황들이나 이런 걸 보면 안회라는 인물의 저 놀라운 인격과 완성도는 비범하리만큼 완벽합니다. 하여 공자와 안회는 단지 스승과 제자만의 관계가 아닌 더 특별한 관계일 수도 있지 않겠는가, 라는 추측까지 해보는 게 아닐까 싶습니다. 포인트는 여하튼 이런 추측이 나올 정도로 안회는 『논어』 안에서 또는 유가 안에서 특별한 인물이라는 사실입니다.

다시 얘기를 돌려보죠. 안회가 보여 준 탁월함의 바탕에서 스승과 관련해 지적할 수 있는 건 호학과 인함이었습니다. 그런데 그밖에 안회를 안회로 만드는 배경이 있는데, 그게 바로 가난입니다. 안회는 배움과 실천에 게으르지 않았고, 인을 어기지 않았고… 다음에 이어지는 설명이 바로 가난에도 불구하고 즐거움을 잃지 않았다는 겁니다. 전 이 대목이 안회를 이해하는 데 매우 중요하다고 생각합니다. 오해를 막기 위해 결론부터 먼저 말하자면, 여기서 중요한 건 안회가 가난했다는 게 아니에요. 방점은 뒤에 있습니다. 가난함에도 안회는 락(樂), 즉 즐거웠다는 것입니다. 이것도 오해하면 안 됩니다. 가난을 즐긴 것이 아닙니다. 가난했지만 즐거움을 잃지 않았다는 뜻입니다.

『논어』「위정」편에서 공자는 이렇게 말합니다. "나는 안회와 종일 더불어 이야기했는데, 그가 종일 아무 반응을 보이지 않아서, 안회가 좀 모자란 사람인 줄 알았더랬다. 그래서 하루는 안회가 물러난 뒤에 안회를 관찰해 보았는데, 안회는 자신의 행실을 살피고, 배운 것을 실천하고 있었다. 아, 안회는 모자란 게 아니었어." 「위정」편에 있는 이 글을 통해서 무엇을 알 수 있습니까? 아, 위대한 스승(공자)도 제자들을 몰래 사찰하는구나! 하는 걸 알 수 있나요?(웃음) 하여튼! 그렇게 했는데도, 안회의 사생활이 너무 놀라운 거예요.

평소 공부하고 담론할 때, 안회가 너무 잘 알아듣거든요. 『논어』에 이런 말이 있습니다. 공자님이 딱 한 번 안회를 나쁘게 얘기하는 것처럼 보이는 대목이 있어요. 이렇게 얘기를 해요. "안회는 나를 돕는 자가 아니다." 제자들 반응이 어땠겠습니까. '스승님 또 뭐래? 갑자기, 왜 이러실까, 불안하게…' 뭐 이러지 않았겠어요? 맨날 칭찬만 하던 안회를 저렇게 말씀하시니까요. 아니나 다를까, 그 다음 말이 이렇습니다. "안회는 내가 한마디를 하면 척척 다 알아들어. 스승인 내가 필요가 없을 정도로 말이지, 그러니 내가 할 역할이 없어. 내가 입만 열면 '넵, 스승님! 잘 알겠습니다!' 이런단 말이지."

안회는 이렇듯 스승 입장에서는 너무 잘 알아듣는 제자, 즉 스승에게 피드백이 되지 않는 제자였습니다. 너무 넙죽넙죽 잘 알아들어서, 스승에게는 별로 도움이 안 되는 제자라는 거죠. 『논어』에 안회가 꽤 많이 나오는데요, 안회와 얽힌 에피소드들은 대부분 이런 식입니다. 한마디로 유가적 인물로서 흠을 찾기 어렵다는 것입니다.

자유자재 공자 vs 옴짝달싹 안회

공자는 55세에 자기 나라를 떠나서 68세까지 14년 동안 천하를 주유하면서 정치적 밀당을 하며 돌아다녔습니다. 이 험난한 과정을 안회, 자로, 염구 등등의 제자들이 함께하게 되는데, 하루는 공자 일행에게 위험이 닥쳐 화급하게 떠나야 했던 일이 있었습니다. 밥 지으려 씻어 놓은 쌀을 미처 챙길 시간도 없이 급하게 도망치듯 달아나야 했는데요. 이때 그만 안회와 떨어지게 되었습니다. 위급한 상황이었던 데다 사흘 동안이나 안회의 행방을 찾아내지 못한 상황이었기 때문에, 공자와 다른 제자들은 안회가 뒤에 남아서 잡혀 죽었나 보다라고 생각했어요. 그런데 삼 일쯤 지났을 때, 저 멀리서 웬 거지가 한 명 오는 겁니다. 원래부터 굉장히 가난해서 행색이 거지나 다를 바 없었을지도 모르겠는데 며칠 동안 제대로 먹질 못했을 테니 진짜 거지꼴이 되어서 뒤따라 온 겁니다. 공자님이 얼마나 감동을 했겠습니까. 둘이서 그 이국땅에서 끌어안고 막 눈물 흘리고 재회를 했어요. 명대사가 나옵니다. "안회야, 나는 네가 죽은 줄 알았다." 그랬더니 안회가 이렇게 얘기합니다. "아닙니다, 스승님. 스승님께서 살아계신데 감히 제가 어떻게 인사도 없이 죽을 수 있겠습니까." 손발이 오그라드는 대사입니다. 그런데 둘은 이런 말을 천연덕스럽게 주고받습니다.

하루는 이런 일도 있었습니다. 스승님이 제자들이 다 같이 있는데 이렇게 말씀하십니다. "음… 세상이 알아서 써 주면, 세상에 나아가서 자기 실력을 발휘하고, 내팽개쳐 두면 돌아와서 내 한 몸을 수행하는 것이면 된다. 그런데 이건 말이지… 안회야, 아무리 봐도 이중에선 너랑 나밖에 못 하는 것일 듯하구나." 세상에 이럴 수가 있습니까? 지금 여러 제자들이랑 다 함께 있는데 말입니다! 둘이서만 그러면 안 되는 거잖아요? 그런데 아마 안회는 또 "네, 선생님." 이러면서 고개를 끄덕끄덕하고 있었을 겁니다. 대충 이런 관계가 안회와 공자의 관계였다는 거예요. 이 구절은 그 뒷부분에 기가 막히게 재미있는 반전이 있는데, 그 얘긴 나중에 자로 얘기할 때 말씀드리겠습니다.

아무튼 우리는 보통 동아시아의 위대한 스승 공자님을 떠올릴 때, 아주 영명하고 완벽한, 또는 아주 훌륭한 도덕적 인품을 갖춘 스승을 상상하게 되곤 합니다. 그런데 사실 이런 이미지들은, 최소한 『논어』에서는 안회의 모습이라고 할 수 있습니다. 그리고 바로 여기에 안회의 역할(?)이라면 역할의 의미도 있는 것일 테고요. 한마디로 말해 『논어』 안에서 안회는 스승보다 뛰어난 제자, 아니 스승의 가르침을 체현하는 제자입니다. 안회가 하는 행동과 안회가 듣는 칭찬들을 스승 공자에게 역투사시키면, 이것이 공자가 바란 이상적인 유학자 상이라고 말할 수 있을 정도입니다.

『논어』 안에서 공자는 안회보다 완전하지 않고, 안회보다 완벽하지 않고, 안회보다 인격적이지도 않고, 안회보다 도덕적이지도 않은 것처럼 보입니다. 그런데 이 『논어』라는 책이 재밌는 것이, 이 대목에서 묘한 전도를 일으킵니다. 분명 『논어』에서 가장 완벽에 가까운 인격을 보여 주는 건 안회인데, 그런 안회가 자신의 인격을 걸고 초지일관 자기보다 높고 고귀하고 훌륭한 스승인 공자에게 무조건적이고 절대적인 존경과 지지를 보내는 것입니다. 그 순간 주술처럼 우리는 안회가 획득한 모든 탁월함이 원래 스승의 것이었다는 식으로 기억을 작동시키게 됩니다.

그래서 안회를 보면 우리는 "아, 사람이 칭찬만 받을 만큼 이렇게까지 훌륭할 수가 있나!"라고 하면서 질투하죠. 그런데 여기에 또 한번 변곡점이 있습니다. 거의 모든 부문에서 완벽했던 안회이지만, 안회는 장렬하게 단명해 주시는 것으로 생을 마감합니다. 이게 결국은 상관적인 것이긴 한데, 그런 안회이기에 현실 안에서 어떠한 활동을 할 수가 없었던 것이기도 합니다. 생각해 보세요. 그렇게 완벽하고 완전한 인간이 현실에서 다른 누구와 어떤 관계를 맺을 수 있었을까요. 현실이라는 이 험한 우연과 변수들의 판에서 말이죠. 더구나 춘추시대이고요. 그러니까 정치 일선에 나가거나 사람들을 가르치거나 상업을 통해 돈을 벌거나 하는 등등의 이런 구체적인 일들에는 안회가 들어갈 자리가 없습니다. 뭘 할 수 있을까, 할 수가 없어요. 안회에게는 그런 일들은 하나도 주어지지 않아요. 그럼 『논어』 안에서 안회에게는 어떤 역할이 주어질까요? 아주 고고하고 이상적인 인격을 스스로 버리지 않고 위험과 고난과 이런 여러 가지 어려움 속에서도 그 스스로를 잘 지켜낸 고고한 인격의 화신으로서 등장했다가 사라져 주는 역할을 하는 겁니다. 그게 의미 없다고 말씀드리는 게 아닙니다. 그 반대입니다. 그런 안회가 있었기에 공자의 말과 가르침이 단지 공허한 이상이 아니게 되는 것입니다. 왜? 비록 명이 짧아서 현실에서 다하지는 못했지만, 사는 동안은 완벽하게 그 삶이 가능하다는 걸 증명해 주는 안회가 실존했었으니까요.

공자는 73세를 사는 동안 현실에서 수없이 많은 부침을 겪고, 그 수없이 많은 부침을 겪는 동안 따르는 사람도 많아지지만, 또 그만큼 적도 생기고, 또 여러 사람의 입방아에 오르내리게 됩니다. 하지만 안회는 저 혼자 고고하게 아무런 스캔들 없이 고공비행을 해요. 그리고 공자 문하에서 누릴 수 있는 모든 최고의 찬사들을 싹쓸이하죠. 그리고 안회는 때마다 결정적인, 뭐 자주도 아니에요, 아주 가끔 이런 한마디를 합니다. "아무리 그래도, 나는 우리 스승님 발톱의 때만도 못해." 이 정도 말로 최후의 영광은 다 스승에게 돌리고는 유유히 사라지는 캐릭터. 그게 『논어』라고 하는 책에서 안회가 맡고 있는 캐릭터다라는 것을 『논어』를 한 번 읽어 보면 알게 되실 거예요.

가난한 안회를 넘어

자, 이제 안회 이야기를 좀 마무리해야 할 것 같습니다.

선생님 말씀하셨다. "가르쳐 주면 게으름 피우지 않을 사람. 음, 안회밖에 없구나." 「자한」

이러니까 제자들이 짜증 나겠죠. 다 같이 있는데 맨날 안회, 안회…. 또 보시죠. 이번엔 「옹야」편 한 대목입니다.

선생님 말씀하셨다. "어질구나, 안회야! 한 그릇의 밥과 한 바가지의 물로 누추한 곳에 사는 삶은, 다른 사람들 같으면 그 근심을 감당하지 못한다. 하지만 안회는 그 속에서도 즐거움을 찾고 바꾸지 않으니, 어질구나. 안회야!"

보시다시피 안회는 가난한데요. 이 가난한 안회를 어떻게 볼 것인가, 하는 것이 안회에 관한 마지막 문턱입니다. '안회는 가난함 속에서 자신을 잃지 않았다.' 우리가 보통 생각하는 평가인데, 이건 좀 약해요. 안회에 대한 스승 공자님의 태도에는, 안회가 어쩔 수 없었던 이 환경적 조건 속에서도 안회일 수 있는 이유가 있었을 것이거든요. 가난하지만 고고한 인격으로 살았다, 이 정도는 너무 도덕 교과서 같은 이야기라서 새롭게 읽고 싶은 인물로 안회가 호출되기는 어렵지 않을까 싶은 거죠.

자, 방금 읽은 대목을 다시 한번 보시죠. 거기에는 가난하다는 것 말고 안회에 관한 정보가 또 있습니다. 보통은 가난함에 가려 잘 이야기되지 않았던 지점이기도 하고, '일단사일표음'(一簞食一瓢飮, 한 그릇의 밥과 한 바가지의 물)으로 워낙 강렬하게 인상을 남긴 대목이라 자칫 놓치고 지나가는 부분. 바로 '락'(樂), 즐거움이라는 말입니다. 안회가 그 가난 안에서도 자기의 즐거움을 잃지 않는다는 칭송인데, 이 대목을 조금 더 실감 나는 방식으로 전하고 있는 대화가 있습니다. 사실 여기에는 안회가 안 나옵니다. 공자와 자공(子貢)의 대화예요. 그리고 제가 개인적으로 아주 좋아하는 구절입니다. 이 대화는 나중에 자공 편에서 하면 더 재미있는데요, 안회의 화룡점정을 위해서, 일단 당겨쓰겠습니다. 이 대화를 보면 유가에서 안회를 어떻게 생각하는지, 공자가 안회를 어떻게 생각하는지, 그리고 가난이라고 하는 조건 속에서 유가의 실천이라고 하는 것이 어떤 것인지를 우리는 정확하게 알 수 있습니다.

자공이 말했다. "가난하지만 비굴하지 않고, 부유하지만 교만하지 않다면 어떻습니까."
선생님 말씀하셨다. "뭐 대충 괜찮은 정도구나. 하지만 가난하지만 즐거움을 알고, 부유하면서도 예를 좋아하는 것만은 못하다." 「학이」

이 말, 이해되십니까? 말씀드렸다시피 이 대목은 사실 안회가 직접 등장하지 않습니다. 대신 자공이라는 제자가 등장하죠. 자공 역시 공자의 이른바 십대 제자입니다. 특히 자공은 재아(宰我, 이름은 여)라는 인물과 더불어 공자 문하에서 '언어 방면의 달인'으로 통합니다. 참고로 안회는 '덕'(德)의 달인이고요. 하여튼 공자와 자공의 대화는 이 둘의 팽팽한(?) 아니 아주 쫄깃한(!) 언어 싸움을 살펴보는 재미가 아주 대단합니다. 지금도 그런 대목인데요. 안회 이야기를 하면서 굳이 공자와 자공의 대화를 인용하는 이유는 안회는 하도 바른 생활의 화신이신지라 그다지 재미가 없어 봐서, 자공이라도 한 번 나와야 조금 나을 것 같아서요. 보세요. 지금까지 재밌는 대목이 하나라도 있었나요? 안회 나오면 재미없어져요. 제일 재미있는 건 자로입니다. 전 자로가 나오면 일단 웃을 준비를 합니다. 왜? 분명히 공자님께 와장창 깨질 거거든요.(웃음) '자로는 분명히 아무 생각 없이 얘기했다가 혼날 거야.' 이런 생각이 들기 때문에 재밌어요. 웃자고 하는 소립니다. 자로에게는 자로 나름의 고귀한 격과 길이 있습니다.

　　하여튼 자공은 언어 제일이에요. 아주 말을 잘하는 사람이에요. 자공이 공자님께 물었어요. "선생님! 가난하지만 비굴하지 않고, 부유하지만 교만하지 않는 것", 원문을 보시면 "빈이무첨"(貧而無諂)이라 그랬어요. 가난하지만[貧而] 아첨 없이[無諂] 사는 것이죠. 그리고 "부이무교"(富而無驕)라 그럽니다. 부유하지만[富而] 교만 없는[無驕] 삶인 거죠. 그러곤 "하여"(何如), "이러면 어떻습니까?"라고 물은 거죠.

그랬더니 공자님 대답이 "가"(可)라고 그러십니다. 불가(不可)하다고 안 하셔서 이게 좋은 뜻이라고 생각할 수 있지만, 이 말은 '그럭저럭' 정도의 의미입니다. 수우미양가의 가. 그러니까 61점 정도? 부정당한 것보다는 낫지만, 자공이 기대한 만큼은 확실히 아닌 거죠. 왜? 자공은 이렇게 물은 거거든요. 가난한 사람이 있는데, 그가 자기 처지에도 불구하고 삶이 위축되거나 하지 않으며 오히려 떳떳하게 사는 친구가 있습니다. 훌륭한 친구입니다. 또 그 반면에 어떤 부유한 사람이 있는데, 그는 자신이 부유하다고 해서 남을 우습게 여기거나 깔보지 않으려고 노력하는 친구입니다. 제가 보기엔 가난하지만 비굴하지 않게 사는 삶이 있다면, 부유하지만 교만하지 않게 사는 삶이 서로 대응되는 훌륭한 삶이 아닌가 싶습니다. 그렇지 않습니까, 선생님? 헌데 스승님의 대답은 의외로 박했습니다. 그럭저럭이라니요. 그런데 자공의 황망 혹은 실망한 모습을 본 공자님이 이렇게 말을 덧붙입니다. "빈이락"(貧而樂), 즉 가난하면서도 즐거움이 있고, "부이호례"(富而好禮), 즉 부유하면서 예를 좋아하는 것만 못하다. 이 차이를 한번 생각해 보시겠습니까?

가난에도 즐거움이?

자공의 질문은 '가난하지만 비굴하지 않은 것'과 '부유하지만 교만하지 않은 것'의 비교였습니다. 그런데 스승은 대답을 '가난 속에서도 즐거움이 있는 것'과 '부유한 가운데서도 예(禮)를 다하는 것'으로 바꾸었죠. 자공과 스승의 말은 한 끗 차이처럼 보이지만, 사실은 천지차이입니다. 예컨대 '가난하지만 비굴하지 않다는 것'은 가난하다고 하는 자기의 처지 안에서 나름 자신의 현재를 지켜 나가는 거예요. 부유하지만 교만하지 않다는 것도 마찬가지죠. 부유하다고 하는 자기의 현재 조건 안에서 최소한 나대지 않는 정도로 자기 자신을 지키는 겁니다. 물론 예나 지금이나 못 가진 사람이나 가진 사람들이 이 정도의 윤리적 감각을 가진다고만 해도 훌륭한 것일 겁니다. 그러니 자공이 이 지점을 물은 것일 테고요.

그런데 유가에서 말하는, 아니 공자가 말하는 윤리는 이것보다 훨씬 더 센 겁니다. 어느 정도냐 하면, 일단 공자가 보기에 이 정도는 60점대짜리라는 거였죠. 공자의 대답은 가난해도 즐거움을 가질 수 있는가. 부유하면서 예를 다하기 위해 찾아 노력할 수 있는가인 겁니다.

이 대목에서 종종 오해가 일어나기도 하는데 그럴 필요 없습니다. 이 말은 '가난에 머물'라거나, '가난을 즐거워'하라는 말이 전혀 아닙니다. 그 점은 『논어』의 다른 대목에서 확인해 볼 수 있습니다. 예를 들어 「이인」(里仁)편에 이런 대목이 있습니다.

공자께서 말씀하셨다. 부유함과 고귀함은 모든 사람이 바라는 것이지만, 도리에 합당한 방법을 통해서가 아니면 머물지 말아야 한다. 가난과 천박함은 모든 사람이 싫어하는 것이지만, 도리에 합당한 방법을 통해서가 아니라면 떠나지 않아야 한다.

공자는 부유함과 고귀한 것을 좋아하고 가난과 천박한 것을 싫어하는 것을 인지상정이라고 봤어요. 요컨대 가난이 좋아서 추구하는 게 아닙니다. 가난과 천박한 것은 그 자체로 좋아할 수가 없어요. 하지만 문제는 부귀를 좋아하고 빈천을 싫어한다고 해서 누구나 고귀해질 수 있느냐 하면 그렇지가 않다는 데 있는 거죠. 그럼 어찌해야 하는가. 이 지반 위에서 공자가 말하는 겁니다. 공자님 말씀으로도 일단 가난과 천박함은 벗어나기 위해 당연히 노력해야 하는 것들입니다. 하지만 핵심은 여기죠. 그 노력을 함에 있어 정당한 도리가 아닌 방식, 즉 부정한 방식으로 빈천을 벗어날 수밖에 없다고 한다면 그래선 안 된다는 뜻입니다. 왜? 스스로 부끄럽거든요. 빈천보다 그게 더 못할 짓이라는 겁니다.

우리가 각각 살아가는 조건 자체가 다 다르잖아요? 가난한 사람이 있을 수 있잖아요. 또 어떤 사정에 의해서 가난해질 수 있잖아요. 환경이나 여건이 그렇게 내가 생각하는 것만큼 되지 못할 수가 있단 말이에요. 그런데 그럴 경우에 사람들은 그걸 벗어나고 싶어한다는 거죠. 그런데 그러다 보면 별별 못할 짓들도 서슴지 않게 되고요. 하지만 어떤 사람들은 다시 마음을 가다듬고 이렇게 살아가려고 합니다. 자신의 조건을 비관하지 않고 어찌 됐건 이 조건을 받아들이고 그 조건 위에서 자신을 잃지 말자. '내가 돈이 없지 가오가 없나?'(웃음). 이 경지가 아마 자공이 말한 빈이무첨, 즉 가난하지만 비굴하지 않은 삶의 태도일 것입니다.

그런데 공자는 조금 더 생각이 용맹합니다. 조건이 다를 수 있고, 조건이 나에게 나쁠 수도 있지요. 허나 그렇다고 해도 단지 자신을 지키는 정도가 아니라 적극적으로 삶을 만들어 가야 한다는 거죠. 그것이 '즐거움'[樂]이라는 말로 표현되고 있는 겁니다. '즐겁게 살아라'가 아니에요. 가난한 사람이 기죽지 않는 것보다 한 단계 더 나아간 태도는 그 가난에서 자유로워지는 것이라는 뜻인 겁니다. 가난을 벗어나는 게 쉽지 않을 수도 있지만, 적어도 그때까지 맨날 죽을상을 하고 있어서는 안 된다는 거예요. 가난 속에서도 얼마든지 즐거움을 찾을 수 있다는 겁니다.

여기까지만 말씀하셨어도 공자는 훌륭합니다. 제가 보기에는요. 하지만 여기까지만 말씀하셨다면 공자가 아니겠지요. 여하튼 공자는 이걸 반대편으로 똑같이 쏘아 줍니다. 즉 부유함과 고귀함에 관한 것입니다. 우리 부모가 왕후장상인데, 재벌인데 이걸 어떡합니까? 내가 재벌 2세로 태어나고 싶어서 태어난 것도 아니고요. 이럴 때 대부분은 정신 못 차리고 살죠. 삼대 넘어가는 부자가 드물잖아요. 정치권력을 둘러싼 관계는 말할 것도 없고요. 그런데 개중 정신 좀 차리는 인물이 있어서, 자신이 가진 것을 지나치게 자랑하지 않으면서 교만하지 않게 살기도 합니다. 그런데, 이 정도로는 안 된다는 거예요. 남들이 가지고 있지 못한 것을 가지고 있는 상황에서 내가 무엇을 할 수 있는지를 찾아야 한다는 겁니다. 굉장하지 않습니까?

가난하지만 비굴하지 않은 것과 부유하지만 교만하지 않은 것은 비록 마이너스 되는 삶은 아니라 해도 특별히 생을 낳는 도(道)

가 될 수 없습니다. 자기의 조건이나 자기의 상황에서 무언가 다른 길을 만들어 낼 수 있어야 하는데 그렇지 못하다는 거죠. 이에 반해 공자가 말하는 가난하지만 즐거움이 있고, 부유하면서 예를 좋아하는 것은 자신이 처한 조건이 어떤 것이든, 누구나 자기 삶의 길을 창안해 낼 수 있어야 한다는 윤리적 제안입니다. 이걸 잘 생각해 봐야 합니다. 많다, 적다 하는 건 양의 문제가 아닙니다. 아무리 적어도 무언가 생산할 수 있는 삶은 풍성한 겁니다. 아무리 많아도 더는 생산이 불가한 삶은 앙상한 것이고요.

안회이거나 시이거나

다른 예를 들어 볼게요. 『맹자』에 나오는 얘긴데, 순임금 이야기가 있습니다. 순임금은 유학의 성인인데요, 효(孝)의 아이콘입니다. 순임금이 어떤 효자냐 하면, 순임금은 자기 아버지(이름이 '고수'입니다)와 이복동생(이름이 '상'입니다)이 자기를 죽이려고 하는데도 아버지에 대한 효와 아우에 대한 우애를 잃지 않은 사람입니다. 여기까지 보면 아주 전형적이죠?

그런데 『맹자』에 보면 순임금의 효를 말하는 대목이 나옵니다, "나는 하늘을 우러러 한 점 부끄러움 없이 아버님께 부모님에게 할 수 있는 효도를 다 했다. 하지만 부모님이 나에게 사랑을 주시지 않는구나. 하지만 그것은 어쩔 수 없지. 그걸 뭐 어쩌겠어. 나는 내 할 일을 다 할 뿐이고, 내 할 일 다 했으니 부모를 원망하지 않으련다."

어떠세요? 이 정도면 괜찮죠? 훌륭한 효자 아닙니까? 하지만 맹자가 말하는 순임금의 효는 이 정도가 아닙니다. 유학이 그렇게 호락호락한 학문이 아니에요. 맹자는 이런 정도는 조금 괜찮은 일반인의 효도라고 말합니다.

이에 반해 순임금의 효는 대효(大孝)입니다. 대효는 무엇이냐 하면, 내가 할 수 있는 효를 다 했는데 이상하게 부모님이 나를 사랑하지 않으실 때, '어쩔 수 없다. 내 할 일이나 묵묵히 다하자'라고 생각하는 정도가 아니라 그것까지를 어떡하든 넘어가려고 노력하는 사람이라는 겁니다. 그게 바로 순임금이 순임금이 되는 이유이고, 유학의 성인인 이유이지요. 방금 자공에게 공자께서 말씀하신 대목과 연관되는 부분이 느껴지지 않으시나요? 아직 잘 모르시겠어요? 네, 조금 더 들어 보세요. 유학은 자기가 있는 조건에서 뭔가를 더 실천할 것을 요구해요. 거기에 머무는 것은 아무것도 안 하는 것과 같은 겁니다. 곱씹으면 곱씹을수록 무서운 통찰입니다.

아까도 말씀드렸지만, 앞에서 설명해 드린 구절은 자공과 공자의 대화로 이루어진 대목입니다. 그런데 왜 안회를 설명하는 곳에서 이 말씀을 드리느냐 하면, 저는 이 구절이 안회를 의식한 자공의 말로 읽히기 때문입니다.

사실 자공은 엄청나게 돈이 많은 사람이에요. 안회는 찢어지게 가난해요. 자공은 천재적인 머리도 갖고 있어요. 그리고 위나라 출신입니다. 그러니까 노나라에 와서 공자님한테 배우는 유학파인 거죠. 돈도 많고 능력도 있는데, 노나라에 와서 보니 공문 아이들도 지질해 보이는 겁니다. 전교 1등은 뭐 떼어 놓은 당상이구나 했을 겁니다. 그런데 맨날 석차가 전교 2등이에요. 선생님도 함께 시험을 본 건가 싶게요. 누가 1등이겠어요? 당연히 안회가 1등이죠. 나이도 한 살 차이이고…. 어우, 이해가 안 돼, 용납이 안 돼요. 아무래도 이건 내가 가진 게 많아서 손해 보는 것 같다…. 뭐 가난한 안회를 조금 더 봐주는 거 아닐까, 하는 마음도 들었을지 모르겠어요. 어차피 지금 저는 상상을 하고 있습니다. 이렇게도 저렇게도 읽는 겁니다. 자꾸 이렇게 읽는 연습이 필요합니다.

안회는 가난한데도 공부를 잘하는 거고 나는 부유한데 공부를 잘하는 거다. 근데 동점이 되면 가난한 안회를 더 인정해 주는 것 아닐까, 이런 식의 생각일 수도 있지요. 하여튼 자공은 자신을 충분히 사랑하는 사람이었던 겁니다. 그래서 공자님한테 앞뒤 다 떼고 "선생님, 가난하지만 비굴하지 않은 안회형 내가 인정한다고요. 안회형 가난하지만 비굴하지 않아. 멋진 사람이죠. 그런데, 내가 재벌 2세로 태어난 게 내 잘못은 아니지 않습니까. 하지만 그 와중에 다른 부잣집 도련님들처럼 교만하지 않다고요. 가난한 사람은 가난한 조건에서 비굴하지 않은 것으로 훌륭하게 사는 거고, 부자인 저는 부자인 조건에서 교만하지 않은 것으로 훌륭하게 사는 거 아닙니까. 둘 다 훌륭하다는 것은 같은 거니까, 쌤쌤?(웃음)"

이 자공이 얼마나 말을 잘하는 사람인지는 나중에 다시 말씀드릴게요. 정말 대단한 양반입니다. 하여튼 이 구절에서 공자는 벌써 자공의 속내를 눈치채죠. "하, 이 친구 보게. 이놈이 지금 날 떠보는

구나." 하고 생각하셨겠죠? 그리고 이 기회에 자공에게 제대로 가르침을 줘야겠다는 마음도 들었을 테고요. 『논어』 안에 보면 공자가 두 번 세 번 강조하는 말 중에 그런 게 있어요. "그깟 말 잘하는 게 무슨 소용 있냐." 예를 들어 어떤 사람이 와서 "중궁(仲弓, 이름은 염옹)은 덕이 대단한데, 말을 잘 못 하는 게 좀 흠인 듯합니다. 말만 좀 잘하면 정말 대단하고 좋을 텐데"라고 했더니, 공자가 벼락같이 화를 내요. "그깟 말 잘하는 것을 뭣에 쓰겠는가"라고요. 또 다른 대목에서는 자로가 말대꾸를 하니깐, "내가 이래서 말 잘하는 놈을 싫어한다니까"라고 말씀하시죠. 확실히 공자는 말 잘하는 사람을 싫어하셨던 것 같습니다. 그런데 『논어』를 읽어 보면 가장 말 잘하는 사람은 공자예요.(웃음) 재아나 자공 등과 말씀하시는 거 보면 불꽃 튀어요. 서로 엄청나게 말 잘하는 사람들이 공자를 막 떠보고 찌르고 하는데, 딱 붙는 순간 공자는 '척' 알아차리고 '하, 이놈 또 또 또 시작한다'. 그런데 공자가 얼마나 대단한 사람인지, 제자들을 얼마나 정확하게 보고 있냐 하면 그 말을 들을 그 사람들 각각에 따라 정확하게 짚어 주는 거예요.

공자는 자공에게 이렇게 말하고 있는 겁니다. "자공아, 네 눈에는 안회가 고작 가난하지만 비굴하지 않은 인물 정도로 보이는 모양이구나. 그 정도로 내가 안회를 훌륭하다 칭찬한다고 생각하는 모양이구나. 그 정도는 60점짜린데. 안회가 진짜 훌륭한 건, 쟤가 저렇게 가난한데도 불구하고, 저 가난한 삶에서의 즐거움을 잃지 않는 사람이기 때문이다. 그게 작은 차이인 듯하지만 얼마나 다른 것인지 말해 주랴? 그건 부귀한 네가 단지 교만하지 않은 것에 머무는 게 아니라, 그 부귀를 어떻게 잘 쓸 것인지를 늘 고민하는 것, 예를 들면 예(禮)에 따라 너의 부귀를 발휘하는 것과 같은 거란다." 이게 바로 위에서 나왔던 안회는 어질다, 다른 사람들 같으면 감당하지 못하는 한 그릇의 밥과 한 바가지의 물과 누추한 곳에서의 삶 속에서 즐거움을 잃어버리지 않는 인물이다, 라는 거죠. 공자가 보는 안회는 그런 사람이란 말이에요.

은근슬쩍 안회와 동급으로 인정받으려던 자공이 이렇게 한 방 먹습니다. 그런데 자공도 보통 인물이 아닙니다. 이 명민하고 눈치 빠른 자공은 금세 스승의 말씀을 알아차립니다. '아, 이걸로는 안 되겠다.' 바로 모드전환을 하고 이렇게 얘기합니다. "아, 선생님. 그 말씀 그러면" 이러면서 말을 돌려요. "그거 혹시 『시경』에 나오는 자른 듯, 깎은 듯, 쪼는 듯, 간 듯하다"는 그것, 절차탁마(切磋琢磨) 아닙니까? "여절. 여차. 여탁. 여마"(如切 如磋 如琢 如磨)라고 『시경』에 나오거든요. 군자의 인격을 표상합니다. 자른 듯, 깎은 듯, 쫀 듯, 갈아낸 듯하다는 것. 그러니까 군자는 어떤 사람들이냐? 타고나는 것 이상으로 그 인격을 깎고, 쪼고, 갈고…, 계속되는 수양/수련 등을 통해 만들어지는 인격이라는 뜻이에요.

안회, 공자의 쌍생아

스승의 말씀으로 잠시 자기 자신에게 머쓱했을 자공의 천재성이 잘 드러나는 부분이기도 한데요, 하여튼 자공은 스승의 말이 떨어지자마자 "아! 선생님. 지금 말씀하신 게 가난한 사람은 가난한 데서 한 발 더, 부유한 사람은 부유한 대로 거기서 다시 한 발 더 길을 내야 한다는 말씀인 거죠? 그러니까, 한마디로 절차탁마. 『시경』의 그거. 자르고, 깎고, 쪼고, 갈고!!" 그러자 공자가 크게 미소를 지으며 마음으로부터 기껍게 손뼉을 치며 자공을 칭찬하십니다. "자공아, 바로 그 말이다. 지나간 일을 이야기해 주니 다가올 일을 말할 줄 아는구나. 앞으로 나는 너와 더불어 시(詩)를 이야기할 수 있겠구나."

여기서, 『논어』의 비밀 한 가지를 공개해 드리죠. 『논어』에서 공자님께 칭찬받는 제자가 되는 확실한 방법을 알려 드리려는 겁니다. 이게 딱 두 가지밖에 없어서 어렵다면 어렵고 간단하다면 간단합니다. 첫째, 공자에게 칭찬받는 제자가 되려면 '안회'가 되면 됩니다.(웃음) 간단하죠? 이건 대략 백이면 백 한 번가량 칭찬받는 확실한 방법입니다. 안회여야 돼요. 그런데 안회여야 하므로 우리는 일단 이 방법은 안 되겠습니다. 대신, 두번째 방법이 있어요. 이건 거의 백 퍼센트입니다. 안회가 아니어도 스승님께 인정받는 방법. 그건 바로 스승의 말씀에 시(詩)를 가지고 대응하기, 입니다. 스승의 말씀을 시를 가지고 정리하거나 비평하면 그걸로 게임 끝. 선생님이 책 덮으시고 손뼉쳐 주시죠. 『논어』에서 두세 번 나와요. 이 구절만 해도 그렇잖아요. 자공이 시를 가지고 탁 튕기자, 그 순간 저 앞에서 자공이 했던 허접스러운 60점짜리 말들은 다 사라져 버리고 어느 장면보다도 멋지게 가르치고 배우는 스승과 제자의 모습으로 귀결되어 버렸죠.

안회에 관한 이야기는 이쯤에서 정리해야 할 것 같습니다. 안회는 유가에서 바라는 공자라는 인물에 대한 하나의 투사(投射)입니다. 물론 공자와 안회는 각기 개별적인 존재이고, 각각의 인격이 있습니다. 하지만 『논어』 안에서 안회라는 이 특별한 제자의 의미는 스승 공자의 인격을 가장 극적인 방식으로 구현해 놓은 인물이라는 '이념적' 설정과도 무관하지 않다고 저는 생각합니다. 단순하게 말하면 안회라는 인물에게 덕행과 관련된 모든 것을 몰아준 것이라고 볼 수 있습니다. 원래 안회가 그런 특성의 인물이었겠죠. 그러므로 그와 같은 안회의 면모가 더욱 주목받아 가다듬어졌을 거란 말입니다. 그 때문에 어떤 점에서는 솔직히 인간적인 재미가 별로 없을 수도 있습니다만, 다른 한편으론 우리가 유학 또는 공문이라고 했을 때 공문이 추구하고자 했던, 혹은 공문이 이상적으로 생각했던 인격의 어떤 모습들을 만나게 되는 장치이기도 한 거죠. 특히 그 대목을 우리가 언어적으로 살펴보고자 한다면, 그것은 공자가 아니라 안회의 행적들과 안회를 평가한 공자의 말들 속에 더 적극적으로 표현되어 있다는 겁니다.

그래서 사실 공자와 안회는 쌍생아적인 관계입니다. 한쪽은 현실 속에서 활동하고 있었던 현실 공자였고, 다른 한쪽은 안회라는 이름을 달고 있는 이념적 공자가 활약하고 있다는 뜻입니다. 안회를 읽을 때 공자와 유학이 추구했던 인격 상을 머릿속으로 그려 보면서 이것을 확인해 보는 식으로 읽어 보세요. 안회를 단지 고지식한 엘리트 우등생으로만 볼 것이 아니라 얌전하고 모범적인 이미지의 안회가 어떻게 자기 삶의 가치를 창조하고 또 긍정할 수 있었을까를 함께 고민해 보는 겁니다. 단지 가까이하기엔 너무 먼 사람이라고 괄호 치지 마시고, 내가 안회고 공자라면 이러 이러한 상황에서 어떤 마음이었을까를 상상해 보는 겁니다. 안회는 불가능한 인격의 이념적 표상이 아니라, 현실적 존재에 대한 최선의 긍정이었다는 것. 이 지점에 안회의 존재 의의가 있습니다. 재미있는 자로와 자공 이야기는 잠시 쉬었다가 다시 진행해 보죠.

4. 자로 ─ 한없이 투명에 가까운 용기

이제는 자로(子路) 이야기를 해보겠습니다. 자로는 『논어』 안에서 가장 개성이 뚜렷한 제자라고 할 수 있습니다. 개성이 강하다는 건 여러 의미가 있을 수 있겠지만, 자로는 확실히 튀는 인물입니다. 외양부터 남다릅니다. 수탉 깃을 머리에 꽂고(모자를 만들어 썼다는 뜻입니다) 수퇘지 가죽으로 만든 주머니를 허리에 차고 다녔습니다. 지역에서 껌을 좀 씹던 인물입니다.(웃음)

출발은 단무지, 충성도는 120점

덕행(德行)에는 안연(안회), 민자건, 염백우, 중궁이 있고, 언어(言語) 부문에는 재아(재여)와 자공이 있으며, 정사(政事) 부문에는 염유와 계로(자로)가 있고, 문학(文學) 부문에는 자유와 자하가 있다.

『논어』「선진」편에 보면 공자께서 제자들을 몇 사람 소개하는 대목이 있습니다. 흔히 공문의 '사과십철'(四科十哲)이라고 일컬어지는 대목으로, 공자의 10대 제자라고도 불리는 제자들에 관한 구절입니다. 자로는 염유라는 인물과 함께 네 가지 전문 분야 중 정치 관련 부문에서 투톱으로 거론된 인물이라는 점을 음미할 필요가 있는데요. 공자에게 정치가 특별한 주제였다는 점에서 그렇습니다. 실제로 자로는 위(衛)나라에서, 염유는 노(魯)나라에서 출사합니다.

한편 자로는 공문 제자들 가운데 기질적으로 성격이 직선적이고, 단순합니다. 무식하다고 말하는 건 좀 어폐가 있겠지만, 일반적인 학습 활동의 관점에서는 다른 동학들(후배들)에 미치지 못하는 것처럼 보입니다. 조금 과장해서 말해 보자면, 자로는 '단순+솔직+용감'의 캐릭터입니다. 특히 '용맹'[勇]은 자로를 특징짓는 가장 선명한 분할선이기도 합니다.

자로의 단순+용맹(용감)은 순수함의 다른 표상이기도 합니다. 특히 자로는 스승 공자에 대해서 너무 투명해서 속이 다 드러나 보이는 충성심을 보여 주는 인물이기도 합니다. 예전에 '삼국지'라는 PC게임이 있었는데요, 거기에서 관우라는 인물의 특징이 로열티(충성도) 100으로 설정되어 있었던 게 기억이 납니다. 주군에 관한 충성도가 만점이었다는 겁니다. 주군은 당연히 의형 유비인데요, 게임 속에서 관우한테는 이간계(반간계) 같은 게 절대 안 통한다는 뜻이기도 합니다. 오로지 한마음, 한뜻으로 충성한다는 그런 올곧은 캐릭터인 겁니다. 그런데 자로를 보면 저는 '삼국지' 게임 속 관우 프로필의 로열티 지수가 생각납니다. 제가 보기에 자로의 충성도는 100점 만점에 120점입니다.(ᄊ) 스승 공자에 대해 자로가 보여 주는 신뢰와 존경과 애정은 그 정도로 대단하게 느껴진다는 말씀입니다.

자로가 어떤 인물인지를 보여 주는 대목을 보겠습니다. '자로는 어떤 가르침을 들으면, 그것을 실천하려고 노력하는데, 미처 그것을 잘 실천하지 못하는 상황이라면, 또 다른 가르침이 오는 것을 두려워했다.'(「공야장」) 지금은 저 혼자 웃고 있지만 이제 이 시간이 끝날 때쯤 되면요, 아마 인용문에 '자로'라는 이름만 나와도 일단 웃을 준비를 하게 되실 겁니다. 내기해도 좋습니다.

자, 무슨 뜻인지 아시겠죠? 자로가 어떤 인물인지도 좀 그려지실 테고요. 선생님께 잘 배웠고, 잘 배웠으니 열심히 실천해야 하는데, 아직 그게 잘 안되는 상황이라고 해보자고요. 그런데 선생님께서 또 좋은 가르침을 마구 주신단 말이죠. 자로는 이게 감당이 안되는 겁니다. 지난 시간 것도 제대로 실천하지 못하고 있는데, 이번 건 또 언제 익히나… 뭐 거칠게 말하자면 이런 태도라는 겁니다. 얼마나 순수합니까. 스승님이 더 가르쳐 줄까 봐 전전긍긍해야 하는 제자라니요. 그만큼 사람이 '직'(直)합니다. 곧다는 거죠. 솔직·정직·강직, 뭐든 다 좋습니다. 평생을 배울 만한 스승이 계시고, 그 스승에 대해 변함없는 충성심을 가진 곧은 품성도 있습니다. 이 얼마나 아름답습니까. 그런데 딱 한 가지! 불행하게도 그 사이에 낙차가 있는 겁니다. 스승님의 진도를 못 따라가서 엇박자가 나는 거예요. 그런데 그냥 엇박자가 나고 좀 늦되고 그러면 상관없는데, 자로는 『논어』 안에서 이 어긋남과 늦됨으로 매번 와장창 사달이 나는 캐릭터가 됩니다. 『논어』 안에서 가장 많이 등장하는 중요한 제자인 동시에 거의 매번 스승에게 박살 나는 모습을 보여 주시는 분이 바로 이 자로님이십니다.

자로와 함께 정치 분야에서 두각을 나타낸 제자는 염유인데, 염유가 젊었을 때 공자가 굉장히 아끼고 예뻐했거든요. 그런데 이 염유란 제자는 나중에 출사하게 된 후에는 스승과 이래저래 관계가 자꾸 삐걱거리게 됩니다. 결국 염유는 스승과 정치적 입장이 갈리면서 공자 문하에서 출문(出門)됩니다. 쫓겨나게 되었다는 말입니다. 그런가 하면 재아(재여) 같은 인물은 언어 제일답게 과연 말을 굉장히 잘하는 제자였습니다. 말 잘한다고 회자된 대표적인 인물이 자공과 재아인데, 자공은 따로 다룰 예정이니 일단 패스하겠습니다. 재아가 나오는 구절은 좀 아슬아슬한 면이 없지 않습니다. 좀 속되게 표현하면 스승 공자에게 말로써 '깐죽거린다'고 할까요. 물론 스승님의 말도 곱지 않게 되죠. 여하튼 그렇게 삐걱거리는 관계도 공문에 있었다는 말입니다. 말꼬리 물고 늘어지고, 말대답하고….

그런데 자로가 스승 공자와 엇박이 나는 경우는 염유나 재아의 경우와 완전히 다릅니다. 자로는 정말 정직하고 우직하고 순수하게 혼나고 호되게 야단을 맞습니다. 백치미가 좀 있는 것도 같고요. 여하튼 그런 이유에선지 자로는 도저히 미워하려야 미워할 수가 없는 캐릭터가 됩니다. 자로는 아무튼 굉장히 용감하고, 용감하면서 우둔합니다. 정치를 맡길 정도로 강직하고 곧은 사람인데, 그 이상 기대하기는 좀 어렵습니다. 융통성이 없다고 할까요. 좋은 의미에서 원칙주의자입니다. 본인이 옳다고 믿는 것에 관해서는 추호의 망설임이 없습니다.

번번이, 정확하게 빗나가다

자로는 공문 제자 중에서 나이도 제일 많은 축에 속합니다. 스승님과 아홉 살 차이밖에 나지 않아요. 공자의 수많은 다른 제자들과 비교해 보면, 그들에겐 거의 스승뻘인 인물입니다. 그런데 하도 선생님께 혼이 많이 나서 그런지 『논어』를 읽다 보면 자로의 나이가 전혀 느껴지지 않습니다. 오히려 다른 제자 그룹들, 즉 자로의 아들뻘인 후배들과 함께 있을 때도 자로만 혼나는 경우가 많거든요. 그러다 보니 자로는 때로 다른 후배들에게 좀 가볍게 여겨지기도 했던 것 같습니다. 스승님께 집중적으로 혼나는 분이다 보니, 제자들이 우습게 여기는 거죠. 자로형이 뭘 좀 얘기하면 후배들이 앞에서만 대충 "아, 예예예~. 예~." 이러고 마는 거죠. 속으로는 "형이나 잘하세요" 이러지 않았을까도 싶고요. 안 그렇겠어요? 스승님이 제자들 다 있는 데서 안회는 너무 예뻐하고, 어려워하기까지 하면서, 자로는 무슨 말만 하면 핀잔하고 야단치고 하시니 말이에요. 한 번 두 번 그러다 보니 다른 제자들도 은근히 속으로 자로를 무시하게 되는 거죠. 저절로 '자로형한테는 좀 함부로 해도 되나 보다' 싶어지는 겁니다.

　실제로 이런 일이 있었습니다. 선생님이 외출했다 돌아오셨는데, 자로가 집에서 기타(비파)를 치고 있었어요. 그런데 제대로 튜닝도 안 한 채로, 연주 실력도 형편없이 떵까떵까 하고 있었던 겁니다. 그러자 스승님이 핀잔을 줍니다. "어디 저 따위의 연주를 우리 집에서 하는 건가." 자로가 깜짝 놀랐겠죠. 그리고 다른 제자들은 킥킥거립니다. 자로형이 기타 만질 때부터 그럴 줄 알았다는 거죠. 그러던어느 날 스승님이 우연히 보니까 다른 제자들이 자로에게 하는 태도가 영 고분고분하질 않은 거예요. 스승께서 아차 싶기도 했을 테고, 한편으론 짠하기도 했을 테고, 또 다른 한편으론 기가 막히신 거죠. 공자가 이렇게 이야기합니다. "늬들이 감히 자로를 쉽게 보다니! 자로 우습게 보지 말아라. 자로는 늬들하고는 비교할 수가 없는 위치다. 비유하자면 자로는 비록 방안에까지 들어오지는 못했지만, 툇마루 정도까지는 올라온 수준이다." 공자의 말씀은 이런 거죠. 너 흰 아직 저 마당에 서 있는 것들이고….

　　여하튼 용감하고 단순하고 강직하기 때문에 스승에 대해서 가장 솔직하게 자기의 태도를 나타낼 수 있는 제자가 자로입니다. 그리고 바로 그것이 『논어』와 공문에서 자로가 맡은 역할이기도 합니다. 앞에서 안회는 스승이 무엇을 하든 스승의 생각을 다 읽어서 스승보다 먼저 스승이 원하는 자리에서 단박에 "스승님, 이것이죠? 원하시는 게…"라면서 스승에 맞추고 있다면, 자로는 정반대입니다. 선가(禪家)에서 조사 스님들이 엉뚱한 소리하는 제자에게 가끔 '정확하게 빗나갔다'^^고 꾸짖는 대목이 있는데요, 『논어』 안에서 자로는 매우 자주 정확하게 스승의 뜻을 빗나갑니다.(웃음)

그런데 묘하지요. 오히려 자로의 그런 모습 때문에, 스승은 상대적으로 자로와 있을 때는 아주 편안해 보이기 때문입니다. 자로에게 꾸중을 하고, 가르침을 주고, 때론 핀잔과 조롱 등등을 맘 놓고 하시는 듯 보이는 겁니다. 왜? 공자님이 성격이 모나고 거칠어서? 모르겠습니다. 그런 면모가 있는 건지도. 하지만 그렇다기보다는 아마도 자로의 다듬어지지 않은 울퉁불퉁한 면모 덕분에 스승 공자께서 이렇게 저렇게 대응하는 모습을 볼 수 있게 된 것으로 보아야 하지 않을까요?

이 점은 특히 강조하고 싶습니다. 이른바 세계의 몇 대 지성, 혹은 몇 대 성인 등등으로 손꼽아 이야기할 때, 공자는 그 가운데서 우뚝하게 현실적인, 생애의 처음과 끝이 평범한 우리와 하나도 다르지 않았던 매우 현세적인 인물이었다는 사실 말입니다. 바로 이것이 유학의 특징이기도 하다고 말씀드렸고요. 요컨대 공자에게는 현실적이고 역사적인 필드에서 부딪히게 되는 갖가지 사건 사고들이 무수합니다. 그리고 공자 역시 때론 헛발질할 수도 있었겠고요. 무슨 말이냐 하면, 이렇게 저렇게 가끔 헛발질도 하고 그럴 때, 공자와 같은 스승은 어떻게 자신을 돌이켜 볼 수 있었을까요. 결론적으로 스승 공자의 말과 결단이 옳다 하더라도, 제자들이 모두 군말 없이 따르기만 한다면, 그런 공동체가 제대로 굴러갈 리가 있겠습니까. 모두 안회 같다면 뭐 어쩔 수 없겠지만, 그럴 리가 없는 데 말이죠. 즉 안회도 아닌 제자들 그룹이 스승에게 토를 달지 못한다는 건, 사제관계가 단지 권력적인 관계로밖에 발전하지 못한다는 말인 겁니다. 스승이 옳더라도 그 당시의 자기 생각에는 이해가 안 될 수도 있고, 그럴 때면 자연스럽게 의문을 표현하기도 하고, 때론 따져보기도 하고, 동의가 안 되어 끝까지 버티기도 하고 그런 장면들은 사람 모여 사는 공동체라면 당연한 충돌인 겁니다. 그런데 대체로 성인의 말씀들이 있는 곳에선 그런 이해관계가 상당히 윤색되게 마련이고, 또 배제되기 마련입니다. 그런 결과로 자칫 '성인'이라는 말이 현실에 대해 초월적인 인물들인 것처럼 이미지가 만들어지기도 하고요.

하지만 자로는 오히려 스승 공자와 엎치락뒤치락하고 형이하학적인 티격태격으로 끝까지 함께합니다. 이 역할은 공문에서 자로만이 유일무이합니다. "선생님! 지금 저 정치인을 만나러 가는 건 정치적으로 위험한데요." 다른 제자들은 (소곤소곤) "왜 저러시냐, 스승님 이제 나이 들었나 봐. 총기가 흐려지셨어…" 이러면서 뒷말을 하는데, 자로는 바로 달려가서 면전에 대고 "이건 잘못된 거 아니에요?" 하고 바로 따지는 거죠. 물론 대부분 공자의 되치기로 자로가 혼쭐나기도 합니다만….

여하튼 이런 게 자로가 맡은 캐릭터의 임무예요. 그래서 자로가 나오는 대목은 아주 살아 있어요. 40회 이상 등장했다가 서른아홉 번 정도 패배 혹은 좌절당하고 퇴장하는 캐릭터이긴 하지만. 그래도 그 불굴의 정신이 또한 자로인 것입니다. 그런 면에서 자로는 공자의 제자들 가운데 가장 뚜렷한 개성을 보여 주는 인물이기도 합니다. 사랑하지 않을 수가 없어요. 『논어』를 한번 읽고 나면 자로를 사랑하지 않기가 정말 힘들어요. 어지간히 마음먹지 않고서는.

천하제일 무(모)한 도전자

공자의 제자가 되기 전 자로의 이력은 지역의 왈인, 다시 말해 건달이었습니다. 『공자가어』에는 자로에 관해 이런 말이 덧붙여져 있습니다. 자로가 '공문에 들어온 이후로 공자에 대한 비방이 들리지 않았다' 이게 무슨 말이냐 하면, 동네 건달이었던 자로였지만 막상 존경하는 스승을 갖게 되자, 스승에 대한 존경심이 워낙 강해서, 누구라도 스승님을 비방하는 소리가 들리면 자로가 먼저 참지 못하고 혼을 내주었다는 겁니다. 재밌는 표현이죠? 당연히 힘으로 응징했을 테고요. 자로가 공자의 제자들 가운데 가장 용맹한 제자였다는 사실이 이렇게 변용되기도 하는 것 같습니다.

자로는 "성격이 거칠고 용맹스러웠으며, 뜻이 강하고 곧았"습니다. 그리고 "수탉의 깃으로 만든 관을 쓰고 수퇘지의 가죽으로 주머니를 만들어 허리에 차고" 다녔습니다. 이 정도 패션 감각이면 멀리서 봐도 눈에 딱 띄지 않을 수 없었겠죠? 그래서 그 사달이 난 겁니다. 섭공이 선생님에 관해 물어봤는데, 대답을 못 하는 바람에 공자께서 엄청 화가 나신 사건 말입니다.

공자께서 말씀하셨다. "도가 행해지지 않으니 뗏목이나 타고 바다로 떠나야 할까 보다. 나를 따라나설 자는 아마 자로이겠지?" 자로는 이 말을 듣고 크게 기뻐했다. 공자께서 말씀하셨다. "자로의 용기 는 나보다 낫다. 헌데 그것 말고는 취할 게 없구나."

「공야장」편에 나오는 구절입니다. 공자께서 현실정치에서 일 이 잘 안 풀리셨어요. 이렇게 해도 안 되고 저렇게 해도 안 되고, 이 사람도 안 알아주고 저 사람도 안 알아주는 그런 상황이었다고 해 보죠. 얼마나 심란하셨을까요. 제자들이 있는 데서 하루는 푸념을 한 거예요. "아, 내 뜻이 이렇게 세상에 안 통하니, 그냥 멀리 떠나 버 려야겠다. 바다 건너 가 버릴까? 어디 가서 배를 하나 구해 볼까." 뭐 이런 분위기? 누가 봐도 한 번 던지신 말씀인, 그런 분위기였던 거 죠. 그런데 그 말끝에 이러셨어요. "아아, 그런데 만약 진짜 배를 구 한대도 문제네. 진짜로 바다로 나가게 되면 별별 어려운 일이 다 생 길 텐데, 그럴 땐 어쩌누···. 그건 그렇고! 막상 바다로 떠나게 되면 나를 따라나설 놈이나 있을까. 자로? 그래, 자로 정도는 혹시 모르 겠군."

이 자리에 자로가 있었는지 없었는지는 모르겠습니다. 좀 더 극적으로 상상해서 하필 자로가 외출 중이어서 이 얘길 하실 때 없 었다고 해보죠. 다른 제자들이 그 이야기를 들은 거죠. 그리고 나중 에 자로한테 얘길 해 준 거예요. "형님, 좋으시겠습니다. 선생님이 그러시는데, 멀리 바다로 떠나실 때 함께 떠날 만한 사람은 형님밖 에 없다시던데요?" 이런 식으로 말이죠.

그 말을 듣고 자로가 어떻게 됐는지 보세요. 자로문지희(子路聞

之喜). 자로가 그 말을 듣고는[聞], 입이 찢어졌다는 겁니다[喜]. 왜? 자기가 단 한 명의 자리에 남아 스승님을 모시는 거라고 생각한 거죠. 자기만 데려간다니까 너무 영광스럽고 감격스럽고…, 여하튼 이 말을 듣고 자로가 완전히 해피해져서, 곧장 선생님께 쫓아 달려옵니다(실은 같은 자리에서 한 말씀일 수 있습니다. 지금 좀 극적으로 상황을 만들어 보는 거고요^^). 대문을 들어서면서 이렇게 소리치죠. "선생님! 뗏목 준비할까요? 뗏목! 콜?"(웃음) "어디 배를 타고 가실 일이 있으시다고요? 산에 가서 나무라도 해 올까요?" 혹은 "선생님, 배는 2인승이면 되나요?" 이러면서 신이 난 거죠. 그러자 선생님이 얼마나 어이가 없으셨겠어요 "아휴, 정말! 저 자로 용맹한 것 좀 보라지…" 혹은 "우리 자로, 참 용감하구나. 뗏목 타고 바다로 나가겠다는 저런 생각은, 조금만 생각이란 걸 해보기만 한다면 현실적으로 불가능하다는 걸 알 수 있을 텐데. 여하튼 자로는 보통이 아니구나." 호용과아(好勇過我), 용맹하기가 나보다 낫다는 뜻입니다.

일이 있을 때 무지막지하게 저돌적으로 추진하는 것은 용맹하기에 할 수 있다는 거죠. 자로의 그런 모습은 공자 자기보다 훨씬 뛰어나다는 겁니다. 한마디로 무모하다는 거죠. 말릴 수가 없다. 여기까지는 사실 칭찬인지 아닌지 알 수가 없어요. 그런데 그다음에 이렇게 마무리합니다. 무소취재(無所取材). 말 그대로 풀면, 취하여 쓸 바가 없다!

앞에서 흘러온 문맥상으로 보면 이 대목은 일종의 한숨과 약간의 짜증이 섞인 비판 같은 뉘앙스입니다. '아휴. 자로 저 녀석. 지금 내 심정이 어떤 건데, 무슨 놀러 가는 건 줄 아나? 뱃놀이 가자는 거야? 아무튼 자로 저 녀석은 앞뒤 없이 무모해. 도무지 무모한 것 말곤 뭐 봐 줄 게 없는 놈이지.'

듣기에 따라선 굉장히 독한 말이 아닐 수 없습니다. 센 말씀이죠. 자로는 정말 얼마나 기뻤는지, 순수한 기쁨에 가득 차서 마구 흥분한 상태인데 말이죠. 일이 이쯤 되니까 곤란해진 건 후세의 유학자들입니다. 아, 성인이신 공자님이 진정 이렇게 잔인하게 말씀하셨을까. 다른 숨은 뜻이 있는 건 아닐까. 이런 식으로 스승의 숨은 뜻, 깊은 뜻을 미루어 짐작해 주는 해석의 역사가 펼쳐지는 거죠. 무소취재(無所取材), 이 대목은 '자로는 무모한 용기 외엔 취해 쓸 바가 없다'는 뜻이 아니라, 자로가 지금 어디 가서 뗏목 만들 재료[材]를 구하겠느냐며 자로를 염려하신 것이다, 이런 식으로요. 이렇게 되면 해석은 이렇게 바뀝니다. "자로야, 네 말은 고맙다만 지금으로선 뗏목 만들 재료[材]를 구할[取] 곳[所]이 없을 게다[無]." '아 다르고 어 다르다'고, 같은 구절인데 완전히 느낌이 달라졌죠? 이제 이 구절은 스승 공자께서 자로를 꾸짖거나 비난하시면서 하신 말씀이 아니라, 오히려 성인의 자비심이 표현된 대목이 되는 겁니다. "역시 자로밖에 없구나. 자로 너의 그 무한한 용기를 나는 존경한다. 나보다 훨씬 훌륭하구나. 하지만 자로야, 마음은 그렇다 해도 지금은 배를 구하기가 쉽지 않겠구나." 이렇게 되는 거죠.

정답을 찾는 문제가 아닙니다. 우리가 앞서 공자님에 관해 다소 장황하리만치 이러 저런 이야기들을 통해 공자의 신체성과 기타 새로운 공자 상에 대해 강조했던 이유를 떠올려 볼 수도 있습니다. 『논어』에는 여전히 이런 구절들이 많이 있거든요. 한문 자체로는 어떻게 끊어 읽느냐에 따라, 혹은 어떤 뉘앙스와 결로 읽느냐에 따라, 또는 어떤 정황으로 파악하느냐에 따라 같은 문장이지만 굉장히 다른(심지어 상반되기까지 하는) 해석이 가능한 겁니다. 왜냐하면 그 문장을 뒷받침하는 정황들이 모두 풍부하게 주어져 있는 게 아니기 때문에 그렇습니다. 그런데 바로 그런 부분이 『논어』와 같은 고전을 읽는 묘미를 만들어 주는 지점이기도 합니다. 누가 봐도 뻔한 구절이라면 이미 다른 해석의 여지가 없다는 뜻인데 그렇다면 항상 같은 얘기만 하게 될 것 아니겠습니까? 그러니 우리가 『논어』를, 그리고 공자를 어떤 결 위에서 읽을 것인가는 매우 중요한 문제인 겁니다. 공자를 그저 고분고분하고 미소 짓는 사람 좋은 할아버지로 볼 것인지, 기골이 장대하고 뜻이 크고 성격도 강직한 거인 사내로 떠올릴 것인지에 따라 음색과 의미가 달라지기 때문입니다. 여하튼 전 이 대목에서 자로의 무모함은 무모함대로, 또 공자님은 공자님대로 거기에 대해 삐딱하게(!) 자로를 핀잔 주는 그런 해석이 좋습니다. 제가 보기에 그것이 자로의 캐릭터이기 때문입니다.

한없이 투명에 가까운 순수

그래도 자로에 대한 공자의 믿음은 두터웠습니다. 제 느낌엔 공자에게 자로는 제자 이상, 가족 같은 관계가 아니었을까 싶습니다. 나이 차도 그렇고, 온갖 산전수전을 함께 겪어내면서 서로에 대한 신뢰가 대단히 두터웠을 것이기 때문입니다. 자로에게도 공자는 스승이지만 한편 절친한 형님이기도 했을 겁니다. 왜 그러냐 하면 적어도 자로는 능력은 조금 아니 어쩌면 많이 부족했을지 몰라도, 스승=형님께 배우려는 마음에 대해서는 한 번도 의심해 본 적이 없기 때문입니다. 그리고 계속 지적되는 자로의 학습 능력이라는 것도 사실 엄밀히 말해보면 지적(知的)인 부문에 불과합니다. 공문에서 지적인 능력은 배움에 관한 한 그저 하나의 태도에 지나지 않습니다. 요컨대 잘 배운다는 말은 단순히 지적인 학습에 재능이 있는 것으로 설명되지 않는다는 말입니다.

앞에서 잠깐 설명해 드렸던 "불분(不憤)하면 불계(不啓)한다"는 말 기억하시나요? 배우려는 사람은 일단 스스로 배우려는 마음이 있어야 한다는 뜻입니다. 그 마음을 분을 내는 것이라 표현한 거죠. 그러니까 배움이란 분을 내는 것 즉 분발하는 것이고, 가르침이란 그러한 분발자와 더불어 이루어지는 것이죠. 그래서 불분하면 불계, 즉 깨우쳐 주지 않는다는 것입니다. 제가 보기에 자로는 비록 야인-왈인의 세계에서 왔지만, 이왕 스승의 문도가 되어 배우기를 마음먹은 다음에는 스스로 배움의 열정을 포기한 적이 없습니다. 오히려 그 반대지요. 어떻게 하면 이 위대하고 존경스러운 스승께 더 잘 배울 수 있을까… 이것만이 자로의 고민이었습니다. 자기가 쫓아가지는 못해도, 즉 스승의 널찍한 품과 장쾌한 속도를 쫓아가지는 못해도 최소한 스승의 도를 욕보이지는 말아야 할 텐데…

하는 생각이랄까요? 안 되는 건 지금 내가 못나서 그런 거지 스승의 가르침이 잘못된 게 아니라는 것. 그래서 지금 제대로 스승의 가르침에 따라 충분히 실천하며 살고 있지 못한 것이 있을 때마다 전전긍긍하는 인물이 자로입니다. 자로는 뜻을 굽힌 적이 없습니다.『논어』에서는 자로의 이러한 성품을 이렇게 기록하고 있습니다.

> 자로는 가르침을 들어도, 아직 그것에 능하지 못하는 경우가 있었다. (그럴 때면) 또 다른 가르침을 듣게 될까 봐 두려워했다.「공야장」
> 子路有聞자로유문, 未之能行미지능행, 惟恐有聞유공유문.

우리가 스승이라면 이런 제자를 사랑하지 않을 수 있을까요. 비록 안회처럼 내 뜻을 완전하게 소화해서 실천해 내는 제자는 아니지만, 비록 제대로 실천하는 데 이르지는 못하지만 그 실천하는 마음에 삿됨이 없고, 또 그 실천하고자 하는 의지에 항심(恒心)이 있는 제자라면요. 아마 스승의 처지에서 보자면 이런 제자를 만난다는 건 오히려 큰 기쁨이고 행운이리라 생각합니다. 이 말은 바로 그러한 자로의 진면목을 보여 주는 대목이죠. 자로는 스승께 가르침을 얻었지만 그것을 아직 미처 다 소화하지 못하고 있는 상태입니다. 하여 자로는 전전긍긍합니다. 왜일까요? 아직 스승의 가르침에 충실히 따라 살지 못하기 때문일까요? 그런 면모도 있겠지만, 더 중요한 건 스승께서 또 다른 훌륭한 가르침을 주실까 봐 두려운 겁니다. 아직 이전 진도도 다 이해 못했는데 무심히 새로운 진도를 나가는 선생님을 뵙는 기분 같은 것일지도 모르겠네요. 그럴 때, 선생님께 황송하고 죄송하고 두려운 마음이 드는 겁니다. 이해되세요? 이해 안 되신다고요? 자로 마음은 잘 이해하지 못하겠더라도, 자로가 어떤 성정을 가진 인물인지는 조금 알 것 같지 않으세요? 네. 그렇습니다. 그저 씩씩하고 투박하고 거칠어 보이는 자로입니다만, 바로 그 이면에는 때 묻지 않고 어린아이 같은 순수한 자로가 있는 것입니다.

순정 마초? 수줍은 상남자?

자로를 생각하면 저는 그가 왠지 수줍음(?)을 잘 타는 상남자였을 거라는 상상하게 됩니다. 한편으론 대단히 거칠고 우락부락했을 것 같은데, 또 그 이면에서는 어딘가 소년 같은 수줍음이랄까요. 수줍다는 말이 상남자란 말과 좀 모순되는 것처럼 들릴 수도 있겠지만, 제가 말하는 수줍음은 엄밀히 말하면 수줍음이라기보단 '부끄러움'을 아는 사내였다는 말에 가깝습니다.

우린 마초-사내 이미지들에서 대체로 뻔뻔하고 뻣뻣한 사내들을 상상하곤 하지요. 그런데 진짜 사내다운 사내들은 뻣뻣할진 몰라도 뻔뻔하진 않습니다. 그들의 부끄러움은 그들이 정직하고 순수하고 담백한 기질을 갖추었기 때문입니다. 예전에 〈레옹〉이라는 영화가 있었잖아요. 그 영화에 보면 청부 살인업자(킬러)인 레옹이 평상시에는 작은 화분을 들고 다니는 모습이 나오죠. 마틸다라고 하는 어린 여자아이와 친구가 되기도 하고요. 멋있게 총을 쏘고 평소에도 성냥개비를 물고 폼 잡는 홍콩 누아르의 킬러들과는 달랐죠. 그게 레옹의 매력이었고요. 아직 지난 시간 선생님 가르침을 미처 복습-체화하지 못했는데 또 다른 가르침을 받게 될까 봐 전전긍긍하는 자로의 모습은 생각할수록 귀엽다는 생각이 들 정도입니다.

자로는 정말 많은 꾸중을 듣지만 그것 때문에 스승에게 마음이 상했을 거라는 느낌도 전혀 들지 않습니다. 이 점은 공자 입장에서도 마찬가지입니다. 자로를 진심으로(!) 꾸짖지만, 거기엔 뒤끝이 없습니다. 오히려 공자는 자로 앞에서는 주로 자로를 엄격하게 꾸짖지만, 자로가 없는 곳에서는 자로에 관해 남다른 애정이랄까요, 아니 신뢰를 표현할 때가 많습니다. 예를 들면 앞서 인용했던 뗏목 사건의 경우도 보기에 따라서는 자로에 관한 일종의 특별한 신뢰라면 신뢰라고 할 수 있겠죠. 또한 자신에게 자주 꾸중을 듣는 바람에 자로의 위상이 다른 후배=동료들에게 실추된 것처럼 보이자, 공자가 짐짓 자로를 띄워 주는 대목도 있었었죠? 고작 아홉 살 차이밖에 나지 않을 뿐 아니라, 성격이나 기질상 두 사람에게는 나름 통하는 구석이 많지 않았었을까요.

여하튼 자로는 적어도 안회만큼이나 공자에게는 중요한 인물입니다. 하지만 안회와는 전혀 다르게, 어쩌면 거의 반대되는 방식으로 존재합니다. 그런데 안회와 자로, 즉 극과 극의 개성을 가진 두 애제자가 공자라는 스승 앞에서 공통적으로 마주치게 되는 지점이 있습니다. 그것은 그들이 모두 끝까지 스승의 가르침 위에서 생을 펼치고 마친다는 사실입니다. 단 한쪽은 실수 없이 퍼펙트하게 온 생애를 펼친 셈이고, 다른 한쪽은 완전하게 부족함과 실수를 반복 하지만 끝까지 가르침을 쫓아 나아간 셈인 겁니다.

왈인(건달)에서 군자로!

그래서일까요. 자로의 죽음은 아주 자로답게 극화되어 있습니다. 자로는 노(魯)나라를 거쳐 위(衛)나라라는 곳에 가서 정치 일을 하 게 됩니다. 위나라는 자공의 고향인데, 이 나라가 당시에 좀 많이 어 지러웠습니다. 여하튼 자로는 위나라 대부 공회(孔悝)에게 스카우 트 되었습니다. 그러다 위나라의 정변(쿠데타)에 휘말려서 죽게 됩 니다. 그런데, 사실 자로에게는 목숨을 구할 수 있는 여지가 있었어 요. 피할 수 있었던 쿠데타 현장엘 자로 스스로 기어이 제 발로 찾아 들어간 것이었거든요. 그냥 도망 나오면 되는 거였는데 말이죠.

자로가 처음 위나라로 정치하러 가게 되었을 때, 자로는 후배 자고(子羔)를 데리고 갑니다. 이에 대해 스승 공자는 마뜩잖아 하셨 어요. 아마 위나라의 정치 상황에서는 그다지 올바른 정치를 구현 하기 어려울 것이라는 판단도 있었을 테고, 자로의 강직함이 도리 어 화를 입을지도 모르겠다는 판단이 들었을지도 모르겠습니다. 대 강 '자로가 남의 자식까지 죽이려 하는구나!' 이런 식으로 말씀을 하십니다. 그러자 자로가 좀 빈정이 상합니다. 구시렁 말대꾸를 하 죠. '공부가 뭐 맨날 앉아서 종잇장이나 넘기는 게 전부인가요. 결국

실전에서 쓰기 위해 하는 게 공부 아니냐고요…(구시렁구시렁)'

　　실제 현실에서 일하면서 보고 듣는 모든 게 다 공부 아니겠냐는 뜻인데, 뜻은 좋지만 맥락상 좀 생뚱맞은 면도 있긴 했습니다. 하여튼 이 말대꾸에 스승이 또 '버럭'하십니다. '내 이래서 말만 번드르르하게 하는 놈들을 미워하는 거다!' 말장난하지 말라는 거예요. 지금 핵심은 위나라가 뜻을 펼칠 만한 곳이 아닌데도 앞뒤 안 가리고 자기 능력만 믿고 날뛰는 걸 지적한 건데, 자로는 다만 흔쾌하게 허락받지 못한 게 섭섭했던 거지요. '두고 보세요! 내가 기필코 스승님의 뜻을 현실정치에서도 멋지게 펼쳐 보일 테니!' 아마 자로는 이런 마음으로 떠났을지도 모르겠습니다.

　　당연한 얘기지만, 자로는 굉장히 강직하고 성실하게 맡은 일을 해나갔을 겁니다. 그런데 위나라가 엄청난 정변에 휩싸이게 됩니다. 위나라에서 쿠데타가 일어났다는 소식이 노나라에까지 날아옵니다. 그러자 공자는 이렇게 말합니다. "자고는 돌아오겠지만, 자로는 죽겠구나."

　　사마천의 기록에 의하면, 실제로 자로는 쿠데타가 일어났을 때 다른 곳에 있었습니다. 그런데 쿠데타가 일어났다는 소식을 듣고 자기가 모셨던 대부를 찾아갔던 것입니다. 그리고 가는 길에 황급히 빠져나오는 자고와 마주칩니다. 자고가 자로를 막아 세웁니다. "형님! 늦었습니다. 지금은 들어가 봐야 늦었어요. 소용없습니다. 일단 몸을 피하고 때를 보십시다." 하지만 자로는 단호하게 이를 뿌리칩니다. 이제까지 자신이 녹을 받아먹은 관계인데, 형편이 어려워졌다고 모른 척 할 수는 없다는 것이었습니다. 그런데 사실 자로가 모시고 있던 공회라는 인물은, 여차여차한 과정을 통해 사실상 쿠데타에 가담한 세력의 일부였습니다. 자로는 자기 주군을 설득하려고 위험을 무릅쓴 셈입니다.

"신하된 자로서 어떻게 그럴 수가 있는가?" 자로의 이 외침은 잘못된 선택을 하고 있는 자신의 주군에 대한 일갈이었습니다. 실제로 자로 같은 이가 눈을 부릅뜨면서 똑바로 꾸짖는다면 진짜 무서울 것 같지 않습니까? 자로 같은 사람과는 동지가 되어야지 적이 되면 아주 곤란합니다. 여하튼 자로가 이렇게 큰 소리로 쿠데타의 부당성을 일갈하고 있는데 그만, 날아온 병기가 자로의 머리를 강타해 버립니다. 자로는 그렇게 머리가 깨져서 죽었다는 겁니다. 그런데 공교롭게도 이때 자로가 쓰고 있던 갓끈이 끊기면서 벗겨졌습니다. 이걸 사마천은 이렇게 기록합니다. 자로가 죽어 가면서도 모자를 찾아 쓰고는 갓끈을 묶었다는 거예요. 그러면서 최후의 한마디를 이렇게 남깁니다. "우리 스승님께서 군자는 언제라도 갓을 벗으면 안 된다고 하셨거든…."

멋지죠? 그런데 제 생각에 이 이야기는 거의 백프로(!) 지어낸 이야기일 겁니다. 뻥이죠.(웃음) 지금 상황이 얼마나 긴박한데, 누가 한가하게 자로가 죽어 가면서 뭐라 중얼거리는지를 듣고 기록했겠습니까. 후대의 역사가들이 붙인 상상적 이미지인 거죠. 하지만 이런 상상은 결코 무의미하지는 않습니다. 사마천이 자로의 죽음을 이렇게 적어 놓은 것은 그 에피소드를 통해 자로라는 인물에 관해 말하고 싶은 논조가 있었던 것이었겠죠. 그렇지 않을까요?

한편 자로가 죽고 난 다음에 자로의 시체가 한참 시간이 지나서야 공문으로 옵니다. 사마천의 말에 따르면, 머리가 깨진 자로의 시체였겠죠. 그런데 어떻게 돌아왔느냐면, 아주 참혹한 상태로 돌아옵니다. 시신이 소금에 절여져서 돌아온 겁니다. 자로의 죽음은 공자가 죽기 일 년 전인가 그렇습니다. 그땐 이미 안회가 죽은 이후였을 뿐 아니라, 아들인 공리(백어)마저도 세상을 떠난 다음이었습니다. 수제자 안회는 물론 아들까지도 잃은 공자 곁을 이제 자로마저도 먼저 떠나게 된 것이지요. 그런 점에서 공자의 일생은 좀 짠한 면이 많습니다. 공자에게 큰 의지가 되었던 이들이 공자보다 앞에 다 죽는 겁니다.

참혹하게 문드러진, 자기 형제와도 같은 자로의 시체를 맞으며 공자는 어떠한 심경이었을까요. 『공자가어』(孔子家語)에는 이렇게 씌어 있어요. 자로의 죽음 이후 공문에서는 젓갈로 된 음식을 먹지 않는다고. 이유인즉슨 젓갈이 소금에 절인 음식이기 때문이랍니다. 오해가 생길까 봐 미리 말씀드려 보자면, 자로의 시체가 소금에 절여진 것은 꼭 자로를 참혹하게 보내려고 했던 데에만 목적이 있지는 않았을 겁니다. 정확히는 소금에 절인 것이 아니고 썩지 않게 해서 보낸 것이었겠죠. 일종의 방부 효과 같은 거라고 할까요. 그런데 당시 위나라에서 노나라까지 거리가 있다 보니 사실 사체가 완전히 삭혀져 버렸을 겁니다. 하여간에 워낙 시체가 참혹하게 돌아온 터라, 공자님은 젓갈을 끊으셨다고 합니다. 앞서 안회가 죽었을 때 공자는 이렇게 말씀하셨더랬죠. '하늘이 날 버리는구나! 하늘이 날 버리는구나!'라고요. 자로가 죽자 공자님은 말을 잇지 못하십니다. 다만 이후로 음식을 끊습니다. 자로는 공자에게 이런 사람이었습니다. 그럼, 자로라는 인물이 갖는 의미와 역할에 대해 말해 보면서 마무리를 해볼까요?

제비도 알지만 자로 정도여야 실천할 수 있는

"해진 솜옷을 입고도 여우 가죽이나 담비 가죽으로 된 옷을 입은 자와 함께 서 있어도 부끄러워하지 않을 사람." 이 말은 공자께서 제자 자로에 관해 평소 말씀하신 내용입니다. 누추한 옷을 입고 초라한 세간살이로 살아가는 삶일 수는 있어도 결코 그런 일로 기가 죽거나 위축되지 않는 성품이라는 뜻이죠. 그래서 자로와 안회를 굳이 비교할 필요가 없는 겁니다.

다소 거칠고 엉뚱해 보이기도 하고 때론 좀 지나쳐서 모자란 형국을 연출하기도 하지만, 누구보다도 내면이 단단한 자로는 자기가 믿는 만큼 투명하고 정직하고 확고합니다. 그렇기에 여우 가죽 담비 가죽 따위를 절대 부러워하지도 않고, 해진 솜옷을 입고 그 옆에 설망정 거짓되게 자신을 꾸미는 짓 따위가 오히려 부끄러운 일이기에 결코 하지 않을 사람이 바로 자로인 것입니다. 이 말은 굉장히 자로를 정확하게 꿰뚫는 말입니다. 공자가 제자들을 평하는 대목을 보면요, 왜 공자가 위대한 스승인지를 알 수 있어요. 정말 제자들을 잘 알고 있어요.

「공야장」에 이런 대목이 있습니다. 공자가 자로와 안회 등과 같이 있는 자리에서 각자 지향하는 삶의 비전을 말해 보라고 합니다. 그러자 당연하게도 자로가 먼저 수레와 말과 좋은 가죽옷 같은 걸 친구들과 함께 나누어 쓰고 그러다가 설혹 망가지고 해지게 되더라도 마음에 유감을 갖지 않겠습니다, 이렇게 대답을 합니다. 자로에게는 그런 게 좋은 삶인 겁니다. 여기서 가죽옷 얘기가 나오죠. 공자는 제자들의 말을 허투루 흘려듣지 않으시는 분 같습니다. 그러니까 바로 그 제자들에게 바로 그 대답을 할 수 있는 스승이 될 수 있었겠지요. 자로에 대해서도 마찬가지였습니다.

또 다른 곳에서 공자가 노나라의 실력 가문인 맹손씨의 대부, 맹무백에게 자로에 관해 말하기를, '천승(千乘)의 제후국에서 군사 사령관을 맡길 만한 인물'이라고 합니다. 국가의 고위 권력자 집안의 사람과 이야기하는 자리입니다. 공자가 별 생각 없이 말한 구절이었다고 해도 문제가 안 되지만, 적어도 사사로이 제자를 아껴서 두둔하느라 과장하는 자리가 아니었다는 점을 말씀드리는 겁니다. 물론 이 구절은 본래 자로의 인(仁)함을 이야기하는 도중에 나온 말이라 또 다른 설명이 가능하지만, 여하튼 공자라는 스승의 눈에 자로가 어떤 인물이었는지는 잘 알 수 있습니다.

천승(千乘)이라고 할 때 이 말은 보통 제후국을 가리키는 말로 쓰여요. 승(乘)이라는 게 수레(마차)인데, 보통 한 대의 수레 즉 한 승을 말 네 마리가 끕니다. 그러니 천승의 국가라는 건 기본 4,000필의 말이 있다는 뜻이에요. 군마만 4,000필입니다. 어마어마한 국력이죠. 보통 만승(萬乘)이 천자(天子), 천승이 제후의 위세입니다.

앞에 말씀드리길, 자로는 염구와 더불어 공문의 정사(政事) 분야를 대표하는 투톱입니다. 그런데 정사라 해도 활약하는 분야는 다릅니다. 자로는 무인+정치 사령관급이고, 염구는 행정 관료 스타일입니다. 염구의 이런 성향이 또 나중에 문제가 되지만요. 여하튼 당시 감각으로 보자면 자로 쪽이 스케일 면에서는 조금 더 컸다고 볼 수 있을지도 모르겠습니다. 해서 자로 같은 경우에는 자신의 기질 때문에 자기가 모시는 대부가 불의한 일을 하는 걸 참지 못하고 나서다가 죽음에까지 이르게 되었다면, 염구는 자기가 모시는 계손 씨 집안에서 행정 일을 너무 잘하다가 즉 세금 등 이익을 크게 만들어 주다가 결국 스승으로부터 파문을 당하기에 이르죠. 『논어』에 다 나오는 대목이에요. 공자께서 "얘들아, 저 염구는 이제 내 제자가 아니다. 염구는 나하고 상관없는 인물이니 북을 울려 저놈을 공격해도 좋다" 이렇게 말씀하십니다.

자, 여하튼 지금 주인공은 자로입니다. 자로는 이런 모습으로도 등장합니다. 「위정」편에 보면, 선생님이 이렇게 말해요. "자로야, 안다는 게 뭔지 말해 줄까?" 이런 말씀도 여러 뉘앙스로 읽어볼 수 있습니다. 화가 나서 면박을 주려고 하신 말씀인지, 아니면 아우 같은 제자에게 속을 터놓고 대화하는 상황인지, 아니면 은근하게 자로를 위무하시는 중에 나온 말인지 등등 말입니다. 왜냐하면 『논어』에는 이렇게 앞뒤 자르고 툭 튀어나오는 구절들이 많거든요. 그런데 바로 이럴 때 우리가 어떤 공자, 어떤 자로, 어떤 스승과 제자 관계를 보려고 하는가에 따라 말은 전혀 다른 '의미'를 생산하게 되기 때문입니다.

> 선생님 말씀하시다. 유(자로 이름)야! 네게 안다는 것이 어떤 것인지 말해 주련? 아는 것은 안다고 하고, 모르는 것은 모른다고 하는 것, 이것이 아는 것이다. 「위정」
>
> 子曰자왈, 由유, 誨女知之乎회여지지호. 知之爲知之지지위지지, 不知爲不知부지위부지, 是知也시지야.

이 문장은 '제비도 아는 『논어』'라는 우스갯소리로 회자되는 구절입니다. 우리나라에서 하도 유학을 숭상하여 사람들이 『논어』를 소리 내어 읽다 보니 어느 순간 제비들도 『논어』 구절을 따라 읽더라, 뭐 그런 얘깁니다. 원문을 잘 보세요. "지지위지지 부지위부지." 지지배배 지지배배, 제비가 『논어』 읽고 있는 거 맞죠?^^ 아는 것을 안다고 하고 모르는 것을 모른다 하는 것, 이런 말은 매우 간명하고 또 일견으론 되게 평범한 말 같지만 울림이 아주 큰 말이에요. 어느 정도로 울림이 크냐면 일단 미물인 제비도 외우고 다닐 정도로 천지감응적인 말씀인 거죠.(웃음) 하하, 농담이고요, 경험으로 다들 아시겠지만 사실 모른다는 것을 인정하는 게 참 어렵습니다. 그런데 바로 그 자리가, 즉 내가 모르는 것을 모른다고 할 수 있는 바로 그 자리가, 앎의 자리인 겁니다.

『논어』를 처음 볼 때 저는 이 말이 무식한 자로에게 앎[知]에 대해 말씀해 주시는 거로 여겼어요. 잘 모르면서도 마구 나서는 자로에게 충고해주시는 말씀이라고요. 물론 그렇게 봐도 좋습니다. 그런 뜻으로도 충분합니다. 그런데『논어』를 다시 읽고, 또 이 생각 저 생각 하면서 만나게 되는 이 구절은 또 다르게도 읽힙니다. 자로야말로, 즉 해진 솜옷을 입고도 천연 가죽옷을 입은 사람들 옆에서 부끄러워하지 않을 자로 정도가 돼야만, 자신의 알지 못함[不知]을 알지 못함이라 말할 수 있는, 그런 인물이 아닐까요. 저도 지금 마이크를 잡고 뭐라 뭐라 어려운 말을 아는 체 떠들고 있을 뿐입니다. 이런 말이 두려워요, 저는. 진짜, 어려운 말이라 생각합니다.

'맨손으로 범을 때려잡고 맨발로 황하를 건너는 사람'을 넘어

이어서 다음을 같이 한 번 읽어 보실까요?

> 선생님께서 안연에게 말씀하시다. "능력을 인정받아 쓰이게 되면 나아가 도를 행하고, 능력을 인정받지 못해 버려지게 되면 물러나 도를 간직한다. 이런 정도는 오직 나와 너만 할 수 있을 것이다."
> 자로가 말했다. "선생님께서는 삼군(三軍)을 지휘하시게 된다면 누구와 함께 하시겠습니까?" 선생님 말씀하시다. "맨손으로 범을 때려잡을 수 있고 맨발로 황하를 걸어서 건널 수 있으며 죽음에 임해서도 후회가 없는 자…와는 나는 함께하지 않을 것이다. 반드시 일

에 임해서는 두려워할 줄 알고, 계획을 잘 도모해서 성사시키려는 자와 함께할 것이다."「술이」

子謂顔淵曰자위안연왈, 用之則行용지즉행, 舍之則藏사지즉장, 惟我與爾有是夫유아여이유시부. 子路曰자로왈, 子行三軍則誰與자행삼군즉수여. 子曰자왈, 暴虎馮河포호빙하, 死而無悔者사이무회자, 吾不與也오불여야. 必也필야, 臨事而懼임사이구, 好謀而成者也호모이성자야.

어떠세요? 이 구절의 포인트는 안회와 자로입니다. 어느 날 선생님께서 제자들이 같이 있는 데서 쓱 한번 제자들을 둘러보시고는 안회를 향해 이렇게 말씀하시는 겁니다. "안회야, 쓰임을 얻으면 나아가 도에 따라 뜻을 펼치고, 또 운이 없어 쓰임을 얻지 못하게 되면 그런 대로 자신의 덕을 잃지 않고 잘 수양하며 살아가면 되는데…! 그런 사람은… 음… 안회야, 너하고 나 정도가 가능할 듯싶다."

제가 일부러 상황을 과장해서 구성하는 면도 있습니다만, 이게 듣기에 따라선 얼마나 다른 제자들을 맥 빠지게 하는 소립니까? 안 그렇습니까? 그런데 이 구절의 백미는 이제부터예요. 자로가 그 자리에 함께 있었단 말이에요. 그런데 자로가 이 말을 듣고는 슬그머니 손을 들고 선생님께 질문 아닌 질문을 하는 겁니다. 한마디로 말해, 자로가 참을 수가 없었던 거죠.

그런데 자로는, 우리가 이젠 알다시피, 정직+솔직한데 잔머리를 못 쓰는 분이란 말이에요. 기면 기고 아니면 아닌 건데, 이 대목에서 자로의 매력이 폭발합니다. 순간적으로 엄청 머리를 굴린 겁니다. 그러고는 이렇게 말합니다. 보세요. 얼마나 귀여우신지.^^ "선생님, 선생님! 쓰이면 뜻을 펴고 물러나면 덕을 쌓고, 안회랑 선생님이랑, 다 좋고요. 그런데 만약에 만약에 말인데요, 선생님께서 삼군(三軍)의 군대를 지휘하게 되신다면, 어떻게 하실 거예요?" 삼군이란 중군, 우군, 좌군이라고 해서 천자의 군대를 상징합니다. 최고의 군사 일인 거죠. 그러니까 자로는 이렇게 묻고 있는 겁니다. 안회랑은 도를 펼치시고요, 만약에 군대 일을 맡게 되었는데 여기 우리 가운데 한 명만 데리고 일을 도모하셔야 하는 상황이라면요? 그러니까 만약에 딱 한 명만 데려갈 수 있고, 선생님은 지금 삼군을 지휘하실 수 있어요. 자 한번 잘 살펴보시고, 우리 중에서 누구 한 사람만 데려가실지 말씀해 주세요. 천천히, 잘 살펴보시고, 부담 없이, 정직하게, 한 명만 골라주세요. 누가 적임자일지.

이제 아시겠죠? 이 질문은 누가 봐도 자로 자기밖에 없다는 말이지 않습니까? 너무 투명해서 속이 그대로 들여다보이는 질문이에요. 안회 칭찬하는 소릴 들으면서 좀 많이 부러우셨던 거죠. 그런데 아무리 생각해도 그런 쪽으로는 자신이 낄 자리가 아닌 것 같고, 그래서 본인이 가장 자신 있고 인정받는 분야로, 하지만 절대 인정받고 싶어서 혹은 샘이 나서 하는 말처럼 보여서는 안 되니까 최대한 공정한 조건 속에서 자신도 어필하고 싶고 여하튼 이러저러한 복잡한 속내가 보이는 것만 같습니다.(웃음)

이것만으로도 충분히 재미있는 구절인데요, 이 구절의 화룡점정은 공자의 대답입니다. 자로의 말은 뭐 굳이 꿰뚫어 보려고 노력하지 않아도 의도가 척 보이는 말이었고요. 이때 선생님이 얼마나 잔인하게 혹은 짓궂게 자로를 놀리시는지 한번 볼까요? "오! 삼군의 군사 통수권을 갖게 된다면 어찌할 거냐고? 당연히 맨손으로도 범을 때려잡을 기세가 있고 맨발로도 황하를 건널 수 있다고 도전할 수 있으며, 죽음을 앞에 두고서도 후회 따위 하지 않을 그런 자!" 그러자 자로가 쑥스러운 듯 수줍게 옷깃을 여미며 고개를 들면서 '선생님, 저 부르셨습니까?' 하고 막 일어서려는데, "…하고는 절대 함께하지 않을 것이다." 이렇게 말씀하십니다. 잔인하시죠?(웃음) 원문을 한번 보세요. 『논어』에 이런 순서로 말씀하신 걸로 되어 있어요.

이제, 이 구절이 어떤 구절인지 분명히 보이시죠? 안회가 어떤 사람인지 자로가 어떤 사람인지 알기 때문에 보이는 겁니다. 제자들이 여럿 있었는데(물론 공자와 안회와 자로 셋만 있었을 수도 있어요. 저는 좀 더 많은 사람들이 함께 있었다고 상상해 봅니다), 스승 공자께서 먼저 '만약 세상이 알아주면 나아가서 열심히 자기의 뜻(도)을 펴고, 물러나게 되면 또 물러난 대로 자기를 잘 지키고, 이런 일을 할 수 있는 사람은, 아, 안회야 너랑 나밖에 없구나!' 이러시니까 자로가 옆에 있다가 맨날 안회만 칭찬하시는 것에 좀 마음이 상한 거죠. 마음이 상한 것까지는 아니었다 하더라도, 자신도 칭찬 한번 받고 싶은 마음이었을 수도 있고요. 그래서 용기를 내어 한마디 말을 걸어 보죠. "선생님! 질문이 하나 있습니다." "응, 해라." "이건 진짜 만일이거든요? 만약에 누가 선생님한테 삼군 지휘권을 줬어요. 그리고 딱 한 명만 데려갈 수 있다고 그러면, 선생님은 누구 데려가실 셈이세요? 평소 생각하신 대로 말씀해 보세요." 누가 들어도 그런 상황에서 한 사람을 택한다면 평소 천승 제후의 군사를 맡겨도 될 만하다고 평가하셨던 저 자로밖에 없지 않습니까, 라는 질문을 이렇게 에둘러서 하지만 누구나 알 수 있게 한 거죠. 그러니까 선생님이 얼마나 귀여웠겠습니까? 저는 그렇게 읽고 싶어요. 이걸 '자로를 꾸짖었다' 이렇게 읽고 싶지 않고요. 너무 귀여웠을 것 같아요. 대답의 절묘한 어순도 보세요. 누가 봐도 자로의 말에 걸려드는 것처럼 말이 시작되죠. "포호빙하(暴虎憑河), 맨손으로 범을 때려잡을 수 있고 맨발로 황하를 건너겠다고 할 수 있는!"이라는 뜻입니다. "자로야! 삼군을 호령하는 데 있어 데려갈 한 사람이 있다면 당연히, 맨손으로 범을 때려잡을 수 있고 강을 건널 때도 두려워하지 않고 죽음에 임해서도 죽음을 후회하지 않을 정도의 사람!"이라고 말씀하신 거죠.

그러니까 자로가 얼마나 좋았겠어요? 속으로 아마 입이 찢어져라 기뻐서 웃음을 찾을 수가 없었을 겁니다. "아! 선생님. 혹시 지금 저 말씀이십니까." 이러면서 겸손하게 감사하다고 인사할 계획까지 세우고 있었는데(웃음), 돌연 "(그런 사람)과는 절대 같이할 수 없다"라고 말씀하신 거죠. 그러면서 뭐라 그러셨다고요? "마땅히 일에 임해서는 두려워할 줄 알고, 일을 도모해서 끝내 일을 성사시킬 사람과 함께할 것이다. 그런데 그러면… 자로야, 너만 아니면 되겠구나."

어떻게 읽느냐에 따라 『논어』는 전혀 다른 맛을 줄 수 있습니다. n개의 『논어』 읽기, 아니 n+1개의 『논어』 읽기가 가능하다는 거죠. 이 구절을 직역투로 그냥 읽는 것과 비교해 보세요. 너무 밋밋해요. 자칫 교훈적으로만 읽히고, 도덕 군자인 스승 공자와 말 잘 듣는 학교 학생들 같은 제자들만 보이겠죠. 반복해서 말씀드리지만, 저는 그렇게 읽는 공자와 『논어』가 꼭 잘못됐다는 게 아니에요. 다만 공자와 『논어』가 좀 더 풍성하고 흥미진진한 텍스트성을 가진 원석이라는 걸 강조하고 싶은 겁니다. 안회에게는 그냥 칭찬하고, 자로에게는 충고해 주고 그렇게만 읽는 독서 이면에서 역사 속에 실재했던 이 꿈틀대는 삶의 욕망과 관계들을 보자는 거죠.

공부 공동체 = 유가(儒家)의 스펙트럼

유학은 '배움'[學]을 공동체의 무기로 삼았던 최초의 학단(조직)입니다. 물론 공자가 활약하던 시기까지는 사실 다른 조직이랄 게 없는 시기였습니다만, 저는 공자 사후 오래지 않은 시기에 여러 다른 조직들이 등장했던 것을 이렇게 생각합니다. 비록 제자백가 그룹들이 저마다 강조하던 안목과 처방은 달랐지만, 어찌 보면 이 동아시아 세계에 '배움'이라는 유전자만큼은 일종의 공통 감각이 된 것이 아닌가, 하고요.

유학자들은 예·악·사·어·서·수(禮樂射御書數), 즉 글씨 대신 써 주고, 주산 같은 걸로 숫자 맞춰 주고, 마차 대신 몰아 주고, 활 쏘고(일종의 보디가드?)… 그런 일을 하면서 생계형 일자리를 꾸렸던 집단입니다. 그런데 공자는 그 가운데 배움이 있다는 걸, 늘 강조했습니다. 그리고 나아가 이 '배움'이라는 것을 기본으로 하는 학단=공동체가 이루어졌습니다. 그래서인지는 모르겠지만 이 집단이 나라, 신분, 나이 등을 가볍게 넘어섰던 것은 확실합니다. 요컨대 배움 공동체라고 할까요. 제가 있는 남산강학원도 저희끼리는 보통 '공부하는 사람들의 공동체'라고 소개합니다. 저희도 공부를 베이스로 공동체를 실험하고 있는데, 그러다 보니 자연히 이 '배움'의 의미에 대해 묻게 되곤 합니다. 배운다는 게 뭔가, 하는 것이죠. 그런데 이 배움이라고 하는 것은 오늘날 우리가 일견 생각하게 되는 것처럼 지식 형성을 위한 배움 이전에 좀 더 근본적인 것이지 않을까 싶어요. 어찌 보면 훨씬 더 소박한 것이었을 수도 있습니다. 그저 '어른=스승'의 말씀을 얼마나 자기의 삶에서 잘 실천해볼 것인가? 라고 하는 것이죠. 만일 그런 점에서라면 자로는 누가 뭐라 해도 공문 제자들 가운데 다섯손가락 안에 꼽힐 만한 최고 중의 최고 제자라는 점에 이의가 있을 수 없습니다.

그렇습니다. 공문에서 자로라는 제자는 또한 이런 인물이기도 한 겁니다. 그냥 내버려 두었다면 자로는 동네에서 불량스럽게 껌이나 씹고 다니면서, 골목 하나 차지하고는 지나는 사람들한테 삥이나 뜯으며 뒤에서 사람들한테 손가락질 받는 인물이었을지 모릅니다. 그런 자로가 어떤 인연으로 일생일대의 스승을 만난 겁니다. 그리고 동료=후배=동생=제자 기타 등등의 인연들을 만났죠. 그리고 자로는 자신의 능력(?)을 극적으로 변환시킵니다. 그리고 그 마음으로 평생을 꿋꿋하게 살아간다는 입지전적 인물인 셈입니다.

저는 『논어』라는 책 안에서 제자로서 자로가 맡고 있는 캐릭터는 이 지점에 하나의 포인트가 있지 않은가 생각합니다. 앞서 만났던 안회 같은 인물은 스승에게 배워 스승을 뛰어넘는 인물입니다. 하지만 스승의 말씀은 이제까지 어느 누구도 말해 주지 않았던 것이었습니다. 무슨 말이냐 하면 아직 검증(?)이랄까 그런 게 사실 없다면 없는 말씀들인 거죠. 그런데 안회가 그 말씀들을 착착 실현하는 삶을 삽니다. 요컨대 안회 덕분에 공자의 말씀들은 교과서에나 나올 법한 고상하고 이상적인 말씀이 아닌, '바로 이' 세상에서 우리가 실천하며 살아가야 하는 말씀이 되었더랬죠.

그럼 자로가 보여 주는 지점은 무엇이고 어디일까요? 자로는 『논어』에서 여러 번 스승 공자에게 크게 꾸지람을 듣는 제자입니다. 하지만 또한 자로는 스승 공자가 흔들릴 때마다(예를 들면 대부들이나 가신들의 쿠데타 같은 사건에 대해 성인 공자께서는 은근히 자주 흔들리십니다^^) 타협하지 않고 스승을 코너로 몰아붙이는(^^) 든든한 제자이기도 합니다. 그만큼 강력한 지지대 역할을 하는 겁니다. 그런데 그게 바로 자로니까 가능한 거란 말씀입니다. 앞뒤 없고, 계산 없고, 선명하고, 뒤끝 없는 자로이기에 가능한 거죠.

예컨대 위나라에서 위령공의 부인 남자(南子)가 공자를 만나려 했을 때 세간에선 말들이 많았습니다. 공연히 만났다간 스캔들이 날 수도 있는 상황이었습니다. 그런데 공자가 남자를 만나러 가려고 합니다. 자로가 좋아하지 않습니다. 하지만 공자는 결국 남자를 만나러 다녀오죠. 여전히 자로는 퉁퉁 부어 있습니다. 그러자 공자가 이렇게 말합니다. "내가 남자와 조금이라도 불미스러운 일이 있었다면, 하늘이 나를 가만두지 않을 거다!" 요즘 식으로 말하면 조금 유치하긴 합니다만, 이런 겁니다 "내가 남자랑 그렇고 그런 일이 있었다면 내 성을 간다…"『논어』 안에서 공자가 자로 앞에서 쩔쩔매는(^^) 대목들이 서너 군데 나오는데, 전부 공자의 어떤 정치적 행보에 자로가 강력하게 반대를 하는 대목들에서 볼 수 있습니다.

브레이크와 엑셀레이터: 품고, 달리고!

또 한번은 공자가 살던 노나라에서 공산불요(公山弗擾)라는 인물이 쿠데타를 일으킨 적이 있습니다. 그러고는 공자를 불렀는데, 공자가 또 가려고 하는 겁니다. 그러자 자로가 또 막아섭니다. "까짓 것, 불러 주는 데가 없으면 안 가면 그만이지 아무리 그래도 그렇지 부른다고 그런 자리엘 갑니까?" 공자는 이번에도 자로를 달랩니다. "자로야, 공산불요가 나를 모르고 부르겠느냐? 나를 부른다는 건, 모르긴 몰라도 내가 뜻하는 정치를 실현하고자 한다는 뜻이겠지." 이런 대목도 듣기에 따라선 공자께서 상당히 쩔쩔매며 자로에게 이해를 구하는 구절이라 할 수 있습니다.

　이밖에도 필힐(佛肸)이란 인물이 반란을 일으키고 공자를 불렀는데, 공자께서는 또 몸을 움직이려 합니다. 이쯤 되면, 공자님 부르면 오시는 분 맞죠? 우리가 불러도 오실 겁니다.(웃음) 단 공자를 부르른다는 게 어떤 의미인지를 미리 생각해 봐야 합니다. 필힐의 쿠데타 때에도 역시 또 막아서는 사람이 있습니다. 누구겠어요? 예, 자로가 막아서죠. 까마귀 노는 곳에 백로가 왜 가냐는 겁니다. 그런데 이때 공자의 변명도 압권입니다. 자신은 갈아도 닳지 않고, 물들이려 해도 물들지 않는 그런 사람이니 걱정하지 마라… 그런 식이었습니다. 여하튼 자로는 이 몇 개의 빛나는 대목들에서 다른 어떤 제자도 넘볼 수 없는 독보적인 카리스마를 보여 줍니다. 스승 공자 앞에 정면으로 이의를 제기하는 제자라니요! 그게 가능한 사제 관계라니요. 이게 말처럼 쉬운 게 절대 아니거든요.

다시 말해 자로는 이 위대하고 거침없는 거대한 거인 스승을 막아설 수 있는 단 한 명의 용감한 제자입니다. 평소에는 비록 실수도 많고 부족한 점도 많지만 굽히지 않고 솔직하고 정정당당하게 묻고 배우는 제자였습니다. 그렇기에 자로는 비록 건달 출신의 비천하고 미천한 인물이었음에도, '사람은 이런 배움이나 이런 계기를 통해서 얼마든지 다른 인물이 될 수 있다'라는 사실을 실증하는 인물이기도 합니다. 자로 삶의 처음과 끝은 공문이 한 사람을 얼마나 큰 스펙트럼으로 변화시킬 수 있는가, 하는 그런 의미를 환기시키는 실제 사례이기도 한 것입니다.

자로의 그 거침없음, 엄하고 까마득하고 넘볼 수 없는 스승이고 그런 스승이기에 질문할 때마다 매번 혼나면서도 매번 배울 수 있는 겁니다. 그런데 바로 또 그런 이유로, 스승에게조차도 자기가 배운 것과 다를 때면 끝까지 마음에서 설복될 때까지 뜻을 굽히지 않을 수 있는 불굴의 정신을 가진 그런 사람이 자로라는 인물이거든요. 그런데 자로는 어떻게 그런 활동이 가능했을까요. 자로의 개인적 기질도 기질이지만, 거기에는 역시 스승 공자라는 넘볼 수 없는 울타리 아니 브레이크가 있었기 때문이 아니었을까요. 자로가 자기 기질의 역량을 다 폭발할 수 있도록 품어 줄 만한 그릇, 그게 공자였던 겁니다.

그런데 저는 얼마 전부터 조금 다른 것도 생각해 보게 됩니다. 방금 브레이크라는 말을 했습니다만, 자동차를 타고 갈 때 우리가 점점 속도를 올릴 수 있는 건 어떤 이유일까요. 자동차를 시속 150 킬로 200킬로까지, 무슨 자동차 대회에서는 300킬로도 더 나간다는데, 어떻게 그 어마어마한 속도를 겁도 없이 밟을 수 있을까요? 자동차의 성능이 굉장히 좋아졌기 때문에? 천만의 말씀이죠. 왜일까요, 여러분? 우리가 어떤 일을 할 때 거침없이 나아갈 수 있는 용기를 갖게 되고 뭐든 내가 할 수 있다, 내가 하는 일을 내가 마음껏 펼칠 수 있다, 라고 하는 마음을 가질 수 있는 건, 최소한 내가 시궁창에 빠지려고 하면 우리 스승이 그걸 절대로 그냥 보고 계시지 않는다. 내가 개차반 같은 일을, 사람은 실수도 할 수 있고 못할 수도 있는데, 내가 정말로 못난 짓을 하면, 그럴 땐 스승이 나를 가만두지 않을 거야, 라고 하는 그 믿음을 주는, 공자라고 하는 브레이크가 『논어』 속에서 자로라고 하는 캐릭터를 가능하게 해주는 거란 말이죠. 그래서 거꾸로 공자라는 사람의 그릇이 얼마나 큰지를 역설적으로 보여 주고 있습니다. '하나의 문화 안에서 이렇게 스펙트럼이 넓은 여러 제자들의 다양한 개성들을 모아낼 수 있다니. 이걸 다 모아낼 수 있는 이 스승은 대체 어떤 사람인가'라고 하는 걸, 우리는 역으로 보게 되는 겁니다.

5. 자공—위나라에서 온 유학파, 언어 제일 자공

그럼 이번엔 자공(子貢)을 소개해 드리겠습니다. 사실 저는 개인적으로,『논어』속에 등장하는 제자들 중에서 자공을 참 좋아합니다. 그래서 일부러 좀 뒤로 뺐습니다.

자공은 위(衛)나라 출신이에요. 춘추전국시대에 위나라가 두 개 있는데, 하나는 자공의 고향인 위나라이고요, 다른 하나는 맹자가 만났던 양혜왕의 위(魏)나라가 있습니다. 조금 딴 얘기지만, 사실 양혜왕은 본래 위혜왕이었습니다. 그러다 서쪽의 진(秦)나라한테 한 번, 동쪽의 제(齊)나라한테 한 번, 그리고 남쪽의 초(楚)나라에도 한 번 크게 전쟁에서 패하면서 나라가 확 쪼그라들었죠. 이 과정에서 수도를 양(梁) 땅으로 옮기면서 명칭 역시 위혜왕에서 양혜왕이 돼 버린 겁니다.

양혜왕의 위나라는 공자보다 한참 후의 사건인 셈이고, 어찌 됐건 자공의 위나라는 공자가 나고 자란 노(魯)나라와는 이웃한 나라입니다. 노나라가 있고 위나라가 있고, 그 옆으로 제나라가 있고, 그 주위로 정나라도 있고 기타 등등 나라들이 꽤 있어요. 나중에 공자께서 위나라를 거점 삼아, 제나라며 정(鄭)나라, 송(宋)나라, 채(蔡) 땅 등등을 주유하게 되시죠.

자공의 특징은 우선 그가 위나라 출신, 즉 유학파이고 또한 돈이 많았다는 점에서 찾을 수 있습니다. 투자하는 곳마다 빵빵 터뜨리는 워렌 버핏 같은 인물입니다. 실제로 사마천은 자공의 재물에 대해 이런 식으로 써 놨습니다. "자공은 억측을 해도 번번이 적중했다." 요즘으로 치면 대충 투자해 놔도 거기서 유전 개발되고, 재개발되고… 그런 식이었던 겁니다. 참고로 안회는 "번번이 쌀독이 비었다"라는 캐릭터입니다. 여하튼 자공은 가뜩이나 돈이 많은데 거기에 더해 자꾸 재산이 불어나는 상황이었다고나 할까요.(웃음) 부러우세요?

자로, 안회… 심지어 공자의 아들 공리(孔鯉)의 공통점이 뭔지 아세요? 아, 제자 염백우(冉伯牛)도 있네요. 염백우는 덕행(德行) 부문에서 안회, 중궁, 민자건(閔子騫) 등과 함께 4대 천왕인데 이 사람은 훗날 나병(문둥병)에 걸립니다. 문둥병에 걸려서 공자보다 먼저 죽죠. 여하튼 지금 말씀드린 인물들은 모두 공자보다 먼저 죽은 제자들(공리는 아들)입니다. 왜 이런 말씀을 드리느냐. 자공의 캐릭터를 말씀드리기 위해섭니다. 자공은 돈 많은 유학생일 뿐 아니라, 공자의 말년을 지킨 제자였습니다. 사마천은 공자 사후 공자의 제자들이 삼년상을 마치고 흩어졌을 때, 자공이 홀로 남아 삼년상을 더 치렀다고 썼습니다. 자공은 6년 상을 지낸 것입니다.

공자가 55세에서 68세까지 14년 동안 천하를 주유할 때, 상당

기간을 위나라에 머물렀으며, 또 위나라를 거점으로 삼아 왔다 갔다 했어요. 이때 자공의 돈과 능력은 그 주유를 가능케 한 원동력이었습니다. 거의 모든 재정적 지원을 자공이 도맡았을 것으로 추정됩니다. 자공은 스승(공자)에 대한 충성도도 엄청나게 높은 인물입니다. 그런가 하면 자공은 살아생전에 스승 공자와 비교되어 스승보다 뛰어난 인물로 평가되기도 합니다. 『논어』「자장」편에 보면 숙손무숙(叔孫武叔)이 자공을 공자보다 뛰어나다고 평가하는 대목이 나오죠. 물론 자공은 이 말을 단칼에 부정합니다만 어찌 됐건 그 정도로 자공은 역량이 당대에 크게 평가되기도 했습니다. 그런데 그럴 때마다 자공은 완강하게 스승 뒤로 물러납니다. 그래서일까요. 사마천은 자공의 활약을 눈부시게 묘사합니다. 심지어 오나라와 월나라의 합려와 구천의 싸움도 자공의 손에 달려 있었던 것처럼 적혀 있을 정도였습니다. 아무튼 이런 인물이었습니다, 자공은. 그런데 제가 자공을 좋아해서 그런지 모르겠습니다만 저는 『논어』를 볼 때마다 『논어』에서 자공은 꽤 인색하게 평가된 인물이라는 느낌을 받습니다.

비교 제일 자공

자공은 공자의 십대제자 가운데, 재여(宰予)와 함께 언어 방면 제일의 제자입니다. 그래서 자공이 나오는 대목은 말 속에 숨은 결들을 한 겹씩 따지면서 읽는 재미가 있습니다. 그리고 이와 연장선상에서 지적해 볼 수 있는 자공의 가장 핵심적인 특징 한 가지는 사람 비교(比較)입니다. "선생님! 가난하지만 아첨하지 않는 사람과 부유하지만 교만하지 않은 사람이면 어떻습니까?"라고 은근히 여쭙는 경우도 있지만, 때론 "선생님! 쟤랑 쟤 중에 누가 더 낫습니까?"(웃음) 라는 직접적인 질문까지 던집니다. 『논어』에 실제로 나와요.

"선생님, 자하와 자장 중에 누가 더 낫습니까?" 이 구절은 『논어』「선진」편에 나옵니다. 자장과 자하는 공자의 3세대 제자에 해당합니다. 스승과 나이 차가 대략 마흔여덟, 마흔넷 정도 나는 손자뻘 제자인 셈입니다.

자공의 질문에 선생님이 뭐라 대답하셨을 것 같아요? 공자는 이렇게 대답합니다. "자장은 지나쳤고, 자하는 미치지 못했다." 그러자 자공은 또 이렇게 묻죠. "그럼 지나친 애가 못 간 애보다는 조금은 나은 거죠?" "아니다. 그렇지 않다. 지나친 것[過]은 오히려 미지지 못한 것[不及]이다." 과유불급(過猶不及), 이 유명한 말의 출전이 바로 여깁니다. 물론 이 대목도 따져 읽기 시작하면 한참입니다. 자장이 누구인지, 자하는 또 어떤 위인인지 알수록 내용이 깊어집니다. 또 흔히 '지나친 건 모자람만 못하다'라고 잘못 알고 있는 과유불급의 본래 의미가 '지나친 것은 미치지 못한 것과 같다'라는 점으로부터 공자와 유가에게서 '중용'(中庸)의 주제를 살펴볼 수도 있습니다. 하지만 여기서 일단 각설하지요!

여하튼 『논어』에서는 자공의 이 비교 취미(?)를 여러 차례 강조합니다. 다른 사람들을 비교하는 마음에는 자신이 인정받고 싶은 욕망이 있을지도 모릅니다. 그런데 공자께서는 어떻게 생각하셨을까요? "자공은 한가한 모양이다. 그렇게 남들을 비교하고 다니니 말이다. 난 그럴 시간이 없던데." 이것도 『논어』에 나오는 구절입니다. 공자께서는 자공이 쓸데없는 데 공력을 허비한다고 여기셨는지도 모릅니다. 분명한 건 자공의 이와 같은 비교 욕망에 대해 그다지 탐탁해하진 않으셨다는 사실입니다. 그래서였는지, 하루는 선생님께서 다짜고짜 자공을 불러서는 자공을 다른 사람과 비교해 보라고 요구한 적도 있습니다. "자공, 너 일루 와 봐. 그럼 너랑 재랑 둘을 비교하면 누가 더 나으냐?"

제가 좀 재미있게 말씀드리고 있지만, 실제 상황이라면 어땠을까요? 덩치가 어마어마한 스승께서 정색하고 불러다가 앉혀 놓고는 "너 자꾸 사람 비교하고 다닐래? 그럼 나도 한번 너를 다른 사람과 비교해 보자. 너랑 재랑 둘 중에는 누가 낫냐?" 이쯤만 해도 분위기 썰렁해질 만합니다. 그런데 말입니다. 이때 공자께서 자공과 비교한 '재'가 '안회'였다면요?(웃음) 네, 실제 상황입니다. 『논어』에 이런 구절이 있습니다. 선생님께서 자공에게 단도직입적으로 묻는 겁니다. "너랑 안회 가운데서는 누가 더 낫냐?" 이런 대목을 읽다 보면 정말 『논어』 읽는 재미가 납니다. 왜냐? 언어 제일의 자공이거든요. 자공이 말솜씨를 뽐내며 미끄러져 도망치려고 하거든요. 그런데 스승은 또 그걸 정확하게 낚아챕니다. 과연 천하제일의 스승답게 말이죠. 그 얘긴 잠시 있다 해드릴게요. 어쨌거나 자공과 공자의 대화는 그만큼 섬세하고 깊습니다. 그럼, 자공의 얘길 들어보죠.

어찌 감히 안회를 바라겠습니까?(어떻게 제가 감히 안회와 비교조차 되길 바랄 수 있겠습니까?)「공야장」

"何敢望回." 하감망회

안회랑 자공은 한 살 차이입니다. 한 사람(안회)은 노나라 출신의 천재고, 또 한 사람(자공)은 위나라에서 온 날아온 천재예요. 천재라는 말이 오히려 이 둘의 구도를 방해할 수 있겠지만, 자공이 언어 방면의 최고 제자였다는 사실이나 훗날 춘추시대 외교 무대에서 보여 준 맹활약에 비추어 볼 때, 자공은 머리가 굉장히 총명한 인물이었다는 걸 알 수 있습니다. 어쨌든 이 둘을 비교해 보는 건『논어』이해를 위해서도 흥미로운 지점입니다.

둘은 여러 면에서 비교·대조됩니다. 안회는 노나라 출신이고, 공자 어머니와 성이 같습니다. 요컨대 공자와 일가(一家)였을 가능성도 있는 인물이었습니다. 그리고 가난한 수재였습니다. 반면 자공은 이웃 나라에서 유학 온 재력 좋은 엄친아 귀공자입니다. 두 사람의 나이 차는 한 살. 안회가 1년 빠릅니다. 어찌 됐건 공자 2세대 제자들 가운데, 안회와 자공은 명실상부한 투톱입니다.

그런 자공이『논어』안에서는 상대적으로 비중이 적은 것처럼 느껴지는 건 왜일까요. 자공은 작은 노나라보다 훨씬 큰 무대에서 활약했던 국제적 인물이었는데 말이죠. 어쩌면 이것은『논어』편찬과 관련해 무언가를 증언하는 사례일지도 모릅니다.『논어』의 편찬 과정에서 자공의 역할이 적었던 것일 수 있습니다.『논어』에서 공자의 제자들 가운데 스승 대접을 받는 인물이 둘 있습니다. 증자(曾子)와 유자(有子)입니다. 유자는 나이라도 좀 많은 편입니다만, 증자는 공자와 나이 차이가 46년 나는 3세대 제자입니다. 그런데도 증자는 『논어』 안에서 증삼이라는 이름 대신, '증 선생님'이라는 의미의 '증자'로 기술됩니다. 공자보다 불과 아홉 살 어린 자로조차 '유'(由)라는 이름으로 불리는데 말입니다. 아마도 이것은 『논어』라는 책이 편찬될 당시에, 자공 혹은 자공 문하의 그룹이 당시 증자나 유자의 그룹만큼 개입하지 못했다는 사실을 반영하는 것일 겁니다. 물론 여러 가지 더 따져야 할 것들이 많겠지만, 적어도 표면적으로 보이는 자공의 특징은 그렇습니다. 그래서 『논어』를 읽을 때 좀 더 집중해서 읽을 필요가 있습니다. 『논어』 안에 등장하는 자공은 생각보다 그렇게 썩 멋진 모습이 아닌 듯 보이기 때문입니다. 오히려 친구들끼리 비교하고 뒷담화를 일삼는 좀 이상한 인물처럼 보이기까지 합니다.

지인(知人) 대 방인(方人)

물론 자공이 뒷담화를 일삼는다고 말씀드린 건 당연히 반쯤 농담으로 드린 얘깁니다만, 어쨌거나 그 나머지 절반의 진담도 중요합니다. 예컨대 자공의 이와 같은 특성은 『논어』를 통해 설명할 수 있기 때문입니다. 『논어』에서 반복·강조되는 주제 중에 지인(知人) 즉 '사람을 알아봄'이라는 내용이 있습니다. 매우 중요한 주제입니다.

선생님 말씀하시다. "다른 사람이 나를 알아주지 않음을 근심하지 말고, 내가 다른 사람을 알아보지 못함을 근심하라." 「학이」

子曰자왈, 不患人之不己知불환인지불기지, 患不知人也환부지인야

「학이」편 마지막 문장입니다. 어디선가 들어본 것 같은 유명한 구절이죠. 그런데 『논어』에는 이와 비슷한 구절이 여러 번 나옵니다. 그리고 이들을 하나의 주제로 묶을 수 있습니다. 우리가 제일 처음 살펴봤던 「학이」편의 첫머리 학이시습지(學而時習之)—배우고 때를 놓치지 않고 익히는 것은…으로 시작했던 문장도 세번째 구절은 인부지이불온(人不知而不慍)—사람들이 알아주지 않아도 성나지 않으면, 불역군자호(不亦君子乎)—군자가 아니겠는가입니다. 여기에도 지인(知人), 즉 사람을 알아보는 문제가 중요합니다. 『논어』 전체 마지막 문장에서도 우리는 이 지인 이야기를 또 들을 수 있고요.

즉 스승께서는 제자들에게 자주 강조하셨을 겁니다. 군자는 다른 사람이 알아봐 주지 않는 것에 열받으면 안 된다고, 오히려 내가 다른 사람을 제대로 알아보지 못한 게 없는지 늘 살펴야 한다고 말이죠. 자공의 비교 취미(?)는 이것과 관련이 있습니다. 어쩌면 자공은 자공대로 이 사람 저 사람 잘 알아가기 위해, 즉 스승의 지인(知人) 가르침을 실천하는 중에 생긴 시행착오 같은 것이었을지도 모릅니다. 순서가 반대였을 수도 있습니다. 『논어』에서 씩씩한 제자 자로가 등장하는 대목 중에 자로를 겸인(謙人)이라고 설명하는 구

절이 있습니다. 겸인이란 남을 누르고 나선다는 뜻입니다. 그러니까 스승 공자는 이런 제자들과의 생활 위에서 지인(知人)의 중요함을 강조했을 수 있을지 모르겠습니다.

다시 자공으로 돌아오겠습니다. 자공의 스타일을 볼 수 있는 구절들은 역시 그의 말솜씨인데,「헌문」(憲問)편에 이런 구절이 있습니다. 먼저 염구와 자공이 대화합니다. 염구가 말하길, "선생님께서 위(衛)나라 군주를 도우실까?" 그러자 자공이 직접 스승께 물어보겠다며 나섭니다. 아마 자로였다면 "스승님, 위나라에서 정치하실 겁니까?" 이렇게 다짜고짜 물었을 겁니다.(웃음) 그런데 자공은 "내가 여쭤 보지" 이러더니 공자를 찾아가서 이렇게 말합니다. "선생님, 백이·숙제의 백이는 수양산에서 굶어 죽었는데, 그는 그렇게 죽게 되었을 때 원망[怨]하는 마음이 없었을까요?" 그러자 공자의 대답. "백이는 자신의 인(仁)을 추구했고 끝내 인을 얻었으니, 무슨 원망함이 있었겠는가!" 그러자 자공은 딱 알아듣고 돌아 나옵니다. 그러곤 염구한테 이렇게 말하죠. "선생님은 위나라에서 정치 안 하신대."

자공과 공자가 등장하면 이런 식의 대화가 많습니다. 이게 책으로 봐도 고개를 갸웃하게 될 때가 있습니다. 하여튼 핵심은 자공과는 자로하고 말할 때처럼 투명한 대화는 아니라는 뜻입니다. 제가 보기엔 이런 게 자공 스타일 중 핵심의 하나입니다. "선생님, 백이는…" 하는 순간 공자도 '짜식이 내가 정치할지 안 할지 물어보려고 왔구먼'(웃음) 하시는 거죠.

사실 백이 얘기는 간단한 주제가 아닙니다. 이후 원망[怨]이라는 이 한마디는 오랫동안 유학의 주요한 혹은 어려운(?) 주제가 됩니다. 가장 강력하게 이 문제를 자신의 것으로 끌어들였던 인물은 『사기』의 사마천입니다. 사마천은 '열전' 70편의 첫머리에 「백이 열전」을 배치하고 의로움을 지향한 백이의 고결한 삶이 비참한 결말(아사)로 이어진 것에 관해 물음을 던집니다. "과연 '천도'(天道)는 있는가?"라는 것이죠. 사마천 이후에도 한유, 소동파, 왕양명 등등, 그리고 조선에서도 연암 박지원이나 박제가 같은 최고 지성들이 각자 자신들의 버전으로 백이를 해석합니다. 근대 이후로는 루쉰이라는 소설가의 깜짝 놀랄 해석도 있고요. 다 소개해 드리면 좋겠지만, 백이는 오늘 주제가 아니니까 일단 그 얘기는 패스하겠습니다.

저는 그릇 되고 싶지 '않'습니다 ①

자, 또 하나 보겠습니다. 선생님 말씀하셨다. "사(賜)야!" 사는 자공의 이름입니다. 단목사(端木賜). 단목까지가 성이고 이름이 사입니다. "너는 내가 배워서 아는 게 많은 사람이라고 여기는가?"

자공이 보기에 자신의 스승님은 엄청난 인물이었습니다. 그리고 아마 당시 사람들에게도 공자는 그런 사람으로 알려진 듯합니다. 다문·다식·박학의 아이콘이었다고 할까요. 여튼 스승님께서 자공에게 먼저 이렇게 말을 꺼냈다는 건, 이미 그런 이야기들이 공공연하게 공자의 귀에도 들릴 정도였다는 것을 의미한다고 볼 수 있습니다. 자공아, 너도 나를 그렇게 생각하니? 자공이 대답합니다. "그럼요! 아닙니까?" 그러자 선생님이 말씀하시죠. "아니지 아니지. 나는 박학한 게 아니라 일이관지(一以貫之), 하나로 꿸 줄 알 뿐이야." 일이관지란 언급은 『논어』에 두 번 나와요. 두 번 나오는데 전하는 사람이 다릅니다. 이 두 사람과 스승님이 함께 있는 장면에서 하신 말씀이었을 수도 있고 아닐 수도 있는데, 버전이 살짝 달라요. 일이관지의 또 다른 버전의 이야기를 전하는 주인공은 증자입니다. 암튼 자공과 얘기할 때는 이렇게 나와요. 일이관지(一以貫之)다.

증자가 나오는 대목에는 이런 배경이 있습니다. 제자들이 쫙 함께 앉아 있는데 선생님이 얘기하십니다. "내 도는 한 가지로 꿰어져 있다. 일이관지(一以貫之)다." 그러자 증자가 혼자 대답합니다. "넵. 선생님!" 그런데 이렇게 말씀하시고는 선생님이 나가 버리셨다는 거예요. 그러자 남은 제자들이 갑자기 "뭐야? 뭐야 이거? 뭐래?" 이러는 거예요.(웃음) 그때 증자가 이해 못한 중생들을 위해 한마디 붙이죠. "선생님의 일이관지는 충서(忠恕)란 뜻입니다." 이로부터 공자의 일이관지는, 삶에 충(忠)한 것, 정성을 다하는 것과 살면서 내 마음을 타인의 마음과 같이하는 것[恕]을 뜻하게 됩니다. 물론 엄밀히 말하면 '충서'라는 이 대답은 증자의 말입니다. 공자께서 자신의 일이관지를 충서라고 직접 풀어서 이야기한 것은 아니었습니다.

하루는 공자가 한 제자를 상대하고 있었습니다. 옆에 자공도 있었던 것 같습니다. 자천(子賤)과 담소하시고 기분이 좋으셨어요.

심지어 자천이 떠나가자 스승님께서 갑자기, "아, 저 자천이라는 인물, 군자로구나." 이렇게 말씀하신 거죠. 그런데 옆에 있던 자공이 이 말이 팍 꽂힌 겁니다. 역사적으로 보면 자공은 공자의 최후까지 든든한 배경이 되어 주는 엄청난 제자였으니까, 이때도 자공은 어쩌면 스승의 크고 작은 일들을 도맡아 살림해 줬을지도 모릅니다. 어쩌면 밥도 하고 빨래도 하고 궂은일까지 하면서 서포트하고 있는데, 엉뚱하게도 자천이란 친구에게 선생님이 마구 인자하신 거죠. 왜냐하면 이 군자라는 말이 선생님께 들으면 엄청난 칭찬인데, 스승님께서 어지간해선 잘 안 해주시거든요. 그런데 자천이라는 인물한테 느닷없이 '군자!'라고 붙이니까 자공이 너무 신기한 겁니다. 샘이 났을지도 모르고요.

"선생님, 저는요?"(웃음) 아니 쟤 정도가 군자면, 저는요? 그러자 선생님 대답. "너는 그릇이야." 원문은 이렇게 되어 있어요. "자공이 물었다. '저는 어떻습니까?' 선생께서 말씀하셨다. '너는 그릇이다.' 자공이 다시 물었다. '어떤 그릇입니까?' '너는 호련이다.'" 어떻습니까? 느낌이 좀 옵니까? 전혀 아니죠? 분위기가 썰렁해졌네요. 실제로 『논어』 책을 펼치면 이렇게만 되어 있습니다. 그러니 이 사이를 메꾸는 게 관건이라고 여러 차례 말씀드리고 있는 겁니다. 이건 『논어』 편집자들의 실수나 무능이 아니에요. 그 문장과 문맥들을 채우지 못하는 게 고전 읽기의 무능력함을 말해 주는 거죠.

이 『논어』라는 책은 지금으로부터 이천 수백 년의 시공간을 사이에 두고 있는 책입니다. 그렇기 때문에 번역만 가지고는 뜻을 알아차리기 힘든 구절이 많습니다. 하지만 뜻을 알게 되면 내용이 첩첩이 그 이천 수백 년의 이야기를 담고 있기도 하지요. 모든 구절을 남김없이 다 알 수도 없고 반드시 그래야만 하는 것도 아니지만, 이왕에 읽는 거라면 좀 더 상상력을 가지고 종횡으로 엮어볼 필요도 있는 거겠죠.

자공이라는 인물, 공자가 어떤 인물인지를 놓고 다시 이 대화를 재구성하면 이렇습니다. 공자 문하에서 군자는 굉장히 훌륭한 인격을 가리키는 말이에요. 그런데 듣도 보도 못한 어떤 인물이 군자 칭호를 딱 따내서 간 겁니다. 물론 자천은 공자 제자니까 이른바 '듣보잡'과는 다르지만, 여하튼 지금 자공 같은 경우엔 늘 선생님 곁에서 열심히 스승님 뒷바라지를 하고 있었는데 말이죠. 그런 거랑 비교해 보면 은근히 반발하는 마음도 들 수 있겠죠. 어쩌면 꼭 그런 불순한 의도는 아니었을 거예요. 이왕에 자천에게도 군자라고 하시니, 이 기회에 나는 어떻게 생각하시는가 여쭤 보고 싶었을 수도 있죠.

말 나온 김에 한마디 더 하면, 이 구절은 사실 두 개의 문장입니다. 그러니까 자천에게 군자라고 칭찬한 것과 자공이 물어본 것은 엄밀히 말해 같은 장면이 아닙니다. 하지만 두 구절에는 서로를 관통하는 주제가 있어요. 그래서 제 나름대로 꼭 자천의 경우가 아니었을지라도 자공과 같은 성격·스타일이 그와 비슷한 경우와 맞닥뜨렸을 수도 있었지 않았겠는가 상상하면서 재구성해 보는 겁니다. 자기는 스승님 말년을 지키느라 정신없거든요. 밥도 하고 맨날 용

돈 갖다 주고 온갖 것을 다 하는데, 스승님이 자기한테는 평생 그런 얘기를 한마디도 해주신 적이 없는 거죠. 그런데 어느 날 우연히 다른 사람에게 "저 인물은 군자구나"라며 흐뭇해하는 스승을 본 거예요. 그래서 자공이 한마디 했어요. "선생님 저는요?" 과연 인정 욕망과 비교의 달인답게!

저는 그릇 되고 싶지 '않'습니다 ②

그러니까 자공이 자신도 군자냐고 물은 겁니다. 선생님께서는 노타임으로 이렇게 대답하십니다. "자공, 너? 너는 그릇[器]이다." 그러자 이번엔 자공이 노타임으로 되묻습니다. "엥? 그, 그릇이요? 무슨 그릇인데요?" 이어지는 스승님의 답변. "호련(瑚璉) 그릇이다."

그릇이라니, 군자 얘길 하다가 갑자기 웬 그릇 타령일까요. 군자와 그릇. 이 둘 사이의 상관성은 『논어』의 다른 편에서 보입니다. 「위정」편에 보면, '군자불기'(君子不器)란 말이 나옵니다. 군자는 그릇이 '아니'라는 뜻입니다. 맥락이 없이 달랑 이 한 구절만 보면 좀 어리둥절할 수 있지만, 이 구절에 대한 전통적이고 주류적인 해석은 군자란 쓰임이 한정되지 않아야 한다는 것입니다. 그릇처럼 쓰임(용도)이 미리 정해지면 안 된다는 것이죠. 그러니까 "너는 그릇이다"라는 선생님 말씀의 의미는 '너는 군자가 아니다'라는 말씀인 거죠.

그러자 자공이 되물은 겁니다. 그릇이라뇨, 그건 군자가 아니라는 뜻인데, 그럼 대체 저는 뭐란 말입니까. 이렇게 묻는 자공은 마음이 어땠을까요? 의외의 대답에 놀란 것이었을까요? 스승에게 서운했을 수도 있겠죠. 살짝 좌절의 탄식이었을 수도 있습니다. 그런데 자공의 이 질문으로 이 짧은 문장은 분위기가 반전됩니다.

조금 과장해서 상황을 상상해 보면, 자공이 입이 댓 발 나와서 퉁명스럽게 얘기했을 수도 있습니다.(웃음) 안 그렇겠어요? 맨날 밥하고 빨래하고 뒷바라지 다 하면서 스승님께 붙어 있었는데, 자천이란 제자한테는 군자라고 칭찬하고 자기한테는 어림없다고 하시는 거잖아요. 안 그래도 위나라에서 노나라 유학 와 맨날 안회한테 밀려 2인자만 했는데, 또 밀린 거죠. 근데 이걸 다시 공자 입장에서 생각해 보면, 솔직하게 대답했다가 자공의 얼굴이 싸늘하게 굳는 걸 보신 거죠. '아차차' 하고 생각했더라도 엎질러진 물이잖아요. 이미 그릇이라고, 군자가 아니라고 해놓았으니 번복할 수도 없고 말이죠. 암튼 공자님도 입장이 난처했을 겁니다. 만약 아차, 했다고 하면요.

"그릇이라니, 무슨 그릇이란 말씀이십니까?"라고 묻는 자공의 얼굴은 사실 "그릇이요?(아, 너무하시네), 무슨 그릇인데요? 자천은 군자고 저는 그릇이라고요?(아, 어이가 없네)" 뭐 이런 분위기인 거죠. 이쯤 되자 선생님도 깜짝 놀라셨을 수 있겠죠. 왠지 자공이 지금 씻던 쌀도 다 엎어 버릴 것도 같고, 저놈이 저 밥에다 독이라도 타면 어떡하지? '아, 내가 잘못했네. 밥 시간이나 지나고 말할걸… 근데 이제 와 어쩌지….'(웃음) 별 생각 다 드는 거죠.

그런 와중에 나온 공자의 대답이 "호련(瑚璉)이다"입니다. 공자께서 꽤 고심하신 것 같은 흔적이 보이는 말입니다. "아, 자공아. 내가 그릇이라고 그랬던가? 음, 그게 말이지, 만약에 그릇에 비유할 수 있다면 호련 정도라는 뜻이었다. '호련'이라고 알지?"

호련은 호(瑚)와 련(璉)이라는 그릇 이름입니다. 제사용 그릇인데, 그중에서도 천자가 하늘에 제사 지낼 때 쓰는 그릇이에요. 그릇 중에서 가장 귀한 용도에 쓰이는 그릇이라고 할 수 있죠. 어떻습니까? 상상이 가세요? 자공의 도발적인 질문에 스승께서 꼼짝없이 당황해서 "네가 그릇은 그릇이지만, 그릇 중에서는 최고로 귀한 그릇"이라며 변명하는 듯한 이 장면.(웃음) 전 이런 구절들이 너무 재미있어요. 아마 자공은 스승께서 이렇게 쩔쩔매며 변명하시는 걸 보면서 뒤돌아 씨익 웃지 않았을까요? 사실 『논어』는 그냥 그렇게만 되어 있어요. "자천이 다녀갔다. 선생님 말씀하셨다. 자천은 군자로구나. 자공이 말했다. 저는 어떻습니까. 너는 그릇이다. 어떤 그릇입니까. 호련이다." 어떠세요? 밋밋하죠. 재밌는 게 한 개도 없어요. 그런데 이 대목은 상상하기에 따라서는 충분히 풍성한 이야기를 만들어낼 수 있습니다.

이렇게 한번 생각해 보죠. 자공은 공자 말년을 지킨 제자입니다. 공자가 14년 천하 주유를 할 때, 공자를 지극정성으로 모시고 서포트하는 자공이라는 캐릭터가 있어요. 공문에 굴러온 돌이고, 맨날 2인자입니다. 하지만 자공은 나름대로 최선을 다해서 무언가를 하고 있습니다. 그런데 어느 날 보니까 자기와 비교해도 별로 큰 차이가 없을 것 같은 인물이 찾아와서는 선생님하고 대화하고 갔는데, 갑자기 선생님이 평소와 다르게 그 사람을 막 칭찬을 했던 겁니다. 그래서 자공이 그다지 의미는 없지만 여하튼 그냥 지나가는 말로 "선생님, 저는요?"라고 물어본 거예요. 공자와 자공은 그럴 정도로 서로 친밀한 사이였을 겁니다. 31년의 나이 차는 아버지와 아들 혹은 할아버지와 손자뻘이니까요. 그런데 공자님이 그만 "넌 그릇인데? 군자 아닌데?" 라고 말씀하신 거죠. 물론 스승님도 농담으로 던진 말씀이었을 수 있습니다. 평소 두 사람 관계를 어떻게 볼 것인가에 따라 그 뉘앙스는 미세하지만 완전히 다른 결을 만듭니다. 다큐멘터리랑 예능은 생각보다 가깝습니다. 전 개인적으로 예능으로 좀 읽겠습니다. 암튼 자공도 그냥 장난으로 물어본 건데 스승께서 단박에 "넌 그릇이잖아. 군자가 아니잖아." 이렇게 얘기하니까 갑자기 빈정이 확 상해서… "그래요. 아니에요. 그럼 뭐 어떤 그릇인데요?" 이렇게 제가 멋대로, 예능으로 상상하는 겁니다.(웃음)

그런데 이렇게 상상하지 않으면 『논어』는 너무 평범한 문구가 되고 맙니다. 이 문구들을 그냥 읽는다고 생각해 보세요. 재미없잖아요. 하지만 우리가 이미 공자를 알고, 그리고 자공이라는 캐릭터를 안다면요. 또 우리는 스승 공자가 제자들에게 이 정도로 마구 퍼붓지는 않았을 인격이란 것도 알고 있습니다. 자공이 위나라로부터 노나라로 넘어와서 구르고 치이고 박히면서 노나라에서 산전수전 다 겪고 눈칫밥 먹고(실제 눈칫밥 먹었을 것 같진 않지만)… 기타 등등 이런 제자라는 것도 알고 있다면요. 저는 이 두 사람이 나누는 대화의 문맥을 메꿀 수 있는 상상력은, 우리의 권리 같은 거라고 생각합니다. 그게 정답일지 아닐지는 알 수 없어요. 하지만 이 구절을 딱딱하게 "아, 아직 자공은 군자가 아니었는데 뭐 어쩌구 어쩌구…." 이렇게 해설하는 것보다는, 훨씬 더 흥미진진하게 『논어』를 읽는 방법의 하나라고 생각합니다. 자, 그 클라이맥스는 이제부터입니다.

너랑 안회 가운데 누가 더 나으냐? ①

『논어』「헌문」편에 이런 대목이 나옵니다. "선생님 말씀하셨다. 자공은 현명하구나. 난 바빠서 그럴 시간이 없는데."

무슨 말씀일까요. 자공이 사람들을 자꾸 비교하고 다니는 걸 지적하신 구절입니다. 한편으론 자공이 얼마나 자주 그랬으면 스승에게까지 알려졌을까 싶기도 합니다. 다른 제자들이 와서 스승님께 일렀을지도 모릅니다. "자공형, 맨날 사람들 비교하고 순위 매기고 다녀요." 그랬더니 선생님께서 비꼬신 겁니다. "자공은 참 어질고 똑똑해서 사람들 하나하나 살피고 비교하고 평가하고 다니는구나. 난 하는 일 없이도 너무 바빠서 그럴 시간이 없는데…."

그러던 어느 날 자공이 공자를 찾아와서는 이렇게 묻습니다. "선생님, 저기 저 자장이랑 자하 두 사람 중에 누가 더 낫습니까?" 자장은 지나쳤고 자하는 미치지 못했다. 지나친 거나 미치지 못하는 것은 마찬가지다. 이게 아까 말한 과유불급, 그 대목인 거죠.

그러다 결국 자공과 스승은 갈 데까지 갑니다. 급기야 자공과 안회가 비교되는 대목이 나오는 거죠. 이 대목은 처음 봤을 때 사실 좀 뜨악했습니다. 스승 공자가 단단히 자공을 벼르고 있는 것처럼 보였거든요. 마치 스승 공자가 자공에 대해 '어 그래? 네가 그렇게 사람들하고 비교하는 걸 좋아한다면, 제대로 비교해 주지. 두고 보자. 자공, 너 일루 와봐.' 이런 분위기처럼 여겨졌다고 할까요. 제가 성인을 너무 깔보고 말하는 거 같죠? 아무튼 실례를 좀 하면서 상상하고 그랬습니다.

"자공아. 내 너한테 질문 하나 하자. 너랑 안회랑 비교하면 누가 더 낫냐?" 딴 사람도 아니고 안회랑 비교해서 누가 더 낫다고 생각하냐니. 강의를 들어서 이젠 아시죠? 이건 질문이 아닙니다.(웃음) 공자 문하에서 안회랑 비교하는 건 뭐랄까, 일종의 '반칙'이죠. 말이 안 되는 비교라는 겁니다. 잔인한 물음이죠. 완전 항복을 받겠다는 뜻입니다. 답이 이미 정해져 있는 거잖아요. 이건 질문이 아니죠, 이미.

그런데 자공이 나오는 대목이 재미있는 건, 자공이 공자 제자들 가운데 언어 제일이었다는 점과도 무관하지 않습니다. 이런 물음들에 자공의 개성과 총명함이 빛나는 거죠. 언어가 발달했다는 건 기본적으로 천재적인 두뇌를 갖고 있다는 의미와도 통합니다. 명석한 거죠. 사고를 언어로 하니까요. 나쁘게 말하면 잔머리 대왕 같은 게 됩니다만, 여하튼 자공은 보통 인물이 아닙니다.

스승으로부터 불의의 일격을 당한 자공은 짧은 순간 여러 생각이 교차했을 겁니다. 그러고는 이렇게 답변합니다. 일단 바로 머리를 숙입니다. 확 엎드립니다. 여기서는 절대 버티면 안 된다는 걸 자공은 직감으로 알았겠죠.

"아, 스승님. 무슨 말씀이세요? 제가 어찌 감히! 안회형과 제가 비교될 수 있기나 한가요?" 하감망회(何敢望回), "제가 어찌 감히 안회형에 미치기를 바라겠습니까"라는 뜻입니다. 선생님 무슨 농담을 하셔도 꼭 진담처럼, 비교를 해도 어떻게 저랑 안회형이랑! 이렇게 말하면서 선생님의 예봉을 피해 가는 거죠. 전 안회형과 비교하면 상대도 안 되죠. 안회형이랑 저랑이라니, 말도 안 되는 말씀을 하세요. 전 평소 안회형은 꿈도 꾸지 못하는데….

자공은 스승의 질문에 곧장 그리고 완전히 무릎을 꿇습니다. 그런데, 자공이 여기까지만 했으면 좋았을 거예요. 그런데 그냥 참기에는 자공의 머리가 너무 좋아요. 무슨 말이냐 하면, 그 한마디 하고 그냥 꿇고 참으면 되는데, 그 순간 또 오만 가지 생각들이 머리에 떠오른 거죠. '아, 어떻게 안회형이랑 저를 비교하세요'라고 입은 말하고 있지만, 그 순간에 자공의 가슴에서는 뭔가 꿈틀거리는 것이(웃음), 참을 수 없는 무엇이 있었던 겁니다. 그런데 지금 분위기로 보면 자칫 크게 사달이 날 것 같고, 참을 수는 없고….

자공은 최대한 머리를 굴립니다. 그리고 최선의 수를, 하지만 결과적으로는 최악의 수를 찾아냅니다. 자공은 이어서 이렇게 말합니다. "안회형은 하나를 들으면 열을 아는 사람인데 어찌 저하고 비교될 수 있겠습니까." 문일(聞一) 하면, 지십(知十). 문일지십(聞一以知十)이 여기서 나옵니다. '하나를 들으면 열 개를 아는데, 안회형

하고 저를 어떻게 비교해요.' 여기까지만 말하고 말았어도, 자공은 아직 사는 수가 있었습니다.

그런데 자공의 머리가 너무 좋고 말을 잘한다는 게 이번에는 거꾸로 독이 됩니다. 자공은 그러면서 이렇게 덧붙이거든요. "하지만 저는 안회형이랑 비교도 안 되죠. 저는 문일지이(聞一以知二), 하나 들으면 두 개밖에 못 알아들으니…" 얼핏 보면 자공이 자기를 안회보다 낮게 얘기한 게 맞죠. 안회는 하나를 들으면 열을 알지만, 자기는 하나를 들으면 둘밖에 모른다니 말입니다. 하지만 자공의 이 말에는 자공의 자존심과 어떤 무의식적 욕망이 들어 있습니다. 자기를 낮춘다고 낮췄지만, 최후의 선에서 저항하고 있는 겁니다. '선생님, 이 자존심까지는 건드리지 말아주세요'라는.(웃음) 사실 이 말은 '제가 하나를 들으면 그래도 두 개는 알지 않습니까? 백 번 양보해서 안회형까지는 안 된다고 해도, 사실 제가 그렇게 못난 건 아니지 않나요?' 이런 마음이 있는 거예요. '솔직히, 막말로 자로 형처럼 열 개 가르쳐 주면 열두 개 까먹는 형도 있는데…. 저는 그래도 한 개 하면 두 개는 기억하는데…' 그런데 이 말, 이 말이 사실은 자공의 자충수였습니다.

너랑 안회 가운데 누가 더 나으냐? ②

자공의 교묘한 답변에 대한 공자의 다음 말이 또 걸작입니다. 자공이 특유의 말솜씨로 대화의 논점을 흐리려 하자마자 공자가 노타임으로 쐐기를 박아 버린 형국이죠. "그려, 그렇지? 너도 그렇게 생각하지? 맞아, 나도 그렇게 생각혀. 나도 네가 안회만 못한 그릇이라고 생각혀." 혹은 "뭐? 문일지이? 하나를 들으면 둘을 알아? 그건 난 모르겠고, 내가 알겠는 건 오직 네가 안회만 못하다는 사실이다." 이렇게 툭 쏘아붙입니다.

이게 시트콤이었다면 순식간에 정지화면이 뜨고 까마귀 울음소리나 '음메에에에에에…' 같은 음향 효과가 깔리는 그런 장면이었겠죠. 여하튼 스승 공자는 자공에게 굉장한 독설을 날립니다. 자로한테도 그랬으니 뭐 새삼스러울 건 아니죠. 그래도 자로는 순박+투박한 캐릭터라 금세 훌훌 털어 버리고 말았을 것 같지만 왠지 자공은 굉장히 속상해했을 것도 같습니다. 생각해 보세요. 너랑 쟤랑 누가 더 낫니? 라고 묻고는 '그래, 나도 네가 쟤보다 못하다는 거 안다!'라고 말을 끝낸 것이거든요.

하지만 오히려 난리가 난 건 자공보다도 훗날의 유학자들입니다. '아니, 무슨 스승님이 이렇게 잔인하게 제자를 깔아뭉갤 수 있겠는가. 이건 뭔가 다른 뜻이 있었을 거다. 이랬을 리가 없다.' 그래서 일각에서는 스승 공자의 이 마지막 대답을 이렇게 이해하기도 합니다. 원문이 "불여야(弗如也). 오여여불여야(吾與女弗如也)"입니다. 이때 '불여'(弗如)는 열등 비교예요. 같지 않다, 즉 못하다. 너(자공)는 그(안회)만 못하다는 뜻입니다.

그리고 그다음이 '오여여'(吾與女)라고 되어 있어요. 이 대목이 문제의 구절인데, 나는[吾] 너에게[女] 허여한다[與]는 뜻입니다. 즉 나는 너에게 허여한다, 허락한다, 인정한다는 뜻입니다. 무엇을? 불여(弗如), 즉 네가 그(안회)만 못하다는 사실을. 다시 정리하면 '오여여불여야'는 나(공자)는 네(자공)가 그(안회)만 못하다는 것을(안회에 미치지 못한다는 것을) 인정한다는 뜻인 겁니다.

그런데 여기에서 '오여여'의 가운데 '여'(與) 자는 다른 뜻이 있어요. 여(與)는 그리고(and)의 뜻이 있습니다. 이렇게 되면 '오여여'는 '나 그리고 너'라는 뜻이 됩니다. 즉 '나와 너 둘 다 모두 그(안회)만 못하다'라는 뜻이 되는 겁니다. 이렇게 되면 이 구절은 스승 공자께서 잔인하게 제자를 밟아 버리는 구절도 아니고, 스승 공자께서 자공을 골려 주려고 하신 말씀도 아닌 것이 됩니다. 자신과 자공 둘 다 모두 안회만 못하다는 자각을 고백하시는 대목이 되는 겁니다. 기꺼이 자신을 낮추는 성인 공자의 인품이 드러나는 대목이 되는 거죠.(웃음)

어떻습니까? 어느 해석이 더 그럴듯해 보이세요? 한문은 이 두 가지를 다 가능하게 합니다. 어떤 게 정답인지는 알 수 없어요. 사실 정답이란 게 있을 수도 없고요. 다시 한번 말씀드리는 거지만, 우리가 어떤 공자를 만나려고 하고, 어떤 공자로 생각하느냐에 따라 공자의 말 한 마디 한 마디를 전혀 다른 말들로 만들어줄 수 있습니다. 그리고 그렇게 공자와 자공과 재아, 염유, 자로, 안회 이런 등등의 인물들이 각각의 캐릭터를 갖게 될 때, 『논어』는 정말 재밌는 책이 되는 것입니다. 영화로 치면 등장인물들이 각자 개성을 보여 줘야지요. 예컨대 자로가 등장할 때마다 정말 웃지 않을 수 없어요. 하도 담백하고 투명해서요. 자공의 아주 놀라운 언변들과 수사를 보게 되면서 천재적인 두뇌를 보게 되고, 안회 같은 인물을 보면서 42년의 전 생애를 온전히 자신의 도덕적 자유 의지와 화신으로 산다는 것의 의연함을 보게 됩니다. 이 각각의 캐릭터들이 『논어』 안에서 꿈틀꿈틀 거리면서, 우리에게 말을 걸어 옵니다. 대단하지 않습니까?

공자와 자공을 비교한다면?

다시 한번 말씀드리지만, 그리고 또 한번 고백하지만, 저는 개인적으로 자공이란 인물에 큰 매력을 느낍니다. 그래서 자공이 나오는 대목은 좀 더 흥미롭게 보게 돼요. 『논어』 안에서 상대적으로 자공에 관한 평가가 박하게 느껴진다고도 말씀드렸었는데, 그럼에도 불구하고 『논어』에는 공자 만년에 이르러 자공이 스승 공자보다 높이 인정받았다는 세간의 평가를 언급합니다. 제 기억으로는 『논어』 안에서 두 번인가 세 번쯤 그런 대목이 있었던 것 같은데, 한 번도 아니고 복수적인 언급이라는 것은 어떤 사건과 연관되었을 팩트였을 확률이 높습니다. 그런데 여기에서도 재밌는 건, 그럴 때마다 자공이 보여 주는 태도예요.

숙손무숙(叔孫武叔)이 조정에서 다른 대부에게, "자공이 중니보다 낫다"고 말하였다. 자복경백(子服景伯)이 그 말을 자공에게 전해 주었다. 자공이 말했다. "집의 담장에 비유하면 우리 담장은 어깨 높이만 해서 집안의 좋은 것을 엿볼 수 있소. 하지만 우리 공자 선생님의 담장은 너무 높아서 그 문을 통해 들어가지 않으면 그 안에 있는 종묘의 아름다움과 온갖 방들의 다양함을 알아볼 수 없다오. 그런데 그 문을 찾아낼 수 있는 사람은 아마도 적을 것이니, 숙손처럼 그 문을 찾아내지 못한 사람은 그렇게 말할 수도 있겠지." 「자장」

어떻게 읽으셨어요? 일단 좀 놀랍지 않으세요? 자공이 공자보다 높게 평가받았다는 사실이? 아마도 이건 사실이었던 것 같고, 생각보다 널리 퍼진 인식이었던 것도 같습니다. 왜냐하면 『논어』에만 이런 식의 공자/자공 평가가 두세 차례 등장하기 때문입니다.

하지만 자공은 자신이 스승 공자보다 더 높은 평가를 받는 것에 대해 한 번도 긍정한 적이 없습니다. 공자의 최후를 함께했던 최고 수준의 제자 아닙니까. 스승에 대해 자공의 존경과 자긍심은 대단히 굳건하다고 볼 수 있습니다. 그렇지 않고서야 그 먼 외국 땅에서 그 영민하고 부족함 없는 귀공자가 군이 유학을 와서 사서 고생할 리가 없지 않았겠습니까. 스승 사후 혼자서 추가 삼년상을 치러낼 정도로 스승에 대한 마음이 남달랐던 인물이고요.

여하튼 자공은 늘 자신의 스승 공자를 존경하고 높게 평가했어요. 그런데 지금까지 자공이란 인물을 이야기하고 나서 보면, 이 대목도 뭔가 자공의 스타일이 보인다는 걸 아실 수 있을 겁니다. 가만히 보면 스승을 높이 평가하면서도 자공 스스로 물러설 수 없는 마

지막의 무엇이 있어요.(웃음)

자, 보세요. 자복경백이 와서 "숙손무숙이 그러는데 당신이 공자 선생님보다 훨씬 뛰어나다고 그러더군. 지금 세상에 그런 소문이 돌고 있소." 그랬더니 자공이 바로 정색을 하며 부정을 합니다. 우린 자공의 이런 반응을 어디선가 본 적이 있죠? "아니오, 아니오! 그게 무슨 말도 안 되는 소리시오. 우리 스승님(공자)은 나 따위와는 감히 비교되지 않는다오." 여기까지만 했으면 자공의 말은 군더더기 없이 스승을 바라기 하는 순도 백 퍼센트의 사심 없는 평가였다고 할 수 있어요. 그런데 그렇게 말하고는 이렇게 비교하는 말을 덧붙이죠. "우리 스승님은 담장이 너~무 높아서, 그 안에 뭐가 들어 있는지를 문을 찾아서 들어가지 않으면 알 수가 없어. 보통 사람들의 안목으로는 그 문도 잘 못 찾아갈 정도요. 그에 비하면 나란 사람은… 그래도 보려고 하면 까치발 정도 해서 보면 담장 너머 조금은 보일락 말락 한 정도에 불과하다오. 물론 까치발을 하긴 해야 하지만, 스승님에 비하면 쨉도 안 되지."(웃음) 이게 뭡니까. 자기도 높긴 높다는 거죠? 스승님이 워낙 높아서 그렇지, 자기도 낮진 않다는 뭐 그런 마음이 살짝… 내가 훌륭한 사람인 건 나도 아는데… 자공은 늘 이런 식이에요.

이런 대목들이 『논어』에서 보이기 시작하면, 『논어』는 정신없이 재미있어집니다. 그런데 당연하겠지만, 그렇게 읽는 게 처음부터 되지는 않겠죠. 그래서 일단 처음에 전체를 쭉 처음부터 끝까지 견뎌내는 힘이 필요합니다. 이건 다른 동양 고전들 아니 다른 어떤 텍스트들과 친해질 때도 반드시 넘어가야 할 문턱 같은 겁니다. 스피노자가 『에티카』에서 그랬죠. 모든 고귀한 것들은 드물 뿐 아니라 힘들다고. 여하튼 우리가 무언가와 즐길 수 있게 되려면, 자유롭게 되려면, 수행에 가까운 과정들이 필요합니다. 그런데 그게 꼭 지겹고 어렵기만 한 게 아니에요. 여하튼 이제까지의 자기와는 다른 힘들과 만나는 데 거리낌이 없어야 하고, 기꺼이 그러려고 하는 용기가 필요하지요. 여하튼 일단 일독을 하고 나면 그다음부터는 군데군데 아무 데나 읽으면서, 그때그때 새롭게 만날 수 있는 내용을 또 알아 가고, 느낄 수 있고, 즐길 수 있게 됩니다.

가까이하기엔 너무 먼 가난

자공이 말했다. "가난하지만 아첨하지 않고, 부유하지만 교만하지 않다면 어떻습니까." 선생님께서 말씀하시다. "괜찮겠지. 허나 가난 속에서도 즐거움을 알고, 부유하면서 예를 좋아하는 것만 못하다." 자공이 말했다. "『시경』에서 말한 '자른 듯, 깎은 듯, 쪼아낸 듯, 갈아낸 듯'이라고 하던 게 이것을 가리킨 말인가요?" 선생님 말씀하시다. "사(자공)야, 비로소 너와 더불어 시를 말할 수 있겠구나. 지나간 것을 일러주니 다가올 것을 아는구나!"「학이」

子貢曰자공왈, 貧而無諂빈이무첨, 富而無驕부이무교, 何如하여. 子曰자왈, 可也가야. 未若貧而樂미약빈이락, 富而好禮者也부이호례자. 子貢曰자공왈, 詩云시운, 如切如磋여절여차, 如琢如磨여탁여마, 其斯之謂與기

사지위여. 子曰자왈, 斯也사야, 始可與言詩已矣시가여언시이의. 告諸往
而知來者고저왕이지래자.

한 구절씩 읽어 보겠습니다. 자공이 말했다. 가난해도 비굴하지
않고, 부유하지만 교만하지 않기. 빈이무첨, 부이무교는 어떻습니
까? 이 정도 사람이면, 이렇게 사는 삶이면 어떻습니까? 훌륭한 사
람 아닙니까? 자공의 물음은 아마 이런 자신과 관련되어 있었을 겁
니다.

그런데 선생님 대답은 의외입니다. 원문에 보면 가(可)라고 툭
던지시거든요. 괜찮은 정도다. 뭐, 그럭저럭 사람처럼 산다고는 할
수 있겠다. 대강 이런 느낌입니다. 물론 이 가(可) 자가 옳다, 그렇다
등 긍정의 의미입니다만, 이어지는 내용으로 보면 여기에서 이 가
란 대답은 나쁘지 않겠다는 정도의 뉘앙스입니다. 수우미양가의 그
가입니다. 성적표에 가 받고 기분 좋을 사람은 없잖아요.

이렇게 자공과 공자가 등장하는 구절들은 말들이 기막히게 어
우러져요. 합이 맞는달까요. 여하튼 자공은 또 한번 의문의 1패를
당합니다. 그런데 공자님의 대답이 멋집니다. '가난하더라도 즐거
움이 있는 삶, 부귀를 누리더라도 예(禮)를 쫓아 이루어지는 삶!'

여기까지면 보통 게임 끝입니다. 제자가 묻고 스승이 답합니다.
그럼 된 거죠. 그런데 하필 제자가 자공이고, 스승이 공자인 겁니다.
이 구절을 아무런 맥락 없이 그냥 읽는다면 참으로 평범한 대화에
지나지 않을 겁니다. 그런데 지금 질문자가 자공이란 말입니다. 『논

어』에서 누가 묻고 누가 대답하는지, 어디에서 묻고, 무엇을 묻고 있는지 등등이 중요하다는 걸 다시 한번 보여 주는 대목이죠.

느끼셨습니까? 자공이 또 비교를 하고 있습니다. 가난하지만 비굴하지 않은 인품. 물론 비교대상을 불특정한 가정이기도 하지만, 자공에게 이런 인물이 누구겠어요? 안회 같은 벗=사형이겠죠. 물론 이 대목에서 안회를 떠올리지 않아도 전혀 문제가 없어요. 아니 대체로 안 떠올리는 게 맞습니다. 다만 지금은 제가 읽는 방식을 소개해 드리려는 거니까요. 이 대화에서 일단 중요한 건 자공이 스승께 가난하지만 비굴하지 않은 어떤 누군가와 부귀하지만 교만하지 않는 누군가를 대비시키고 있다는 점입니다. 최소한 '부귀하지만 교만하지 않은 삶'은 자공 스스로와 연관되어 있는 게 분명합니다. 왜냐하면 자신은 아무리 해도 돈이 줄지 않거든요. 도무지 가난해지지 않는 사람인 거예요. 이런 고민 해보셨어요? 가난함 속의 청빈을 실천하려야 할 수가 없는 인생이라니요!(웃음) 우리는 자공의 아픔과 번민을 이해해 줘야 해요. 그는 고민합니다. 자신이 현재 조건에서 남부끄럽지 않게 산다는 게 뭔가. 부귀하지만 그 부귀함을 믿고 교만 방자해서는 안 되지 않을까.

그런데 자신의 이런 훌륭한 점을 사람들이 잘 몰라주는 건 아닌가, 꼭 그런 게 아니더라도 스승께 한번 여쭤 보고 싶은 거죠. 저는 도무지 가난해지지 않고 가난할 수도 없는데, 그렇다면 부귀한 게 내 잘못은 아니지 않나요? 제가 일부러 부를 내팽개치고 가난한 삶을 선택하지 않는 한, 즉 이대로 부귀한 채로 살아갈 수밖에 없는 한에서 저는 이 부귀함을 교만함으로 만들지 않으려고 항상 제 자신을 경계하고 또 경계합니다. 이 정도면 저… 잘 하고 있는 것 아닙니까, 라고요.

하지만 스승님의 대답은 또 한번 자공의 뒤통수를 칩니다. '잘 하고 있는 것 아닙니까'라고 묻자 단칼에 '그래, 잘하고 있지 않다'라고 대꾸하신 거니까요.(웃음) 그러고는 자공이 미처 상황 접수를 하기도 전에 무심한 듯, 하지만 정확하게 급소를 찔러 버리시는 거죠. 난 그것보다 훨씬 더 멋진 삶을 알고 있다. 그리고 난 네가 네 자신을 그런 삶으로 가꾸기를 바란다.

여기까지, 이해되십니까? 자공이라는 제자가 물었어요. 자공은 십대 제자예요. 언어 방면에서 뛰어난 제자입니다. 저는 이 대목에서 자공과 안회를 함께 읽습니다. 사실 덕행 제일 안회가 나오는 대목은 대체로 재미는 좀 없는 편이어서(도덕 교과서가 재미있기는 힘들잖아요?) 좀 심심한 편인데, 어느 순간 자공에게서 안회가 보이기 시작하더라고요. 아, 이 둘은 곧잘 엮이는구나. 물론 안회가 요절하게 되면서 인생 후반부에 자공은 멋진 인생 라이벌을 잃게 되지만요. 어쨌든 자공편에서 안회를 읽는 재미가 쏠쏠합니다. 일차원적으로 제일 재미있는 건 단연 자로지요.

다시 돌아옵니다. 자공은 언어 제일이에요. 아주 말을 잘하는 사람이에요. 그리고 공자님은 언어 제일 제자의 스승님이시죠. 여기에서 이제 핵심을 봐야 합니다. 자공이 말한 '빈이무첨, 부이무교', 즉 '가난하지만 아첨하지 않고 부유하지만 교만하지 않음'과 공자가 말한 '빈이락, 부이호례' 즉 '가난함에도 즐거움이 있고, 부귀를 누리지만 예를 좋아하는 것'. 이 둘의 차이는 작은 듯하지만 절대 작지 않습니다. 그리고 저는 여기에서 공자가 지향했던 윤리적 지층, 나아가 유학이라는 학문의 견고한 힘을 느낍니다.

부귀해도 괜찮아, 그릇이어도 괜찮아

자공은 이렇게 생각했습니다. '가난함 안에서 비굴하지 않은 것은, 내가 비록 가난할지언정 이 가난에 굴복해서 부귀한 자들에게 아첨하지 않겠다는 것이다. 마찬가지로 내가 지금 부귀를 누린다고 해서 빈천한 자들에게 교만하게 굴지는 않겠다.' 하지만 이건 공자가 보기엔 가난과 부귀 안에서 자신을 지키는 정도입니다. 물론 오늘날의 세태에서 보더라도 사실 보통 사람으로선 이 정도만 해도 훌륭하단 소리 들을 것 같아요. 신문 사회면에 맨날 터지는 재벌 자제들이나 고위 공직자들의 오만방자한 소식들을 생각해 보면 금세 이해하실 겁니다. 그런데 공자는 이천오백여 년 전에 이미 여기에서 한 발 더 나아갈 것을 말하고 있습니다. 자공의 생각 정도는 60점짜리여서 성적표 가(可)에 해당한다는 거예요.

공자의 대답은 뭐냐. 가난해도 그 안에 즐거움이 있다는 걸 아는 삶이어야 한다는 겁니다. 이 말을 자칫 가난에 머물러라, 가난을 즐겨라, 라는 말로 오해하면 안 됩니다. 우리는 조선 유학자 선비들의 청빈 어쩌고 하는 말에 오랫동안 관념화되어 있어서, 유학자 사대부들은 마치 가난과 청빈을 삶의 지향으로 갖고 있다는 통념이 있습니다. 물론 청빈은 훌륭한 가치입니다. 하지만 이것은 꼭 가난 속에서만 지향할 가치인 것이 아닙니다.

『논어』「이인」(里仁)편에 보면 이런 구절이 있습니다. "부귀는 사람들이 원하는 것이지만, 정당한 도리로서 얻은 것이 아니면 거기에 머물러서는 안 된다. 빈천은 사람들이 싫어하는 것이지만, 정당한 도리로서 벗어날 방도를 얻은 게 아니라면 거기에서 떠나서는 안 된다." 공자는 이미 사람들이 부귀는 원하고 빈천은 싫어하는 것이 일반적 욕망이라는 걸 알고 있었습니다. 중요한 건 그것이 아무리 내가 원하는 것이라 할지라도 떳떳하게 얻은 것이지 않으면 안 된다는 것이고, 그것이 아무리 내가 싫어하는 것이라 할지라도 떳떳하게 떨쳐내는 것이지 않으면 안 된다는 뜻입니다.

안회처럼 태어난 조건 자체가 가난한 사람이 있을 수 있잖아요. 또 살다 보면 어떤 사정 때문에 가난해질 수도 있을 테고요. 환경이나 여건이 내가 생각하는 것만큼 녹록하지 않을 수 있단 말입니다. 대단히 현실적인 통찰입니다. 그런데 그럴 때 우리는 어떻게 해야 하는가, 하는 겁니다. 보통의 사람들은 그 나빠진 조건에 절망하거나 혹은 비난하거나, 혹은 최선을 다해서 그 조건에서 삶을 살아갑니다. 어쩔 수 없는 조건에서 나름의 길을 찾아야 하는 건데, 여기에서 삶의 태도가 두 가지로 갈라집니다. 가난 속에서 최선을 다하는 삶은 그저 가난함에도 불구하고 비굴해지지 않는 정도가 아니라는 겁니다. 그것보다 한발 더 나아가는 삶을 설계할 수 있다는 게 공자 생각입니다. 그 가난함 속에서도 삶의 즐거움을 찾을 수 있어야 한다는 말입니다. 정당한 도리로써 빈천을 벗어나게 될 때까지는 그 가난을 벗어날 수 없을 테지만, 적어도 그때까지 맨날 죽을상을 하고 있어서는 안 된다는 거예요. 혼자 독야청청 '난 괜찮아, 절대 비굴해지지 않을 거야' 정도가 아니라 그 가난 안에서도 삶은 이어지고 그 삶의 즐거움을 자기 것으로 가져야 한다는 말입니다.

부유하다라고 하는 것도 마찬가집니다. 우리 아버지가 재벌인데 뭐 어떡해. 내가 재벌 2세로 태어나고 싶어서 태어난 것도 아니고. 그래서 난 그냥 교만하지 않은 채로 살았어. 내가 가난한 사람들을 얼마나 동정하고 마음 아파 하는데. 초등학교 때 시도 썼지. '난 우리 집 사람들이 가난해서 슬픕니다. 우리 집 집사도 가난하고, 가정부도 가난하고, 운전기사도 가난해서 마음이 아픕니다.'(웃음) 그런데, 이 정도로는 안 된다는 거예요. 아니 적어도 공자가 생각하는 고귀한 삶은 아니라는 거예요. 그 부유함, 내가 남들이 가지고 있지 못한 것을 가지고 있는 것에서, 그 조건을 가진 사람은 그 조건에서 한 발 더 나아갈 길을 찾아내야 한다는 거예요. 부귀해서 미안해가 아니라, 부귀해도 괜찮. 아니 부귀해서 다행이야. 부귀해서만 할 수 있는 게 있으니! 그 가치를 '호례'(好禮), 다시 말해 예를 좋아하는 데서 찾을 수 있다는 것입니다. 부귀한 사람이 항상 예에 따라 자신의 부귀를 쓴다고 생각해 보라!

이렇게도 읽을 수 있습니다. 자공이 물었을 때, 스승님은 자공에게서 자기변명 같은 걸 느끼셨을 수 있습니다. 가난하지만 비굴하지 않은 안회형을 저도 인정합니다. 하지만 부유하지만 교만하지 않은 저도 마찬가지 아닌가요. 가난한 안회형이 부유하지만 교만하지 않을 수 없듯이, 부유한 제가 가난하지만 비굴하지 않은 삶을 살 수 없는 거니까요. 하지만 공자님은 이렇게 말씀하시는 거죠. 난 안회가 그 정도여서 칭찬하는 게 아니다. 안회는 가난하지만 비굴하지 않은 사람이 아니라, 가난함에도 불구하고 그 가난에 떳떳하고 그 떳떳함 속에서 자신의 삶을 진정으로 즐길 수 있는 인품이기 때문에 좋아하고 존경하는 것이다. 난 자공 네가 부유하지만 교만하지 않은 사람이라는 걸 안다. 하지만 난 네가 이왕이면 그 부유함을 네 삶에서 더욱더 적극적이고 훌륭하게 쓸 수 있기를 바란다.

빈이무첨, 부이무교하는 것은 결국 제로예요. 자기의 조건이나 자기의 상황에서 무언가를 증진할 수 있는 방법이 아니란 말이에요. 반면에 빈이락, 부이호례 하는 것은 아무리 가난해도 무언가 플러스죠. 거기에서 길을 내니까. 한편 아무리 부유하고 가진 것이 많아도 그것이 지켜야 할 무엇이 아니고 그것을 더 잘 흐르게 하고 통하게 만들 수 있으면, 그렇게 쓸 수 있으면 그것이야말로 완전히 다른 삶이 되는 거죠. 그것은 물질적 생산이 아니라 말 그대로 다른 가치의 생산이 되는 것이지요. 구체적으로 말하면 삶의 윤리가 생성되는 자리가 이곳입니다. 이 한 끗의 차이에서 말이죠. 전 이런 것이 유학의 강점이자 매력이었다고 생각해요. 유학은 한마디로 빈이락하고 부이호례하는 학문이에요. 근데 우리는 이걸 자꾸 빈이무첨하고 부이무교하는 학문으로 만들죠.

그 뒤에도 걸작이에요. 자공이 크게 한 방 먹고 거의 케이오 되기 일보 직전인데, 여기서 기사회생합니다. 바로 『시경』의 '절차탁마' 구절을 가지고 오는 거죠. "아, 선생님 혹시 지금 말씀하신 게 가난한 데서 한 발 더, 부유한 데서도 한 발 더, 이거 혹시 절차탁마? 『시경』에 나온 그거?" 그러자 공자가 깜짝 놀라요. 그러고는 완전히 기뻐하시며 비로소 자공을 인정해 주십니다. '원더풀 원더풀! 훌륭하다 자공아, 슬쩍 지나간 일들을 이야기해 주니 너는 앞으로 닥칠 일들까지 이해하는구나. 이제는 너하고 함께 시를 이야기할 수 있겠다.' 일전에 말씀드린 적 있죠? 스승님 말씀에 대해 『시경』을 통해 문답할 수 있으면 기본적으로 합격입니다.

자공은 훗날 공문의 제자들 가운데 역대 최고급 스케일의 활약을 보여 주는 인물입니다. 저는 자공이라는 인물의 배치를 이렇게 생각합니다. 확실히 자공은 안회와 자로 등과는 또 다른 측면에서 공자와 유학의 삶을 표상합니다. 부유하다는 것, 남들보다 조건이 좋다는 것. 지위도 높고, 능력도 출중하다는 것으로 자공은 이런 인물이 현실에서 갖는 의미를 상징적으로 보여 줍니다. 공자의 위대함은 가난함 속에서도 즐거움을 잃지 않는 안회를 통해, 그리고 죽음에 임해서도 평소의 뜻을 고치지 않았던 자로의 의로움을 통해 충분히 드러났습니다. 이에 반해 자공은 어떨까요? 안회와 자로로 구축된 공자의 인격과 운명 위에 자공이 낄 자리는 사실 별로 없어 보입니다. 아니 안회와 자로로도 충분해 보이죠. 하지만 제가 보기엔 자공이 있음으로써, 공자 아니 유학이라는 학문은 더욱 단단한

동력을 얻는 것이 아닌가 싶습니다.

자공은 이미 완성품(그릇)으로 출발한 자의 역사를 보여 줍니다. 위나라에서 유학올 때 이미 자공은 큰 그릇이었습니다. 스승이 아니어도 큰 그릇이었죠. 하지만 그릇은 그릇입니다. 그런데 바로 여기, 그릇은 그릇이지만 그 그릇이 다른 그릇이 될 수 있느냐 하는 것. 단지 본래 크고 귀한 그릇이어서 크고 귀하게 되었다가 아니라, 본래 크고 귀한 그릇이 단지 크고 귀하기만 할 뿐 아니라 다른 가치의 크고 귀한 그릇이 되었다는 것. 저는 여기에서 자공이라는 이름과 유학의 시너지를 봅니다. 또한 자공은 스승을 넘어섬으로써만 스승을 빛내는 제자의 운명을, 좀 더 과장하자면 공자 이후 전개될 유학의 스펙트럼을 가장 넓게 확보해 주는 인물이기도 합니다. 일례로 「중니제자 열전」(사마천)에 보이는 자공의 정치가로서의 활약은 어떤 점에서 스승 공자와는 비교가 되지 않을 정도지요. 스승의 학문과 가치를 내 안에서 실현하는 것이면서, 동시에 내 가치를 스승의 학문을 통해 실현하는 것으로서의 유학이라는 그런 경지인 것입니다. 마치겠습니다.

治

政

歷

史

3부.
정치와 역사

자로가 말했다.
"만일 위(衛)나라 군주가 선생님을 기다려 정치하고자 한
다면, 선생님께서는 장차 무엇을 먼저 하시겠습니까?"
선생님 말씀하시다.
"반드시 이름을 바로잡겠다."

—— 『논어』「자로」편

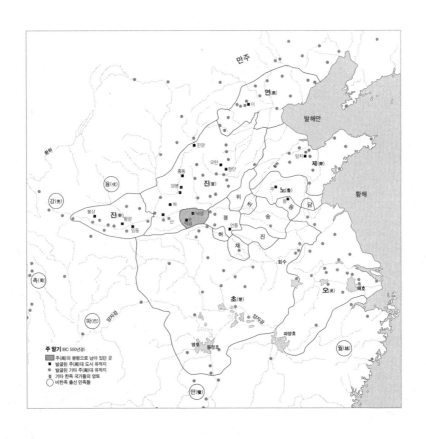

1. 춘추—하늘과 땅과 바람과 강, 역사라는 무대

왼쪽의 지도를 한번 보겠습니다. 지도를 보면 땅과 관련된 역사가 잘 보입니다. 어디까지가 중국인지는 알 수 없고 또 어떻게 그런 걸 결정할 수 있을지도 분명하진 않지만, 어쨌건 이곳은 수천 년간 어떤 사건과 서사들이 축적된 땅들이기는 합니다. 그걸 가장 잘 보여주는 혹은 그런 사건 및 서사들을 잘 볼 수 있게 해주는 지표 같은 것으로 우리는 일단 저 땅에 흐르는 몇 개의 큰 강들과 산맥들을 주목해 볼 수 있습니다. 중국 대륙을 한 번 보세요. 큰 물줄기가 몇 개 보이실 겁니다. 황하(黃河), 장강(長江, 양자강), 그리고 황하와 장강 사이로 회수(淮水, 회하)가 있는 걸 알 수 있습니다. 그러고 보니 각각 하(河), 강(江), 수(水)로 네이밍부터가 다르네요.

모자처럼 위쪽으로 불룩하게 크게 구부러졌다가 산동반도쪽으로 이어지는 이 물줄기가 그 유명한 황하입니다. 그 중간 즈음, 그러니까 물줄기가 크게 꺾여서 길을 잡는 이쪽 물길 아래 쪽이 주나라의 중심지였던 호경(서안西安 부근)입니다. 물줄기를 마치 천연 성벽처럼 왼편으로 두르고 널찍하게 자리잡은 강 오른편의 지역은 춘추시대의 명문 대국 진(晉)나라입니다. 여기가 사실상의 중원 땅이라면 중원땅인 셈이지요. 아, 진시황의 진나라 아닙니다. 진시황의 진나라는 한자를 '秦'으로 쓰는데, 이곳은 기본 출발지가 황하 서쪽입니다. 모자 안쪽 부분입니다. 진(晉)나라와 황하를 사이에 두고 갈라진다고 생각하면 됩니다. 진(秦)나라는 다른 제후국들에 비해 후진적이었고 당시로선 변방이었습니다.

사마천에 따르면 진(秦)나라 땅 사람들이 '새의 형상'을 하고 있다고 하는데, 저는 처음에 이 말을 듣고 비유인 줄 알았습니다. 그런데 한번은 『사기』 강독 세미나를 하는 중이었는데, 그때 강의해 주시던 선생님께서 이 표현을 말씀하시면서 종족의 생김새가 그렇게 생겼던 것 같다고 하시더라고요. 그러니까 우리 몽골계처럼 코가 납작하고 넙데데한 외모가 아니라 코가 오똑하고 갸름한 형상을 떠올리면 되실 듯합니다. 여하튼 진(秦)나라는 춘추시대 초창기만 해도 중원땅에서 보자면 한쪽으로 치우친 변방 야만의 땅이었습니다. 땅이 험해서 사람들이 강인하지만 여하튼 이쪽 강 건너 문명의 나라들과 비교해서는 한 등급 정도 떨어지는 나라였죠.

남쪽 장강을 끼고 형성되어 있었던 강대국 초(楚)나라도 그렇습니다. 일찌감치 거대하고 용맹한 국력을 갖추고는 있었지만 굳이 황하 유역으로까지 올라오지 않습니다. 반대로 황하 쪽 사람들에게도 초는 그렇게까지 꼭 차지하고 싶은 땅은 아니었던 듯하고요. 여하간 남북은 황하와 장강을 기준으로 크게 문화권 아니 문명권역이 갈립니다. 현대 고고학이나 인류학의 연구성과는 밭농사 중심의 황화권과 벼농사 중심의 장강권을 다른 문명이라고 보는 게 거의 정설이거든요. 여하튼 황하를 놓고 진(秦)과 중원땅이 구별되고, 장강을 놓고 북방과 남방의 문명이 나뉩니다. 사실 진나라의 이른바 통일(!)이란 말은 단순히 땅의 통합이 아닙니다. 두 개의 문명을 합쳐버린 사건이었던 셈입니다.

그리고 산동반도를 거점으로 하는 또 하나의 강국인 제(齊)나라가 있습니다. 이 나라는 주(周)나라 무왕(武王)과 함께 은나라를 무너뜨리고 새로운 왕조를 일으키는 데 큰 공을 세웠던 강태공에게 봉해 준 나라입니다. 이후 차츰 약화되는 주나라 왕실의 권위와 반비례하며 제나라는 점점 부유한 강국이 됩니다. 그리고 바로 이 나라에서 춘추시대 첫번째 패주가 나오는 거죠. 그 유명한 제환공(齊桓公)입니다. 아울러 제환공을 춘추시대 패주로 만드는 데 일조했던 일등공신이 환공보다 더 유명한 관중(管仲)입니다. 예, 맞습니다. 관포지교(管鮑之交)의 그 관중입니다. 관중이 제환공을 도와 제나라를 이 넓은 지역에서 가장 강력하고 권위있는 국가로 만드는 겁니다. 이 제나라는 이후 전국시대 최후까지 진나라의 천하 통일을 견제하는 마지막 국가로 존립합니다.

공자의 출생지인 노(魯)나라는 제나라 옆입니다. 노나라는 주나라 건국의 일등공신이자 향후 주나라로 상징되는 중국 고대 정치 시스템을 설계한 전설적인 인물 주공(周公)의 봉읍지입니다. 그러니까 주무왕이 주나라 최고 공신이었던 주공과 강태공을 제나라와 노나라로 각각 독립시킨 셈인데요. 이 두 나라는 매우 가까워서 공자 시대에는 이웃한 제나라의 강력한 군사력이 상대적으로 약소한 노나라에게 큰 부담이 되는 상황으로 그려집니다. 하지만 노나라는 적어도 주공의 나라라는 자부심이 있습니다. 주나라 왕실과 혈연 관계일 뿐 아니라, 사실상 주나라 왕실의 적통인 셈이죠. 왜냐하면 주나라 시스템을 설계한 이가 바로 주공이기 때문입니다.

지도를 다시 보시면, 노나라에서 제나라를 지나 왼편으로 가면 위(衛)나라가 보이시죠. 그 위나라는 공자의 제자 자공의 출신지입니다. 『논어』에는 열다섯번째 편인 「위령공」편이 있는데 그게 바로 이 위나라 영공(靈公)이란 뜻입니다. 자로의 처형이 살고 있는 나라이기도 하고, 나중에 자로가 위나라의 대부 공회의 가신으로 발탁되어 일을 하던 곳이기도 합니다. 공자도 일을 할 수도 있었던 듯도 하지만, 어쨌든 자로는 바로 이 위나라에서 사망하기도 했지요. 그리고 그 주위를 보면 정(鄭)나라가 있고, 남방의 초(楚)나라로 이어지는 사이에 채(蔡) 땅이 있어요. 공자가 남쪽의 초나라로 가고자 했지만 채 땅에서 돌이켰다는 이야기가 있습니다. 공자가 초나라에 갔다면 어떠했을지 궁금해지는 대목인데, 끝내 장강을 넘지는 못했습니다.

2. 무위와 정치 그리고 공자

여하튼 이런 국가들의 역사가 기원전 6세기에서 기원전 5세기에 걸쳐 있는 공자 생애의 배경으로 펼쳐집니다. 우리는 이 시대를 춘추시대라고 부르는데, 사실 이 춘추(春秋)라는 말은 공자의 나라인 노(魯)나라의 역사를 기록한 책 제목입니다. 춘추시대는 주(周)나라가 외부 이민족의 침입을 견디지 못해 나라의 수도를 호경에서 낙읍으로 옮기며 시작됩니다. 역사는 이 사건 이후로 주나라를 동주(東周)라고 부릅니다. 사실상 왕실의 권위가 곤두박질 친 사건인 거죠. 그리고 이 동주시대를 배경으로 당시 각 제후국들이 서로의 실력을 겨루는 시기가 대략 550여 년 이어집니다. 진시황의 진나라로 통합되기까지의 시기인 셈인데, 이 550여 년의 시기는 다시 춘추시대와 전국시대라는 명칭으로 나뉘어 불립니다. 유가에서 볼 때 공자는 춘추시대 인물이고, 맹자는 전국시대 인물이죠. 여하튼 춘추시대는 동주시대 개막으로부터 전국시대 개막까지의 시기인 셈인데, 공교롭게도 이 비슷한 시기의 기록이 노나라 역사에 『춘추』라는 이름으로 전하는 겁니다. 하여 '춘추'라는 말은 노나라의 역사책 이름이면서, 또 한편으론 한 시대를 지칭하는 대명사가 되는 것입니다.

공자의 일생은 춘추시대 중 대략 70여 년입니다. 지도를 보시면서 공자가 다녔을 길들을 한번 눈으로 그려 보세요. 오늘날의 중국을 생각하면 공자가 당시에 이동했던 거리는 상당히 편중된 지역에 불과해 보입니다. 하지만 이미 나이가 55세였다는 점을 기억하시고요. 또 68세 때까지 길 위에 있었다는 점을 생각해 보세요. 노나라에서 제나라로 갔다가, 위나라로 갔다가, 아래쪽 정나라로 갔다가, 송나라 옆에 있는 진(陳)나라도 갔다가, 다시 채 땅으로 가는 겁니다. 그러고는 아예 아래쪽 초나라 땅으로까지 한 번 갈 작정이었는데, 그 역시 뜻을 이루지는 못하고 돌아서야 했습니다. 이 과정에서 몇 차례 실제적이고 신체적인 위협과 위기가 있었어요. 모험이 아닙니다. 〈정글의 법칙〉 같은 예능이 아니에요. 100퍼센트 리얼 다큐멘터리입니다. 14년여간 이렇게까지 길을 뚫고 다니면서 공자가 하려고 했던 게 무엇이었을까 하는 것이 이번 강의의 질문입니다. 한마디로 말하면 대체 정치가 뭐기에 이러시는가 하는 거고, 다르게 보자면 이를 통해 공자 시대의 사람들의 모습을 보는 것도 괜찮겠다 싶습니다.

제가 지금 '정치'(政治)라는 말을 했는데요, 사실 『논어』를 읽으면 '정치'라고 하는 이 단어가 심심치 않게 등장합니다. 당장 『논어』 두번째 편명이 「위정」(爲政), 즉 정치를 한다는 것입니다. 위정이덕(爲政以德), 이렇게 되어 있거든요? 정치는 덕으로써 하는 것이라는 뜻입니다. 한마디로 덕치(德治)입니다. 그러고는 이렇게 덧붙이고 있어요. 비유를 하자면, 북극성은 가만있는데 뭇 별들[衆星]들이, 여기에다 공지(共之)한다는 거예요. 딱 이렇게, 공수(拱手)하는 겁니다. 북극성은 가만있는데 주변 별들이 돌면서, 북극성을 기준 삼아 저절로 자기 자리를 잡고 전체적인 질서가 만들어진다는 것인데, 정치라는 게 바로 이러해야 한다는 거죠. 이것은 기본적으로 무위(無爲)의 정치관입니다. 우리가 오해하는 것 중에 노자는 무위, 공자는 유위라는 구도가 있는데, 이것은 특정한 맥락과 특수한 제한 위에서 참이 되는 설정입니다. 요컨대 무위라는 개념은 노자만의 특허가 아니라는 뜻입니다. 일례로 무위는 이것과 가장 대립적이고 먼 곳에 있을 것 같은 법가 사상에서도 중요한 사유입니다.

이 얘기는 초창기 제자백가들의 관계를 이해하는 데 있어 중요한 시사점이 됩니다. 아마도 초기 사상가들 중에서 공자와 이른바 '노자'로 불리는 어떤 인물이나 그룹이 있었을 것입니다. 그리고 이들은 아직 학파로 존재하는 것이라기보다 세계를 통찰하는 개성 있는 시선들을 의미하지 않았을까 싶습니다. 그 가운데 어떤 지점은 서로 다르지만, 또 어떤 지점은 당연히 공유하는 지점이 있었을 겁니다. 더군다나 공자 시대의 '노자'가 책 『도덕경』의 저자와 반드시 일치하는지 확언할 수 있는 방법이 현재로선 없습니다. 분명 생각의 공유지점이 있었겠지만, 현재까지 전하는 『도덕경』(이른바 『노자』)은 어찌 됐건 공자시대인 춘추시대 책이 아니라 그 훨씬 후대인 전국시대의 문헌이기 때문입니다. 공자나 맹자, 순자 등등이 모두 성(姓)에 존칭[子]을 붙이고 있는 것에 반해 노자는 노씨 성을 가진 인물이 아니라는 점도 희한하고 예외적입니다. 노숙한[老] 어떤 현자들의 생각을 공통적으로 묶어서 이름붙인 것일 수도 있습니다. 아니면 후대의 누군가가 옛 선인들의 사유에 감동해서 그것을 정식 담론으로 정리한 책일 수도 있습니다. 중요한 건, 중국 사상사의 초기 인물인 공자에게 보이는 정치적 상상력에는 무위의 정치가 주요하게 언급되어 있다는 사실입니다. 그리고 어쨌든, 오늘은 공자의 정치 이야기를 하기 위해서 앞에서 본 지도에 대한 상상력도 조금 필요하고요. 이 정치라고 하는 주제가 공자에게 굉장히 중요한 주제였다라고 하는 사실을 먼저 말씀드립니다.

3. 팔되 함부로 팔지 않는다

공자의 의지와는 상관없이 ─공자의 의지는 현실 정치에 참여하는 것이었거든요─공자는 생각만큼 안 쓰였어요. 이게 불만족한 거죠. 적막한 것이고. 뭐라도 좀 해보고 거기에 대하여 공과를 평가받거나 했으면 좋겠는데, 이건 뭐 제대로 한 번 써주지도 않으니까요. 여하튼 그런 까닭에 공자는 현실 정치에서 별로 역할을 한 게 없는 것처럼 보입니다.

전혀 기회가 없었던 것은 아니었어요. 51세 때 공자는 관직을 갖고 일을 하게 됩니다. 당시 노나라에서 대사구(大司寇)라고 하는 직책을 맡았어요. 그 대사구라고 하는 직책은 요즘으로 따지면 검찰총장 혹은 법무부장관쯤에 해당되는 자리입니다. 대사구 공자가 했던 일은 굉장히 개혁적인 일이었어요. 우리는 공자나 유가들을 굉장히 보수 정치의 아이콘으로 생각하기 쉬운데, 공자의 일생이나 『맹자』 등을 살펴보면 이분들이 은근히 과감한 분들이라는 걸 알 수 있습니다. 때에 따라선 과격하달까요, 아니 가히 혁명적이라고까지 말씀드릴 수 있을 정도로 질주하는 면모들이 있으십니다. 게다가 이분들이 기본적으로 반골적인 기질이 좀 농후합니다. 자기 시대의 큰 흐름과 많이 달라요. 이건 보수적이라거나 그런 말과 상관없이 드리는 말입니다. 자신들이 옳다고 여기는 일에 대해서는 대체로 흔들림이 없습니다.

예컨대 대사구 공자는 권력을 쥐자마자 곧바로 개혁의 칼을 휘두릅니다. 공자 당시 노나라에는 정치적 실권을 장악하고 있는 삼대 가문이 있었습니다. 이들을 묶어서 삼환(三桓)이라고 하는데, 계손, 숙손, 맹손 가문입니다. 공직자로서 공자가 추진했던 대표적인 일은 삼환의 근거지를 무력화시키는 것과 제나라와의 외교 전쟁을 담당했던 일 등입니다. 공자의 목표는 삼환이 근거지로 삼고 있는 성들을 허무는 것이었습니다. 계손씨의 성을 부수고, 숙손씨의 성을 부수었는데, 끝내 성공하지는 못했어요. 워낙 완강한 세력들이었고, 처음에는 무너뜨리는데 결국 맹손씨가 마음을 돌리면서 반격합니다. 전쟁을 하게 되는 거죠. 그러니까 국가권력을 업고 공자가 대부들을 친 건데, 대부들이 저항을 하면서 국가권력과 부딪힌 겁니다. 일종의 내전이라고 할까요. 하지만 군주＝제후 쪽이 패배하고, 공자는 망명 또는 주유하게 되는 겁니다. 그래서 공자가 14년간의 오랜 정치적 유랑을 떠나게 되는데요. 이런 배경을 좀 알아두시면 앞으로의 내용들을 조금 이해하기가 쉽습니다.

자공이 말했다. "여기 아름다운 옥이 있습니다. 궤짝에 감추어 소장해야 합니까? 아니면 물건을 볼 줄 아는 상인을 찾아 팔아야 합니까?" 선생님 말씀하시다. "팔아야지! 팔아야지! 다만 나는 물건값을 제대로 쳐 줄 아는 상인을 기다리고 있는 사람이다."

「자한」(子罕)편에 나오는 구절입니다. 우리는 지난 시간까지 대화자가 얼마나 중요한지 보았으니까, 일단 이 대화가 자공의 질문으로 시작된다는 점을 보면서 가야 합니다. '여기 옥이 있는데, 팔 건가 소장할건가…' 간단히 말하면 이거죠. 아마 자로가 대화 당사자였다면 이렇게 물었겠죠. "형님, 아니 선생님! 이런 세상이라도 정치를 할 겁니까, 아님 뜻을 접으시겠습니까?" 이렇게 직접적으로 물었을 거라는 거예요. 자공은 공자의 제자 중에서 매우 두뇌회전이 빠르고 언변이 아주 발달된 사람이에요. 사람들과 문학적인 대화를 할 줄 아는 분이죠. 왠지 같은 걸 물어도 자공이 물으면 아름답게 들려요. 예, 맞습니다, 저, 자공을 좋아하는 거 맞습니다.(웃음)

"선생님, 여기에 아주 아름다운 옥이 있습니다. 제가 옥을 가지고 있습니다. 저는 이 옥을 팔아야 될까요, 아니면 좀 더 때를 기다려야 될까요. 선생님이라면 어떡하실 것 같으세요?" 당연히 공자는 대번에 알아듣죠. '아, 얘가 지금 나보고 정치에 나갈 건지 말 건지를 묻고 있구나.' 그런데 공자의 대답이 흥미롭습니다. 질문을 받자마자 대답한 것 같은 느낌이랄까요. "팔아야지! 팔 것이야!"(沽之哉 沽之哉) 그것도 두 번이나! 의지가 있다는 걸 분명하게 강조하고 싶었던 것처럼 보입니다. 팔 것이다. 팔아야 된다. 그런데 단서가 붙네요. "나는 기다린다, 제대로 값을 쳐줄 상인을. 즉 제대로 이 가치를 알아봐 줄 이를!" 당연히 팔 것이지만, 함부로 팔지는 않겠다는 뜻입니다.

이 대목에서 우리는 공자 혹은 초기 유가들의 정치관이랄까요, 아니 출사관(出仕觀)에 대해 어떤 감각을 제공받게 됩니다. 공자나 유가는 원칙적으로 자기의 능력껏 세상에 소용되기를 적극적으로 바라는 현실 참여적 지식인(집단)이에요. 겸손할 필요도 없고, 굳이 물러설 이유가 없어요. 자기의 능력은 소용이 있어야 합니다. 그게 어쩌면 내가 능력을 갈고 닦는 이유라면 이유인 것입니다. 자기 수양? 자기 수련? 말은 좋지만 이럴 때에도 개인적인 만족을 목표로 하는 것은 아닙니다. 적어도 공자 시대에 유학의 가르침은 일단 대사회적인 것이 아니었나 싶어요. 그런 점에서 볼 때 자기 수련이라는 것조차도 사실은 열심히 세상을 위해서 쓰기 위해 자신을 갈고 닦는 것입니다. 다시 말해 언제든 자기의 능력을 세상에서 쓰여지도록 마음먹고 있는 인물들이 유가들입니다.

그런데 『논어』에는 이런 구절도 있어요. 나라에 도가 있을 때엔 빈천한 것이 부끄러운 것이고, 나라에 도가 없을 때엔 부귀한 것이 부끄러운 것이라고 합니다. 또 안회에게 공자가 던진 말 중에는 세상이 알아주어 쓴다면 나아가 힘껏 행하고 알아주지 않아서 버려두면 감추어 두는 것이라고 했습니다. 요컨대 유학에서 출사는 기본 중의 기본이지만, 무조건적인 출사는 아니라는 뜻입니다. 지금 세상이 뜻을 펼 만한 도리가 있는 세상인가 아닌가, 그리고 내 능력을 팔아야 될 때인가 거두어야 할 때인가. 이것에 대한 판단에서 엇갈리는 겁니다.

　기본적으로 유학은 항상 현실정치의 장에, 또는 현실의 사회적 문제나 모순에 깊숙하게 관여하고자 하는 학문입니다. 그러니까 우리가 흔히 생각하는 보수적이고, 변화에 소극적이고, 서열이나 절차 및 기타 상하 질서를 존중하는 이미지의 유학과는 좀 다르다고 말할 수 있겠지요. 저는 일단 공자나 초기 유가들의 생각은 이와 달랐을 거라고 생각을 하는 편입니다. 다른 정도가 아니라 깜짝 놀랄 정도입니다. 굉장히 적극적이고 열정적이며 설사 그것이 '안되는 줄 알면서도' 그것이 자신의 의지인 한 끝까지 밀어붙일 줄 아는 사람들이죠. 그래서 자로라든지, 염구라든지, 혹은 자공 등과 같은 인물들이 굉장히 적극적으로 정치 일선에 투입되는 것에 주목을 할 필요가 있습니다. 계몽가들이라고 할까요? 하지만 저는 여기에서 일반적인 계몽주의와는 다른 동아시아적인 계몽주의의 기원 같은 걸 보고 싶은데요. 이런 태도는 하나의 전통적인 것이라고 불러도 되지 않을까 생각하고, 그 기원에 공자의 현세=참여 의식이 있다고 생각하는 겁니다. 거칠게 말하면 그것은 깨인 자의 운명과 같은 것입니다.

　이런 주제는 또 맹자에게도 변주가 되고 있는데, 『맹자』에는 두 번이나 이 주제를 이렇게 설명하고 있습니다. 이윤(伊尹)이라고 하는 인물에 관해 이야기하면서 맹자는 왜 이윤은 그렇게 세상이 험한데도 여러 직책들을 마다하지 않고 받아들였는가, 하는 점을 지적합니다. 맹자가 직접 이렇게 묻는 건 아니고요. 제가 보기에 그렇다는 겁니다. 다시 말해 무도한 세상인데도 왜 이윤은 피하지 않았는가, 라는 거죠.

이윤은 은나라 때의 재상입니다. 이 사람은 세상이 혼탁해질 때에 재상 역할을 하는데, 왕이 못하면 왕을 쫓아내는 인물입니다. 하지만 쿠데타를 하는 게 아닙니다. 왕위를 노리는 것도 아닙니다. 왕이 정신 차리고 돌아오면, 왕을 제자리에 앉혀서 왕을 보좌합니다. 맹자는 이윤을 '임지성'(任之聖), 즉 책임 혹은 소임에 관한 한 성인이라고 평가합니다. 이윤은 왕을 쫓아내고 자신이 왕이 되려는 인물이 아니에요. 이윤이 그렇게 할 수 있었던 건, 그가 왕이란 이름에 대해 그 자리는 단지 지위에 관한 것이 이름이 아니라 활동에 관한 자리라고 생각했기 때문이 아닐까요. 즉 왕이라서 왕의 활동을 하는 게 아니라 왕의 활동을 하는 것으로서 왕인 것이지요. 그러니까 이 왕이 정신을 차리고 왕의 역할과 능력을 발휘하게 되면, 다시 또 왕을 도와서 왕이 왕의 일을 할 수 있도록 하는 겁니다. 그게 이윤에게 맡겨진[任] 역할이었던 것이죠. 그런데 이윤은 왜 무도한데도 출사를 해서 그렇게 일을 했을까요. 혹시 깨인 자의 운명 같은 것은 아니었을까요. 맹자는 이윤에 대해 이렇게 말합니다.

이윤은 '누구를 섬긴들 내 임금이 아니며, 누구를 부린들 내 백성이 아니겠느냐'라고 했다. 그래서 세상이 평화로워도 나아가고 어지러워도 나아가며 말하기를 '하늘이 이 백성을 낳음에 먼저 안 사람으로 하여금 나중에 나는 사람을 깨닫게 하면, 먼저 깨달은 사람으로

하여금 나중에 깨닫는 사람을 깨닫게 한다. 나는 백성들 중에서 먼저 깨달은 사람이다. 나는 장차 이 도(道)를 가지고 이 백성들을 깨닫게 하겠다'고 하였다. 그리하여 천하의 백성들 가운데 한 남자 한 여자라도 요순의 도의 혜택을 입지 못한 사람이 있으면 마치 자신이 밀어서 구렁텅이에 집어넣은 것처럼 걱정했다. 이것은 천하를 안정되게 하는 중대한 일을 자기 책임으로 여긴 것이다._『맹자』「만장하」 박경환 옮김, 홍익출판사, 2005

어떠세요? '하늘은 먼저 깨달은 사람으로 하여금 나중에 깨닫는 사람을 깨닫게 한다!' 음미해 볼 만한 구절이죠? 선각(先覺)한 공자가 왜 '안 되는 줄 알면서도' 14년이나 천하를 떠돌았는지 이해되는 대목이기도 합니다.

4. 유혹과 천명 사이

왜 공자는 자기 나라에서 적당히 제자들을 그냥 가르치면서 살아도 되는 길을 마다하고 14년 동안이나 천하를 다니면서, 그 험한 꼴을 당하면서도 쉬지 않고 자신의 옥을 알아봐 줄 상인을 찾아다녔을까요. 제 결론은 공자가 깨인 사람이었기 때문이라는 겁니다. 어쩔 수가 없어요. 노나라에서 훨씬 더 편안한 삶을 살 수 있었지만 공자가 원하던 세상, 공자가 꿈꾸었던 세상이 그게 아니었기 때문에 그 꿈을 향해서 14년이라고 하는 천하주유를 해야 했다는 것은 지나치게 낭만화시켜 버리는 감이 없지 않지만, 여하튼 여러 이유 중 그 이유가 컸다고 생각합니다. 그것이 오늘 말씀드리고 싶었던 '깨인 자의 운명으로서의 정치'라는 주제입니다.

양화(陽貨)가 공자를 만나고 싶어 했다. 공자는 만나러 가지 않았다. 양화는 공자에게 돼지를 선물로 보냈다. 공자는 그(양화)가 없을 때 가서 답례를 하려고 했는데, 우연히 길에서 마주쳤다. 양화가 공자에게 말했다. "이리 오시오. 내가 그대에게 할 말이 있소. 그 보배를 품고, 그 나라를 미혹되게 한다면 그런 사람을 인(仁)하다고 할 수 있겠소?" 공자가 대답했다. "그렇게 말할 수 없습니다." 양화가 다시 물었다. "일하기를 좋아한다하면서도 자주 때를 놓치면 그런 사람을 지혜롭다고 할 수 있겠소?" 공자가 대답했다. "지혜롭다고 할 수 없습니다." 양화가 다시 말했다. "해와 달은 그저 흘러갈 뿐, 세월은 나를 기다려주지 않소." 공자가 말했다. "알겠습니다. 나는 벼슬하러 나가겠습니다." _「양화」

양화라고 하는 인물은 노나라의 대부(大夫)예요. 대부는 공자와 같은 사(士) 계급보다 급이 높아요. 양화도 사 계급 출신인데 이 사람은 사 계급 중에서도 아주 권력 있는 사람이었습니다. 계손씨의 가신(家臣)이었거든요. 이 양화가 노나라에서 자기보다 위에 있던 계급들, 구체적으로 말하면 노나라 삼환이라 일컬어지는 계손씨·맹손씨·숙손씨를 칩니다. 양화는 계손가의 실력자였던 계환자를 가두고 수년간 노나라의 정치 권력을 실질적으로 장악합니다.

앞에서 공자가 노나라 제후와 함께 삼환 가문의 부정을 손보려다 실패하게 되는 얘기를 했었잖아요. 그게 계손씨를 치려다가 실패한 건데요. 그래서 결국 계손씨가 제후를 치는 꼴이 되었잖아요. 그런데 이번에는 양화가 자기 주인급인 계손·맹손·숙손을 치는 거예요. 시기적으로는 양화의 사건이 공자보다 먼저입니다. 그러니까 양화 사건이 있고 난 후 양화가 망명하고, 그 이후 공자가 등용되어 개혁 정책을 펴고, 다시 공자가 천하 유랑을 떠나게 되는 겁니다.

여하튼 공자의 시대에는 이런 일들이 반복적으로 일어나게 됩니다. 그리고 양화가 공자를 부른 거예요. 쿠데타가 성공한 다음에, 좀 힘을 얻은 다음에, 공자를 불러서 "같이 일을 도모하자!"라고 부른 겁니다. 그런 걸 보면 양화로서도 이 당시 대략 40대 후반이었던 공자라는 인물이 전략적으로 필요했던 모양입니다.

공자는 스스로 열다섯에 학문에 뜻을 두었고, 서른에 어떤 입장을 세우게 됐고, 마흔에 불혹, 즉 어지럽게 되는 온갖 유혹 등에 흔들리지 않게 되었다고 했어요. 그리고 오십에 천명을 알게 되었다고 했죠. 그러니까 이 무렵은 불혹과 지천명의 시기입니다. 그 무렵에 이런 스카우트 제안을 받았던 거예요. 아이러니하죠? 자기가 그토록 원했던 사람에게 원했던 콜을 받은 게 아니잖아요. 출사의 욕망이 있지만, 그러려면 먼저 상대의 쿠데타에 동의를 해야 하는 상황인 거죠.

그런데 공자의 인간적인 고민도 우리가 생각을 해봐야 돼요. 공자는 우리가 후대에 와서 보니까 73세나 사셨고, 이 시기로부터 아직 이십 몇 년이나 더 사실 거고 그러니 아직은 좀 더 참아도 될 것 같을지 모릅니다만, 그건 지금 우리 생각이지요. 당시로서는 나이가 오십이면, 중년도 아니고 노년인 셈이거든요. 서른부터 이분이 이미 자기의 정치적 식견을 세워 놓았는데, 근 이십 년을 기다렸는데 아직 한 번을 변변히 못 쓰었어요. 그런데 물론 쿠데타이긴 하지만 어차피 손을 좀 봤어야 될 인물들을 쳤어. 마음이 흔들흔들 하지 않을까요. 그게 인지상정이죠.

『논어』에서 공자는 이런 제안을 세 번 받아요. 세 번 다 쿠데타예요. 그러고 보니 공자님이 쿠데타 세력들에게 뭔가 어필하는 게 있었나, 하는 생각도 해볼 만하네요.(웃음) 공자가 참여한다는 게 그들에게 어떤 보탬이 되었을지요. 그렇잖아요. 공자가 무슨 권력을 갖고 있는 것도 아닌데 말입니다. 그런 관점에서, 하나의 시선이 만들어지는 거죠. 쿠데타를 일으킨 후 공자를 찾는 건, 아마도 그들의 정치 비전에 공자가 필요했기 때문이 아니겠느냐는 겁니다. 공자님 입장에서 보면 또 다릅니다. 자, 지금 내가 정치를 통해 뭔가 해보고 싶은 게 있고, 또 능력이 있는 것 같아요. 자신감이 있다고요. 그런데 이 능력이 있다는 걸 어떻게 표현할 방법이 없는 거죠. 그런데 어느 날 기회가 온 겁니다. 반란! '하, 이걸 받아야 되나 말아야 되나.' 이런 겁니다. 공자는 어떤 마음이었을까요. '조금만 비겁하면 인생이 즐거울 수 있는데.' 이런 마음이었을까요? 결론적으로 공자는 그 세 번의 쿠데타에 한 번도 가담하지 않습니다.

양화는 공자를 좀 만나서 직접 일을 도모하고 싶었던 모양입니다. 만나고 싶어 했다는 거죠. 그런데 공자가 이 핑계 저 핑계 대면서 만나려 하질 않는 겁니다. 그래서 양화가 수를 씁니다. 공자가 하도 안 만나 주니까, 자기의 지위를 이용해서 공자를 부르는 거예요. 공자 집으로 선물을 보냈던 겁니다. 당시 예법엔 윗사람에게 선물을 받으면, 반드시 답례를 하도록 되어 있었어요. 공자는 고민할 수밖에 없죠. 예를 아는 사람이니까. 그래서 공자가 눈치를 봐요. 그러곤 양화가 외출하기를 기다려요. 외출한 틈을 타서 공자가 잽싸게 양화를 만나러 갔더니, '부재중'이라는 답을 듣는 겁니다. 당연하죠. 일부러 안 만나려고 외출했을 때 찾아간 것이니까요. "이런 안타까운 일을 봤나. 돌아오시면 공자가 인사하러 왔다가 돌아갔다고 꼭 전해 주시오!" 이렇게 깔끔하게 일을 마무리하고 돌아오는 길에, 그만 양화를 만난 겁니다. 우연히라고 되어 있지만, 양화가 덫을 놓고 기다렸던 게 아닌가 싶어요.(웃음) 저만치서 양화가 골목을 딱 가로막고 섰다가 "이리 오시오. 냉큼 오시오!"라고 말하는 겁니다. 공자는 당황하고, 양화는 준비된 본론을 꺼냅니다! "훌륭한 재능을 묵히는 걸 인(仁)한 행위라고 할 수 있겠소? 재능을 알아주는 이가 없다고 한탄하면서, 기회가 와도 썩히는 길 지혜롭다고 할 수 있겠소?"

공자는 양화가 하는 질문들을 피해갈 수 없어요. 어쩌면 그걸 알았기에 만나기를 꺼려했었는지도 모릅니다. 양화는 흔히 무도한 인물로 그려지거나, 공자와 적대적이었던 인물로 알려져 있습니다. 계손 가문에서 사(士)들을 위한 잔치를 베풀었을 때 당시 십대였던 공자가 찾아갔다가, 문전에서 양화에게 박대를 당했다는 기록도 있습니다. 해서 보통 양화는 무도하고 참월(僭越, 분수에 넘쳐 지나침) 한 가신으로 이야기되곤 합니다. 하지만 이 대목을 살펴보면 양화의 말이 공자가 평소 가지고 있었던 꿈이라는 걸 알 수 있습니다. 말이 대구를 이루면서 은근하고도 분명합니다. 지식인 냄새가 나요. 하극상의 주범이라도 최소한 막돼먹고 무도한 사람은 아닐 수도 있다는 겁니다. 또 『좌전』(左傳)의 기록에도 최소한 양화가 다스릴 때 노나라의 인심을 그리로 기울었다는 평가가 있습니다. 무슨 뜻일까요? 어쩌면 양화는 공자와 비슷한 정치적 비전을 가졌던 인물이었던 것은 아닐까요? 다만 공자와 달리 양화는 직접 거사(!)를 일으켜 버린 거죠. 그렇기 때문에 결국 대의에서는 공자의 협력을 요구할 수 있다고 생각했던 것일 수도 있고요.

이렇게 말하는 근거가 또 하나 있습니다. 양화와 공자가 닮아서 사람들이 둘을 오해했다는 평가입니다. 훗날 천하 유랑 중에 공자는 광(匡) 땅에서 크게 곤욕을 치르는 일이 발생합니다. 그런데 그 이유가 바로 광땅 사람들이 공자와 양화를 혼동해서 그랬다는 겁니다. 공자와 양화가 비슷했다는 것인데, 이걸 믿을 수 있나요? 키가 2미터가 훨씬 넘고 머리가 움푹 패인 왕짱구 스타일의 공자와 닮아 보인다는 게… 그것도 착각할 정도로? 이 말은 어쩌면 공자의 주장이 그 이전에 양화의 주장과 많이 닮았다는 뜻은 아닐까요? 저는 공자의 주장과 양화의 주장이 닮았다는 비유가 아니겠는가 하는 추측을 해봅니다. 여하튼 양화는 공자를 몰아붙이고 공자는 꼼짝없이 당합니다. 결국 응낙할 수밖에 없었습니다. 어찌 됐건 문맥상으로 보자면 양화의 시대에 출사하겠다는 뜻을 밝힌 겁니다.

물론 공자는 끝내 양화와 함께 일을 도모하지는 않습니다. 번번이 마음이, 그리고 몸도 흔들리긴 했지만, 끝내 적극적으로 가담하여 거사를 함께한 적은 없습니다. 저는 이 말씀을 드리면서 그 이면에 두 가지 정도 더 생각해 보고 싶은 게 있습니다. 하나는 공자가 심리적으로 그리고 현실적으로 겪었을 여러 갈등들을 충분히 고려해야 한다는 것입니다. 그리고 또 하나는 공자가 살던 시대인데도 세상은 이렇게 쉽게, 조금의 틈이 보이면 냉정하게 질서가 뒤집혀지는 세상이었다는 사실입니다. 하물며 공자도 없는 다른 시대야 말할 게 있겠습니까.

5. 정치란 무엇인가 ① —제경공과 군군신신

자, 그럼 이번엔 좀 더 구체적이고 사실적인 얘기들을 해보겠습니다. 『논어』안에서 공자가 정치에 관해 언급한 구절을 놓고 한 번 읽어보는 겁니다. 몇 개의 대표적인 문구에 얽힌 맥락들을 이해하면서 읽으면, 공자가 정치라는 말을 놓고 어떤 얘길 하고 싶어했는지 조금은 실감이 나시리라 생각합니다. 같이 한번 큰 소리로 읽어 볼까요? 자, 시—작.

① 제경공(齊景公)이 공자에게 정치를 물었다. 공자가 응대하며 말했다. "군주는 군주답고, 신하는 신하다우며, 부모는 부모답고, 자식은 자식다운 것입니다." 제경공이 말하였다. "좋은 말입니다. 진실로 군주가 군주답지 못하고, 신하가 신하답지 못하고, 아버지가 아버지답지 못하고, 자식이 자식답지 못하다면 비록 곡식이 있다 한들 내가 얻어먹을 수 있겠습니까."「안연」

자 그다음에 ②번도 읽겠습니다.

② 자로가 말했다. "만일 위(衛)나라 군주가 선생님을 기다려 정치하고자 한다면, 선생님께서는 장차 무엇을 먼저 하시겠습니까." 선생님 말씀하시다. "반드시 이름을 바로잡겠다." 자로가 말했다. "이렇다니까요, 선생님의 세상물정 모르시는 정도가. 어떻게 이름을 바르게 하신다는 것입니까." 선생님 말씀하시다. "거칠구나, 자로야. 군자는 모르는 것에 대해서는 입을 다무는 법이다. 이름이 바르지 않게 되면 말이 순서를 잃는다. 말이 순서를 잃으면 일이 이루어지지 않는다. 일이 이루어지지 않는다면 예악이 흥하지 못하고, 예악이 흥하지 못하게 되면 형벌이 중정을 잃게 된다. 형벌이 중정함을 잃게 되면 백성들은 손발을 어디에 두어야 할지 알 수 없게 되니, 이런 까닭에 군자는 이름 짓되 반드시 말할 수 있게 하고, 말하되 반드시 실행되도록 한다. 군자가 그 말에 있어 진실로 소홀한 바가 없을 따름이다." 「자로」

세번째도 함께 읽겠습니다.

③ 계강자가 공자에게 정치를 물었다. 공자께서 응대하여 말씀하셨다. "정치란 바르게 만드는 것입니다. 당신이 바르게 이끈다면 누가 감히 바르게 되지 않겠습니까." 「안연」

이번에는 이 세 가지를 연결시켜서 공자의 정치적 비전과 이상을 유추해 볼까 합니다. 그런데 이 이야기들로 공자가 정치를 어떻게 말하고 있는지 아시겠어요? 저는 사실 잘 모르겠더라고요. 군주가 군주다워야 되고, 신하가 신하다워야 되고, 아버지가 아버지다워야 되고, 자식이 자식다운 것이라니…. 그냥 덕담 듣는 느낌이었어요. 예전에 전두환 정권 5공 시절에 흔히 듣던 말이 '정의사회 구현' 뭐 이런 거였잖아요. 그다음 것도 마찬가지고요. 이름을 바로잡는다는 게 뭔가? 그걸 비판하는 자로의 말을 응원하고 싶은 심정입니다. 또 그다음 거는요. 바르게 하는 것이, 바름을 추구하는 것이 정치다. 너무 교과서적이지 않습니까. 재미없지 않습니까?

이런 걸로 우리가 어떻게 정치에 대한 공자의 생각을, 『논어』를 재미있게 읽을 수 있겠어요. 도덕 교과서 같은 말을 누가 몰라서 정치를 못하나… 이런 생각이 들게 됩니다. 다시 말해서 누구한테나 어느 시대에나 항구불변한 진리가 되는 말, 그런 말은 아무리 많은 말을 했다 해도 실은 아무 말도 안 한 거라고 생각해요. 앞에서도 여러 번 말씀 드렸지만 『논어』에 있는 구절들을 그렇게 읽기가 쉽습니다. 너무 평범하고 너무 지당한 말처럼 보이니까요. 그래서 공자나 『논어』에서 정치에 대한 이야기가 관념적이고, 이상적인 얘기들인 것처럼 우리가 알게 되는 경우들도 있다는 거예요. 그런데 이 구절을 이렇게 한번 읽어 보면 어떨까, 제안드려 보고 싶습니다.

첫번째 구절을 다시 보죠. 지금 어떤 상황입니까? 누구와 만나고 있는 건가요? 예, 제경공이 나오네요. 공자가 자기 나라를 떠나서 떠도는 중에 제나라에 가서 제나라의 군주와 얘기하는 거예요. 제경공, 제나라 경공이란 뜻인데 이 공(公)이란 말은 군주 즉 제후를 가리키는 말입니다. 우리 감각으로 치면 왕인데, 당시엔 왕이란 호칭은 오직 한 사람, 주(周)나라 군주에게만 쓰는 호칭이었습니다. 나머지 제후국들은 모두 공이에요. 춘추시대를 지나 전국시대가 되면 제후들이 자신들을 왕이라고 칭하기 시작해요. 『맹자』에 보면 양혜왕, 제선왕, 등문공 이런 인물들이 등장하죠. 다 같은 제후국인데 왕이라 칭하는 나라가 생기고 이게 섞여 있는 겁니다.

여하튼 제경공은 제나라의 임금, 군주입니다. 최고 권력자인 셈이죠. 제후예요. 그러니까 지금 이 대화 상황 하나만으로도 그럴듯한 얘기들을 많이 상상해볼 수 있는 거죠. 노나라의 미천한 출신 공자가 이웃한 제나라 그것도 강대국 제나라의 최고 권력자와 지금 독대하고 있는 겁니다. 그런데 대화 주제가 정치예요. 제나라 군주가 이웃나라 떠돌이 하급 선비에게 정치를 묻고 있는 겁니다. 이 신분제 시대에 말이죠. 공자는 그때쯤 이미 국제적인 인물이었던 모양입니다. 제나라 왕과 정치 문답을 할 정도이니까요. 핵심은 어쨌든 이 대화가 제나라 경공과의 대화라는 점에 일차적인 초점이 있다는 뜻입니다.

그럼, 제나라에 관해 좀 알아볼까요. 제나라는 어떤 나라냐? 이런 나라예요. 제경공은 선대 군주인 제장공(齊莊公)의 제위를 이어받은 인물입니다. 제장공의 동생이에요. 그런데 이 글을 이해하려면 제장공부터 좀 알면 좋습니다. 제장공도 그다지 또릿또릿한 군주가 아니었습니다. 제장공 재위 시절 실권을 가진 대부가 하나 있었는데, 이름이 최저(崔杼)입니다. 권력은 최고인데 이름은 '최저'

입니다.(웃음) 그런데 최저는 부인이 없었어요. 상처를 했던가 그렇습니다. 그런데 최저는 우연히 최측근이었던 가신의 여동생이 남편을 잃고 혼자되었다는 소식을 듣고 문상을 갔다가 그 여인에게 반해 버립니다.

'아니, 상복을 입은 모습이 저렇게 아름다우니 평상시엔 얼마나 아름다울까… !' 뭐 실제로 이랬다는 건 아니고요, 어쨌든 그 이후로 자기 부하를 막 졸라 가지고, 온갖 결혼해야 하는 이유를 찾습니다. 그 가신이 오죽 했으면 "주군과 저희는 같은 집안이고 뭐 어쩌고저쩌고…." 하지만 안 먹혀요. 심지어 점괘를 쳐서 길흉을 보는데 아주 흉한 괘가 나왔어요. 그래도 기어이 그 괘를 다르게 해석해냅니다. 정말 대단한 의지이고, 이 정도면 어쩔 수 없습니다. 결혼해야죠. 이러저러한 우여곡절이 있었지만 최저는 끝내 그 여인과 결혼을 합니다.

최저는 요즘으로 따지면 대략 국무총리급 되는 아주 높은 대부였거든요. 국정을 이야기하기 위해서 장공하고도 매일 독대를 하기도 하고, 같이 어울리기도 하고, 심지어 장공이 최저의 집에 와서 머물고 놀기도 해요. 그런데 하루는 장공이 최저의 집에 왔다가 이제는 최저의 부인이 된 그 여인에게 한눈에 꽂혔어요. 그래서 스캔들이 일어나요. 이 세 사람 사이에서 돌고도는 사이클이 생겨나는데, 이게 공공연한 스캔들이 돼 버린 겁니다. 그러니 최저의 심정이 어땠겠어요. 하지만 상대는 어찌 됐건 제후이고 한 명은 대부니까, 일단 현장을 덮치기 전까진 어찌할 수가 없었습니다.

그런데 이 제나라 장공이란 이 인물이 얼마나 어리숙하고 생각이 없는 인물이냐 하면, 최저가 없는 틈을 타서 장공의 부인과 같이 놀다가, 궁으로 돌아올 때 최저의 모자 같은 걸 가지고 와요. 최저가 외국 손님한테 받은 선물, 최저 집에 있는 기념품들… 그러곤 그걸 다른 대부들에게 나누어 줬다는 겁니다. 그 사람들은 최저가 굉장한 권력자인데 공연히 휘말리고 싶겠어요? 누가 봐도 뻔히 아는데, 하여 군주에게 됐다고 안 받겠다고 사양하면 장공이 한다는 말이 "모자는 누구나 쓰는 건데, 이게 누구 모자인지를 어떻게 아는가"라면서 대수롭지 않게 여겼다는 겁니다.

그러다 결정적으로 최저가 병을 핑계로 궁에 나가지 않아요. 그러니까 장공이 문병을 옵니다. 최저는 몸을 숨기고 만나 주지 않고, 최저가 없으니 할 수 없이 장공은 발길을 돌려 그냥 가면 되는데…, 이 모자란 양반이 또 분위기 파악 못하고 내실로 들어가서 최저의 부인 아니 자신의 연인을 찾아갑니다. 그런데 장공이 내실로 딱 들어서는 순간 철컥 문이 잠기고, 최저의 부하들이 장공을 둘러쌉니다. 그러자 당황한 장공이 자신의 신분을 밝히죠. 감히 제나라의 군주인 나를! 최저를 불러오라! 그런데 그 무사들은 장공의 말을 듣지 않습니다. 그런 건 우린 모르는 일이고! 최저는 지금 없고! 우리는 우리 주군의 집 내실에 침입한 무뢰한을 현장에서 잡아 심판하려는 것일 뿐! 그러자 당황한 장공이 두번째 딜을 해요. 그러면 종묘사직에 마지막 인사라도 하고 죽여 달라. 시간을 벌겠다는 뜻이었는지 모릅니다. 그랬더니 역시 같은 대답이 돌아왔어요. "우린 모르겠고!" 그러자 세번째, 자결할 수 있게 해달라고 했어요. 귀족들은 자신의 운명을 자신이 결정하는 거예요. 정당한 결투나 전쟁으로 인한 죽음이 아니라 처형당하는 것은 치욕이죠. 하지만 그것도 거절당해요. 그래서 끝내 비참하게, 이 크고 부유하고 전통적인 강대국인 제나라의 군주가 최하급 무사들, 최저의 보디가드들에게 살해당합니다. 이건 쿠데타도 아니고 완전히 살해죠.

이 사건이 딱 벌어지자, 제나라의 역사를 기록하는 사관이 이렇게 기록을 합니다. "최저, 군주를 시해하다." 이렇게 썼어요. 최저에 의해 살해당했다는 걸 분명히 밝힌 거죠. 시해라는 단어 하나로 사실 많은 걸 설명하는 겁니다. 역사라는 게, 기록이라는 게 이렇게 무서운 거죠. 저 몇 글자 안 되는 말 속에 여러 의미가 숨어 있는 겁니다. '崔杼弑其君'(최저시기군), 단 다섯 글자예요. 그런데 최저가 이 기록을 알고 태사를 불러 고칠 것을 요구했어요. 태사는 자신의 운명을 직감했겠지만, 그렇다고 한번 기록한 사실을 고칠 수는 없었습니다. 태사가 끝내 버티자 최저는 태사를 죽이고 기록을 지웁니다.

그런데 이 이야기엔 기막힌 반전이 있어요. 당시에 전문 직업은 대체로 가문에서 세습하는 것이었습니다. 해서 태사를 이어받은 사람은 죽은 태사의 동생이었습니다. 형의 죽음을 목격했던 동생이 이 사건을 어떻게 기록했을 것 같으세요? 두번째 태사는 이렇게 씁니다. "최저, 군주를 시해하다." 똑같이 쓴 거죠, 그 동생도. 이번에도 최저가 그 기록을 가지고 태사를 불러 협박합니다. "형의 길을 가지 않으려면 고치는 게 좋을 거다." 하지만 이 동생도 끝내 사실을 고칠 수 없다고 버팁니다. 최저는 주저없이 또 태사를 죽여 버립니다.

그러자 이번에는 셋째 동생이 사관이 됩니다. 역사를 기록해야 되는데 고민이 되겠죠. 어떻게 했을 것 같습니까. 전 이 세번째 태사가 가장 두려웠을 것 같아요. 여튼 세번째 태사는 아마도 부들부들 떨면서 썼을 거예요. 아닌가? 에라 모르겠다, 하고 썼을까요? 여하튼 이 세번째 태사마저도 "최저, 군주를 시해하다"라고 써 버립니다. 멋지죠? 멋지긴 한데, 이제 죽을 일만 남았죠.(웃음) 최저가 너무 열 받아서 단칼에 죽이려고 했는데, 옆에 있던 사람들이 말렸어요. 이건 아니다. 민심이 너무 험악해진다. 그래서 차마 한 집안에 세 명을 다 죽일 수가 없었다는 겁니다. 그래서 이 기록이 역사에 남아요. 이 몇 자 안 되는 글자, 그 가운데서도 어쩌면 단 한 글자 '시해'[弒]라는 이 단어 하나를 남기기 위해 두 사람의 태사가 목숨을 걸어야 했던 겁니다.

대단하지요? 역사가라는 인물들 말입니다. 이 사관들은 멋진 인물들이죠. 저는 이 이야기를 볼 때마다 정말 역사라는 게 무엇인지, 무언가를 쓴다는 것, 기록이라는 게 얼마나 중요한 일인가를 새삼 떠올리게 됩니다. 그리고 특별히 아주 큰 교훈을 주는 일화이기도 하죠. 안 그렇습니까? 어떤 교훈을 받습니까…? 역사를 기록한다는 건, 최소한 아들이 세 명은 있는 집에서 하는 일이구나, 하는 교훈을 주죠?(웃음) 두 명으론 부족해. 세 명은 낳아야 한 명이 살아

남습니다. 무서운 교훈이죠.^^

　그런 장공의 다음 임금이 제경공이었어요. 이복동생이었고, 최저가 세운 군주였죠. 그러니 최저가 이번에는 제대로 된 군주를 찾아서 대단히 카리스마 있고 모든 면에서 뛰어난 진짜 리더십 있는 인물에게 제나라를 넘겨 줬겠죠? 그랬을 것 같아요? 아니죠. 완전히 자기 입맛에 맞는 군주를 내세웠을 겁니다. 존재감이 희미한 인물을 찾았을 거예요. 최소한 자기 의지대로 좌지우지할 수 있는 군주를 내세웠을 거란 얘깁니다. 그리고 바로 제경공이 그런 인물이었던 것이고요. 이 제경공은 재위 기간이 53년간인가 그래요. 그런데 이건 똑똑해서가 아니라 무능력해서였습니다. 특별히 제거될 이유가 없었던 겁니다. 그게 하나고, 또 하나의 이유라면, 그래도 제나라가 전통적인 강대국이었던 까닭에 아직 이 시대엔 인물들이 적잖았습니다. 특히 관중과 더불어 제나라의 명재상을 대표하는 안영(晏嬰)이라는 훌륭한 재상이 있었습니다. 앞서 장공이 죽었을 때에도 모두 최저가 두려워 앞에 나서지 못할 때, 안영만이 나서서 장공의 시신을 예법에 따라 장례 치릅니다. 안영 같은 인물이 있기에 그나마 경공은 최소한의 헛발질로 오랫동안 재위할 수 있었습니다. 이 안영은 공자와도 인연이 있는데, 일단 『논어』에서 공자는 안영을 높이 칭찬합니다. 하지만 안영은 막상 공자가 제나라에서 등용될 뻔 했을 때 적극적으로 이를 말린 인물이었습니다. 그 이유가 뭔지 아세요? 안영에 따르면, 유자 무리들을 등용하면 국고가 축난다는 게 이유였어요. 각종 국가 의례가 너무 복잡하고 비용이 많이 든다는 뜻이었습니다. 뭐, 나쁘게 볼 건 없어요. 제나라 입장에서는 충분히 그럴 수 있는 겁니다.

각설하고, 다시 본론으로 돌아오면요. 지금 공자에게 정치를 물어보고 있는 제경공이 이런 배경을 가지고 있는 제나라의 군주였습니다. 희미한 인물 같으니라고! 자기 존재가 지금 어떤 맥락과 배경에 있는지, 자기 선대 군주가 누구한테 어떻게 죽었는지를 알면서 아무렇지도 않을 걸까요? 아니면 알면서도 어쩔 수 없어 제대로 얘기도 못하고 있는 상황일까요? 여하튼 그런 인물이 공자를 만나자 갑자기 정치 어쩌고 하면서 관심을 보이는 상황입니다.

공자의 대답은 이런 배경의 이런 인물에게 돌려준 말입니다. 군군, 신신, 부부, 자자(君君臣臣父父子子). 자 다시 한번 읽어볼까요?

제경공이 공자에게 정치[政]를 물었다. 공자가 응대하며[對] 말했다. "군주는 군자답고, 신하는 신하다우며, 부모는 부모답고, 자식은 자식다운 것입니다."

어떻습니까? 좀전에 '군군, 신신, 부부, 자자'라고 읽을 때하곤 느낌이 사뭇 달라지지 않으셨습니까? 이 구절은 제나라 역사와 제경공을 떼어놓고 읽을 수 없는 구절입니다. 구체적으로 장공과 경공, 안자, 최저 이런 인물들이 각축하고 있던 제나라의 상황을 겹쳐놓고 읽으면서 생각해 봐야 할 구절입니다. 그럴 때에야 비로소 단순히 '군은 군답고 신은 신답고 부모는 부모답고 자식은 자식답다'라는 말의 의미가 어떤 것이어야 할지 사유해 보게 됩니다. 단순히 좋은 말씀이니까 따르는 게 아니라, 실감으로 독서가 되어야 하는 거죠. 이런 저런 거 다 떠나서, 배경 이야기를 알고 보니, 확실히 재미는 더 있죠?(웃음) 네, 그거라도 있으면 됐습니다.

6. 정치란 무엇인가 ② ― 위나라의 정명

② 자로가 말했다. "만일 위(衛)나라 군주가 선생님을 기다려 정치하고자 한다면, 선생님께서는 장차 무엇을 먼저 하시겠습니까." 선생님 말씀하시다. "반드시 이름을 바로잡겠다." 자로가 말했다. "이렇다니까요, 선생님의 세상물정 모르시는 정도가. 어떻게 이름을 바르게 하신다는 것입니까." 선생님 말씀하시다. "거칠구나, 자로야. 군자는 모르는 것에 대해서는 입을 다무는 법이다. 이름이 바르지 않게 되면 말이 순서를 잃는다. 말이 순서를 잃으면 일이 이루어지지 않는다. 일이 이루어지지 않는다면 예악이 흥하지 못하고, 예악이 흥하지 못하게 되면 형벌이 중정을 잃게 된다. 형벌이 중정함을 잃게 되면 백성들은 손발을 어디에 두어야 할지 알 수 없게 되니, 이런 까닭에 군자는 이름 짓되 반드시 말할 수 있게 하고, 말하되 반드시 실행되도록 한다. 군자가 그 말에 있어 진실로 소홀한 바가 없을 따름이다." 「자로」

두번째 인용문을 다시 보겠습니다. 이번엔 위(衛)나라네요. 등장인물은 자로와 공자입니다. 이 이야기도 배경을 알면 즉 지금 자로와 공자가 이야기하고 있는 위나라 상황을 알면 색다르게 읽힙니다. 이 글은 위나라 영공(靈公)이란 인물을 좀 알아야 합니다. 『논어』의 한 편명이기도 한 바로 그 위령공입니다. 이 양반도 재위 기간이 상당히 길어요. 58년인가 그렇습니다.

『논어』에 보면 위나라와 관련된 일들이 제법 나옵니다. 공자의 천하 유랑 14년 중 가장 오랜 기간 머물렀던 땅이 위나라였습니다. 위나라에는 자로의 처형이 살고 있었고, 또 무엇보다 자공의 나라였으니 더욱 그랬을 겁니다. 『논어』「위령공」편에 보면, 위령공이 공자에게 진을 치는 법을 물었다는 말이 나옵니다. 즉 군사(軍事)에 관해 물었다는 겁니다. 공자는 대답하기를, 자신은 제사 지내는 일 같은 거라면 좀 들어 알지만, 군사 일이라면 아직 배운 바가 없다고 물러섭니다. 그러곤 바로 위나라를 떠나 버리죠. 바로 그 위령공입니다.

위령공에겐 남자(南子)라는 부인이 있었어요. 아까부터 이름이 참 공교롭죠? 제나라에는 최고 권력가였던 최저가 있었는데, 위나라엔 남자라는 여자가 있었습니다.(웃음) 그리고 태자 괴외(蒯聵)라는 인물도 중요합니다. 그런데 이 위령공의 부인인 남자가 당시 위나라 권력의 핵심이었어요. 일단 위령공이 대단히 총애했던 여인이었습니다. 그런데 이 남자 여사께서는 단지 총애받는 왕비에 머물지 않았습니다. 실제로 위나라 정치의 주요한 키맨이었던 거죠. 위나라에서 정치하려면 남자를 통해야 한다, 뭐 그런 정도입니다.

남자의 평가에 관해서는 일단 부정적인 면이 많습니다. 위령공을 홀려서 정치를 좌지우지하고, 또 남자를 밝히는 요녀 이미지로 그려집니다. 예컨대 이런 이야기도 있습니다. 이 남자(南子)에게 위령공 말고 다른 남자(男子)가 있었다는 겁니다. 남자(南子)가 원래 송나라 출신이거든요. 그런데 송나라에 연인이 있었다는 겁니다. 송조(宋朝)라고도 하고 미자하(彌子瑕)라고도 불리는 인물입니다. 그런데 하루는 태자 괴외가 이웃 나라에 외교 관계 비슷한 일로 다니러 갔다가 송나라를 지나게 되는데, 거기서 사람들이 부르는 노동요를 듣게 돼요. 그런데 가사가 아주 요상했습니다. 대충 내용이 '씨내리 수퇘지를 빌려 갔으면, 이제 대충 쓰고 돌려줘야지' 뭐 그런 노래예요. 남자가 위나라로 시집을 가면서 송조를 위령공의 호위무사로 데려간 거죠. 남자가 위령공과 송조 사이에서 음란하게 양다리를 걸쳤다는 그런 얘깁니다. 헌데 송나라 사람들은 공공연하게 남자의 스캔들을 다 알고 있었는지, '재미 볼 만큼 봤으면 이제 그만 좀 돌려줘'라고 조롱하는 노래를 부르고 있었다는 겁니다. 이런 식으로 이야기가 계열화되어 있는 건 이 남자(南子)라는 인물을 부정적으로 보는 경향이에요. 요사스러운 여자가 들어와서 국정을 문란시키고 있다. 당시에 이런 소문들이 많이 돌았던 것 같아요.

실제로 남자(南子)의 영향력이 꽤 컸다는 증거들은 어렵지 않게 찾아볼 수 있습니다. 그런데 이렇게 되니 태자 괴외가 불안해지는 겁니다. 사마천의 『사기』 가운데 특히 '세가'(世家)를 읽으면 가장 많이 반복되는 모티프가 뭔지 아세요? 아버지가 아들을 죽이고,

며느리가 될 여인을 아내로 삼고, 아들이 아버지를 죽이고, 형제들 끼리도 서로 죽이고, 형제의 가족들을 죽이고 권력을 빼앗고, 빼앗 긴 놈이 도망쳤다가 다시 돌아와서 또 빼앗고 죽이고 그런 이야기 들이에요. 이런 얘기가 '세가'의 기본 골격이라고 해도 과언이 아 닐 정도로 자주 등장합니다. 우리는 종종 요임금이 순임금에게, 순 임금은 우임금에게 평화롭게 정권을 이양했다는 전설적인 선양(善 讓)의 아름다운 전통 같은 걸 동아시아 권력의 모습으로 떠올립니 다만, 사실 요-순-우의 권력 이양도 실제로는 피비린내 나는 권력 싸움과 세력 다툼의 결과였다는 게 사실에 더 가깝다는 평가가 있 습니다. 여하튼 이 정도로 권력 문제는 아름답고 신사적인 경우가 거의 없습니다. 그런 일이 혹 있다 해도 그것이야말로 예외적이고 특별한 사건이기 쉽습니다.

여하튼 괴외는 어머니 남자의 소문도 싫고, 기타 권력에 대한 불안도 깊어집니다. 해서 남자를 제거하려고 계획을 세워요. 태자 인 괴외가 남자가 너무 불안해서 남자를 칩니다. 제거하려고 했단 말이에요. 그런데 이게 실패하게 되고, 괴외가 목숨을 구해 망명을 떠나게 됩니다. 그런데 그러고 얼마 지나지 않아 위령공이 죽어요. 중요한 건 괴외가 망명중에 위령공이 사망했다는 사실입니다. 위령 공의 다음 왕위는 또 다른 공자 영(郢)에게 지명되었는데, 영이 왕 위를 사양하면서 결국 위령공의 손자이자 괴외의 아들인 첩(輒)에 게 넘어갑니다. 집안 내력인가, 암튼 이름들이 다 이상하죠? 여자인 데 남자라 하고, 손자인데 첩이라고 하고…(웃음) 여하튼 괴외의 아들, 이 사람이 위나라 출공(出公)입니다.

이런 상황에서 이웃나라로 피신해 있던 괴외는 심정이 어떻겠습니까? 괴외가 이웃나라에 있다가 어느 날 아버지가 죽었다는 얘기를 들어요. 그럼 당연히 내가 다음 군주가 되어야지, 라고 생각하는데 벌써 다 끝났다는 겁니다. 어떻게 된건가 알아보니, 자기 아들 첩이 위나라 군주가 되었다는 거예요. 어차피 아들이 군주가 되었으니 잘 되었다고 괴외가 기뻐했을까요? 천만에요. '이건 아니지'라고 생각했어요. 그러고는 아들에게 순서를 지킬 것을 요구했죠. 아버지가 이렇게 나오는데 어떡합니까? 출공은 어쩔 수 없이 왕위를 내놓아야죠? 천만에요. 절대, 그렇게 되지가 않습니다. 출공왈, '누구세요?'(웃음) 이렇게 되는 겁니다.

이걸 특별히 이상하다고 생각하시면 안 됩니다. 지금 출공과 괴외(훗날의 장공)는 개인과 개인으로 권력을 논하는 게 아니에요. 하나씩의 세력들인 겁니다. 출공을 지지하고 있는 대부들 세력이 형성되어 있는 거고, 괴외의 세력이 또 한 무리 있는 겁니다. 물론 이 둘은 부자지간이니까 이들 세력이 큰 틀에서 한 편이 될 수도 있어요. 하지만 그건 어디까지나 괴외가 정상적으로 국내에서 태자 자리를 지키고 있을 때 이야깁니다. 이제 이들 두 사람의 세력은 서로 정적일 뿐인 겁니다. 권력을 잡거나 아니면 쫓겨나거나, 인 겁니다. 너무 비정한가요? 비정한지는 모르겠지만 거의 대부분의 역사는 그렇게 되어 있습니다. 오히려 우리의 감각에 대해 질문을 던져야 하는 문제일지 모릅니다.

기어이 위나라로 귀국하려는 괴외 세력과 끝까지 괴외의 귀국을 막으려는 출공 세력이 대립합니다. 무려 16년간 전쟁 아닌 전쟁을 벌입니다. 괴외는 위나라 내부에 있던 지지 세력들을 거점으로 삼아 마침내 정권을 탈취하는 데 성공합니다. 잠깐! 제가 지금 정권을 탈취했다고 표현했는데요. 달리 말하면 회복한 것일 수도 있습니다. 괴외 입장에서 보자면 그렇게 말할 수 있다는 거죠. 하지만 이미 제후로 등극한 출공 첩의 입장에서 보면 이건 어떤 사건입니까? 쿠데타입니다. 내란이죠. 비극적인 사건입니다. 그런데 이 사건은 공자 개인으로서도 비극적인 사건이에요. 이 과정에서 공자의 오른팔이자 혈육 같은 제자 자로가 사망하게 되거든요.

여하튼 이야기를 좀 되돌려 보죠. 우리는 지금 위나라의 정치 상황을 살펴보았습니다. 그런데 위나라의 이 남자라는 실권자를 단지 색을 밝힌 요사스러운 여성이 아니라는 일단의 시각도 존재합니다. 혹시 주윤발이 공자로 나오는 영화 〈공자〉 보셨어요? 역대 가장 잘생긴 공자님이었을 겁니다.(웃음) 그런 점에서는 완전 비사실주의 영화인데, 주윤발의 덩치가 보통의 배우들보다 컸어요. 그런 점에서 보면 건장한 풍채의 공자를 보여 주는 맛이 있어서 또 괜찮았습니다. 그 영화에서도 남자가 나오는데요. 아주 젊고 예쁜 여인으로 등장합니다. 그런데 이 여인이 공자를 불러요. 그러곤 공자 앞에서 정치에 관해 돌직구 질문들을 던집니다. 죽을 때도 좀 안타깝게 처리하는데, 여하튼 감독은 이 남자라는 여인을 단순한 요녀가 아니라는 느낌으로 처리하고 싶었던 게 분명합니다. 어찌 보면 만년에 총기를 잃고 무능해지는 위령공을 대신해서 실질적으로 정치적 판단을 내린 게 남자였고, 남자 덕에 오히려 위령공은 만년의 방탕함에도 불구하고 위나라를 그럭저럭 잘 유지할 수 있었다는 평가도 가능한 거죠. 그런데 이런 시각의 원조가 누구냐 하면 바로 사마천입니다.

공자가 위나라에서 남자를 만난 것은 역사적 사실입니다. 『논어』에도 나오고, 『사기』에도 나옵니다. 공자가 위나라에 있을 때, 남자에게서 만나자는 연락이 있었던 모양인데, 이것을 두고 공자가 망설입니다. 그때 자로는 절대불가 입장을 고수합니다. 자로는 이럴 때 항상 빛이 나요. 쿠데타가 일어나서 공자의 마음이 흔들릴 때마다 자로가 막아서잖아요? 그런 제자는 자로밖에 없는 겁니다. 자로 역시 사실 힘으로도 공자를 막을 수는 없었을 테지만, 그나마 완력으로라도 죽을 힘을 다해 버틸 수 있는 인물은 역시 자로인 거죠. 게다가 자기가 옳다고 생각하면 그까짓 목숨을 아낄 사람입니까? 아무튼 위나라에서 남자와 공자의 스캔들이 있게 됩니다. 공자는 끝내 남자를 만나러 갔습니다. 그것도 아마 자로 몰래 간 것 같아요.(웃음)

공자는 공자대로 또 얼마나 갈등이 많았겠습니까. 하지만 공자도 보통 인물이 아닌 것이, 그 모든 정치적 부담을 알고 있으면서도—사실 그냥 안 만나고 떠나는게 가장 깔끔하죠—남자를 만납니다. 저는 이런 공자가 좋아요. 더러운 일을 피해서 고고하고 우아해지는게 아니라, 진흙탕 속에서 같이 걸어가는 거예요. 어차피 현실을 떠나지 않기로 한 이상은 말이죠. 자로는 공자가 남자를 만나고 돌아온 날, 스승을 알은체도 안 했던 것 같아요. 뭐 딱히 써 있는 건 없어요. 그런데 『논어』에 공자가 지레 자로에게 변명을 하거든요. 공자가 『논어』에서 다소 궁색하게 자기 변명을 하는 대목이 몇 군데 나오는데 그게 거의 자로와의 관계에서입니다. 그것도 참 아이러니하죠. 가장 당당하게 심하게 꾸짖고 혼내는 대상이 자로인데, 또 자로에게 거꾸로 쩔쩔매면서 변명을 하니까요. 공자가 남자를 만나고 와서 자로에게 뭐라 그러냐면, "내가 조금이라도 부끄러운 일이 있다면 하늘이 나를 가만두지 않을 것이다! 하늘이 나를 가만두지 않을 것이라고!" 이런 식으로 얘길해요.

그런데 정말 공자와 남자는 어떻게 만나서 무슨 얘길 했는가. 이걸 사마천이 기록해 놨어요. 사마천이 봤을까요? 아니에요. 상상력으로 기록해 놓은 거예요.(웃음) 공자가 남자를 만나러 갑니다. 공자가 안내를 받아 남자가 있는 곳으로 갑니다. 이윽고 남자와 만나게 되는데, 남자 앞에는 휘장이 드리워져 있습니다. 한 나라의 왕비니까요. 그러자 공자가 남자 쪽, 북쪽을 향해 인사를 합니다. 합장을 하고 고개를 숙였겠죠. 그런데 공자가 절을 하자, 휘장 너머에서 구슬 짤랑이는 소리가 나요. '찰랑찰랑찰랑—옥구슬옥구슬옥구슬…' 이게 뭐냐하면, 휘장 너머에서 남자 역시 공자에게 허리를 굽혀 예를 취했다는 뜻입니다. 다시 말해, 이 한마디 표현으로 사마천은 남자라는 인물에 대한 어떤 입장을 슬쩍 흘리고 있는 거예요. 무도하고 음란한 여인이 아니라는 것. 정말 한 나라를 책임지는 리더십 있는 여성이었달까요. 만약 그런 여인이었다면 아마도 남자에게는 공자와 같은 인물의 식견이 꼭 필요했겠죠. 그런데 그렇게 남자를 만나고 돌아왔더니 자로는 입이 댓 발이나 나와가지고는 구시렁 구시렁…(웃음) 그랬던 겁니다.

남자는 공자라는 인물을 알아본 겁니다. 해서 정치적 견해라도 조언을 듣기 위해 먼저 만남을 추진한 거죠. 사마천은 남자의 이런 측면을 살짝 흘려 놓은 겁니다. 음란무도한 목적을 가진 미팅이 아니라 빈객을 맞는 품격 있는 미팅이었다는 식으로 말입니다. 그러니 공자가 예를 취할 때, 남자도 같이 예를 취한 거죠. 그래서 탁 고개를 숙이니까 목걸이, 귀걸이가 부딪치며 "찰랑찰랑" 소리가 난 겁니다. "공자가 고개를 들어서 보니까 고개를 숙이고 있었다" 이런 게 아니고요, 사마천이 아주 멋지게 문학적으로 "공자가 예를 취하자 휘장 건너편에서 응답하는 소리가 '짤랑짤랑짤랑' 났다"고 한 겁니다. 가만히 절을 받고만 있지 않았다, 라는 뜻을 그렇게 표현한 겁니다.

이야기가 많이 돌았는데요. 또 그런가 하면 공자는 그럼에도 불구하고 남자와 위령공의 정치적 입장을 전폭적으로 지지하지는 않았던 것 같습니다. 그걸 어떻게 알 수 있는가 하면,『논어』에 있는 또 다른 대목으로 짐작해 볼 수 있습니다. 자공과 염구가 대화하는 장면이 하나 있는데요. 먼저 염구가 자공에게 이렇게 묻습니다. "우리 스승님이 이 위나라에서 정치를 하실까?" 그러자 자공이 대답을 하는 대신 이렇게 말해요. "내가 한번 직접 여쭤 보지." 그리고 선생님께 여쭈러 갑니다. 만약 자로 같았으면 바로 이렇게 물었겠죠. "형님, 아니 선생님! 위나라에서 벼슬 주면 정치하실 거요?" 제가 너무 자로를 깡패처럼 그리고 있나요? 그런 부분은 감안하고 들어주세요.(웃음)

자공은 이렇게 물어요. "선생님, 궁금한 게 있습니다. 백이는 주나라 무왕에게 원망을 갖고 있었을까요?" 이게 무슨 말인지 아십니까? 이 백이·숙제 이야기는 그 자체로 하나의 뼈대를 갖고 있는 유학자들의 주요한 화두 중 하나예요. 내용은 이렇습니다. 주나라 무왕이 주공, 강태공 등과 함께 쿠데타를 일으켜서 은나라를 거꾸러 뜨리고 주나라를 세웠단 말예요. 그런데 이때 실은 쿠데타를 하러 가는 무왕의 말고삐를 잡았던 인물이 있습니다. 그게 바로 백이입니다.

백이는 본래 고죽국(孤竹國)이란 곳의 왕자였는데, 여차저차해서 문왕(주무왕의 아버지)에게 몸을 의탁하러 오는 길이었습니다. 그런데 막상 와 보니 문왕은 이미 죽었고, 그 아들인 무왕이 은나라를 정벌하겠다며 군사를 일으켜 출병하는 중이었습니다. 그러자 백이가 나아가 그 앞을 가로막으며 이렇게 따졌다는 겁니다. "아버지의 장례가 다 끝나지 않았는데 군사를 일으킨다면 불인한 짓이 아니겠는가?" "신하로서(당시 주무왕은 은나라의 신하였습니다) 왕을 정벌하겠다는 것은 불충한 짓이 아니겠는가?" 이날 백이는 죽을 뻔 합니다만, 강태공이 말려서 겨우 목숨을 건집니다. 대신 백이는 무왕이 꼴보기 싫어서 다시는 주나라의 어떤 무엇도 받지 않겠다며 수양산으로 숨어 들어가요. 그리고 거기에서 고사리만 캐먹고 살다 끝내 굶어 죽습니다. 아사했다는 말입니다.

백이의 이야기는 정작 백이가 죽은 후부터 더욱 뜨거워집니다. 세상에서 우러러보는 현인인데, 이 사람이 굶어 죽은 겁니다. 비참하게 말이죠. 백이는 죽으면서 무왕을 원망했을까. 하늘을 원망했을까. 이에 대해 공자는 "백이는 스스로 인을 구했고 인을 얻은 인물이다. 무슨 원망이 있겠는가?"라고 대답합니다. 그러자 자공이 돌아나와 염구에게 말하기를, '선생님은 위나라에선 정치 안 하신다네'라고 말합니다. 무슨 말이냐 하면, 백이는 고죽국의 왕위를 버리고 와서, 왕 자리라든지 이런 걸 연연해하지 않은 사람이란 말입니다. 그리고 또 백이는 자기가 옳다고 믿는 일에 대해서는 목숨도 아까워하지 않고 할 말은 하던 현인이란 뜻입니다.

백이에 관해서는 사마천이 '열전'편 첫번째 편을 「백이 열전」으로 내세우면서 아주 강렬한 물음으로 변환합니다. 요컨대 사마천은 백이의 에피소드를 '천도'(天道)를 묻는 것으로 활용합니다(!). 이렇게 의로운 현인이 왜 굶어 죽는가. 하늘은 대체 뭘하는 건가. 하늘의 도리, 올바르게 살아야 할 이유가 뭔가 등등. 이어 중국 역사에서 이 「백이 열전」은 역대급 명사들에게 주요한 글쓰기 소재였습니다. 왜냐하면 주무왕(문왕/주공)을 긍정하면 백이는 거사를 방해한 인물이 되고, 백이를 긍정하면 주무왕(주공/강태공) 등은 왕위를 찬탈한 일개 쿠데타 세력이 되는 것일 뿐입니다. 절대 만만한 문제가 아닙니다. 역대로 중국에서도 한유라든가, 소동파 같은 당대 문장가들이나 건드릴 수 있는 소재 겸 주제입니다. 아무나 해석 못 해 냅니다. 조선에선 박제가와 박지원의 '백이론'이 있는데, 특히 연암 박지원은 백이론을 두 편 썼습니다. 그리고 그 내용도 아주 훌륭하죠. 그리고 제가 아는 한도 내에서 백이에 관한 최고의 파격은 루쉰의 『새로 쓴 옛날이야기』(故事新編)에 실려 있는 「고사리를 캔 이야기」(采薇)입니다. 혹시 기회 되면 일독을 권합니다.

또 또 이야기가 옆으로 새고 있었네요. 이렇다니까요, 한 번 말을 하면 이렇게 제가 줄줄 샙니다. 여튼 이제 위나라에서 자로와 공자가 나누었던 말의 의미를 조금 아시겠어요? 자로가 돌직구로 물었더랬죠. 위나라에서 정치하게 되면 뭐부터 어떻게 하실 것인지를 말입니다. 그때 공자는 간명하게 답했죠? 정명(正名). 이름을 바로잡는다는 뜻입니다. 지금 상황은 명실이 상부하지 않다는 뜻이겠죠. 보세요. 남자는 어쨌든간에 괴외의 어머니고, 출공은 괴외의 아들 아닙니까. 그런데 이런 당연한 명실상부, 즉 이름과 실재가 부합하는 것이 위나라에서는 요원한 일처럼 되어 버린 겁니다.

자로 역시 그런 얘긴 교과서적인 말씀이라며 비웃죠. 물론 그러다 또 공자한테 혼나지만요. 이 대목도 저는 멋있었어요. 공자께서 자로를 꾸짖어 주는 대목 말입니다. "자로 이놈아. 군자는 자기가 잘 모르는 일에 대해서는 나대지 않는 법이다!" 살살 말씀하시는 것 같지만 준엄하게 딱 짚어 주시는 대목이죠. 그 다음에 이어지는 설명은 자로를 위해 이보다 더 자상할 수 없을 만큼 차근차근 설명을 해주십니다. 여튼 공자가 보기에 위나라는 명실이 상부하지 않은 시절이었습니다. 이런 상태로는 절대 좋은 정치가 될 리 없겠죠. 자기의 이름을, 그리고 자기가 지금 놓여 있는 자리를 제대로 바르게 지킬 수 있고, 그 이름을 실천할 수 있는 세상이 되는 것. 이게 위나라의 정치에 대한 공자의 정치적 훈수였다는 겁니다. 그냥 '이름을 바로잡겠다'라고 하는 말처럼 보이던 첫인상과 비교해서, 좀 달라 보이시나요? 춘추시대 역사를 알면 『논어』가 보입니다.

7. 정치란 무엇인가 ③ — 바르게 바르게

어느새 시간이 많이 지났네요. 빨리 노나라 얘길 좀 해야겠습니다. 이 노나라는 주공의 나라라고 말씀드렸었죠? 주(周)왕실의 제후국들 중 동성제후국이 있고, 이성제후국이 있는데, 노나라는 주무왕의 친동생이 군주였으니 당연히 동성제후국이었고요. 다른 제후국들보다 정통성이랄까 권위 같은 걸 자부심으로 가지고 있는 나라였습니다. 또한 실제로도 노나라는 제후국이었음에도 불구하고 천자(주나라 왕)의 나라 규모의 제사를 치러도 되는 나라였습니다. 특혜가 있는 거죠. 『논어』세번째 편이 「팔일」편인데 그 첫대목은 노나라 계손씨 가문에서 자기 집안 제사를 치르면서 감히 천자의 제사 때나 가능한 팔일무(八佾舞)를 추게 했던 사실을 공자가 비판하는 구절로 시작하거든요. 얼핏 보면 대단히 무람한 일이었지만, 당시 노나라의 실제 권력을 쥐고있던 가문이 계손씨 가문이었던 걸 생각해 보면 그들은 자신들이 노나라 군주만큼의 제사를 치르고 싶어 했던 것이라고 볼 수 있어요. 노나라 군주의 권한은 천자급이었으니 천자급의 제사를 펼친 거죠.

노나라 얘길 하려면 일단 삼환 얘길 해야겠는데, 이 삼환 얘기는 또 노나라 환공(桓公)까지 거슬러 올라가야 합니다. 노나라 환공이란 양반이 있었는데, 이때 부인이 제나라 여자였어요. 문강(文姜)이라고 하는데, 이름을 보면 뒤에 강(姜)이라고 붙어 있죠? 이걸 보면 제나라 여인인 걸 알 수 있는 거죠. 왜냐하면 제나라는 강태공에게 봉한 땅이니까요. 강태공의 후손이란 말입니다.

문강은 당시 제나라 군주이던 제양공(齊襄公)의 동생입니다. 이 제양공도 보통 독한 인물이 아닌데요. 여하튼 노나라로 시집가기 전에 오빠와 여동생 둘의 사이가 좋았어요. 그냥 친한 오누이가 아니라 상당히 친한, 한마디로 연인이었어요. 이젠 뭐 그러려니, 하시죠? 지금까지 들으신 삼국 얘기가 다 결국은 거기서 거기, 이천 수백 년 전이나 오늘날이나 온갖 출생의 비밀과 기타 등등이 난무합니다. 오히려 이 시대 때는 이런 이야기가 없으면 좀 허전하고 뭔가 특별히 문제가 있는 사람인가 싶을 정도예요.(웃음) 오빠랑 사랑한 번 안 해 본 여동생이라거나, 며느리(감)를 부인으로 맞이하지 않는 군주는 좀 별나고 밋밋해 보일 정도죠. 물론 농담입니다.

어쨌든 문강은 환공하고 결혼해서 노나라에서 잘 사는가 싶었는데, 결혼 수년 만에 노환공과 부부동반으로 해외여행을 하게 됩니다. 그렇게 해서 노환공은 이웃나라이자 처남의 나라인 제나라에 가게 되는데, 거기서 엄청 환대를 받아요. 매일 파티를 열고요. 그런데 어느 순간 보니 자기 부인이 좀 수상해요. 외출이 잦고, 오빠와 지나치게 사이가 좋더란 말입니다. 당연하게도 문강은 그때 다시

오빠이자 옛연인인 제양공과 뜨거운 재회 중이었어요. 얼마나 자주 만났는지 노환공이 알아차릴 정도였던 거죠. 결국 환공이 이 사실을 알게 되면서 사건은 급물살을 탑니다. 두려웠던 문강은 이 사실을 오빠인 제양공에게 알립니다. 그리고 제양공은 자신이 부리던 팽생(彭生)이란 인물에게 노환공을 맡깁니다.

하루는 팽생이 노환공에게 술을 잔뜩 먹게 한 다음, 마차 안에서 환공의 허리를 동강 부러뜨려 버립니다. 노환공은 그렇게 사망했어요. 어쨌든 노나라의 군주인데 객지에서 살해당한 거죠. 노나라 입장에선 황당한 사건이 아닐 수 없었죠. 군주가 해외 순방 갔다가 그것도 우방인 제나라에서 객사를 했는데, 누가 봐도 외상의 흔적이 있는 죽음이었거든요. 제양공은 얼른 팽생의 개인적 일탈로 사건을 조작하죠. 팽생은 제양공에 의해 죽임을 당합니다. 노나라는 작은 나라였고, 항의도 제대로 못해요.

그에 비하면 제나라는 큰 나라입니다. 노나라에서 환공의 뒤를 이어 군주가 된 이는 노장공(魯莊公)이었습니다. 대충 상황을 알았지만 장공은 결국 이 사건을 이슈화하지 못하고 진상규명도 흐지부지되고 맙니다. 그러곤 다시 또 제나라 여인과 혼인을 하게 되죠. 정식 부인은 애강이란 여인이었는데, 그 동생인 숙강이란 여인도 함께 와서 살았어요. 노장공은 애강과 숙강 두 여인 모두를 데리고 살았습니다.

사실 이 장공에게는 진짜 사랑하는 여인이 따로 있었습니다. 대부 당씨네 맏딸인가 그런데, 아무튼 이 여인과의 사이에서 반이라고 하는 아들을 두었습니다. 이 여인은 세력 면에서나 기타 등등에서 부인 애강이나 그 여동생 문강처럼 겉으로 드러나지는 않았습니다만, 노장공의 총애를 받는 숨은 실세였습니다. 장공은 애강과의 사이에서는 자식이 없었고, 처제인 숙강과의 사이에서는 아들이 있었습니다. 그리고 한편으로 장공에게는 경보(慶父), 숙아(叔牙), 계우(季友)라고 하는 세 명의 장성한 동생들이 있었습니다. 복잡하죠? 자, 기본 세팅은 여기까지입니다.

노장공은 슬슬 자기 후계 구도를 고민하게 되는 때가 옵니다. 마음속으로 대부 당씨네 여인 사이에서 난 아들을 태자로 세우고 싶었지만, 애강의 눈치가 보여 그럴 수가 없었습니다. 그러다가 하루는 노장공이 병이 나서 며칠 쉬고 있는데 숙아가 문병을 온 겁니다. 이런 저런 얘기 끝에 노장공은 평소 자신의 고민을 은근히 털어놓아요. 후계 구도를 어떻게 하면 좋을까, 라고 아우에게 물어본 거죠. 그런데 눈치 없는 숙아가 뜻밖의 대답을 해버립니다. "아, 형님! 걱정하지 마세요. 노나라 법에 군주의 자리는 자식이 어리거나 마땅치 않으면 동생이 이어도 되는 거니까요. 형님 돌아가시면 그 다음으로 경보형이 있고 또 저희가 있는데 무슨 걱정이십니까?" 대충 이런 말이었어요. 떡 줄 사람은 생각도 안 하고 있는데 지금 숙아가 혼자 너무 나간 거죠. 노장공은 아우들을 시켜 당씨네 아들을 어떻게 태자로 만들까 생각 중이었는데, 느닷없이 숙아가 "걱정 마세요. 저희가 다 알아서 잘 하겠습니다." 이런 셈인 거죠. 숙아가 물정 없이 얘길한 것도 맞는데, 다른 한편으론 또 숙아의 이런 감각이 일반적으로 틀리지 않은 감각인 것도 맞아요. 춘추시대 각 나라들에서 왕위는 형제들이 돌아가면서 하는 경우가 많거든요. 하지만 그건 그거고, 장공은 그럴 마음이 없었다는 게 문제인 거죠.

노장공은 다시 계우를 만납니다. 그러고는 똑같이 떠보죠. 그러자 계우는 장공의 마음을 눈치채고 이렇게 말합니다. "제가 목숨을 걸고 당씨녀의 아들 반을 군주로 만들어 드리겠습니다." 흡족해진 노장공은 계우와 속내를 터놓고 작전을 짭니다. 먼저 계우는 장공의 명령을 가지고 숙아를 불러요. 그러고는 숙아를 독살합니다. 간단해요. 독주를 탁 내놓고, '이거 마시면 제사는 끊기지 않게 해준다. 안 마시면 여기서 죽고, 가족들도 몰살된다.' 그러니까 계우에게 숙아는 형인데, 바로 제거하는 겁니다. 권력이라는 게 이렇게 비정한 거예요. 하는 수 없이 숙아가 눈물의 독술을 마시고 죽습니다.

장공이 죽고 계우는 약속대로 아들 반을 군주로 세웁니다. 하지만 경보가 가만있질 않았어요. 경보는 사실 애강 그러니까 형수님과 이미 오래전부터 그렇고 그런 사이였거든요. 반응들이 왜 그러세요? 이런 집안 처음 본다는 듯한 표정들이신데, 설마 그냥 단순한 권력 싸움일 거라고만 생각하신 거예요?(웃음) 하여간 경보는 쿠데타를 일으켜 성공한 다음 계우를 쫓아냅니다. 계우는 이웃 진(陳)나라로 도망을 가요. 경보는 장공과 숙강 사이의 아들을 왕으로 세웁니다. 그러니까 자신의 연인 애강과의 자식은 아니지만, 어쨌거나 애강과 자매지간인 숙강의 아이로 왕위를 세운 거죠. 이 사람이 노나라 민공(閔公)입니다.

『사기』「노나라 세가」에 보면 이 대목 즈음에 이렇게 되어 있습니다. "경보와 애강이 더욱 자주 간통했다." 이건 굳이 들어갈 필요가 없다면 없을 수도 있지만, 바로 그 다음 대목이 끝내 경보가 스스로 왕이 되려고 하는 장면으로 이어져요. 그러니까 애강과의 관계가 더 깊어지면서 점점 더 실질적인 권력자로서 명실이 상부한 노나라의 절대권력자가 되고 싶어진 거죠. 이럴 때 명실상부란 말을 써도 될지 모르겠지만 경보가 아까 공자님 말씀대로 정명하려고 한 거… 는 아니겠죠?(웃음)

경보가 민공을 제거하고 왕이 되려고 하자, 이번에는 이웃나라로 피신해 있던 계우가 전열을 정비해서 돌아와 반격합니다. 경보는 결국 이 과정에서 죽고, 애강은 이웃나라로 도망쳤는데, 당시 제나라 군주가 그 유명한 제환공이었거든요. 아까 제양공을 제끼고 형제들 사이에서 각축을 벌여 기어이 왕이 된 인물이자 그 과정에서 관중이라는 천하의 명재상을 얻은 인물이고 춘추시대 첫번째 패주가 된 인물이죠. 어쨌든 그 제환공은 경보와 애강이 음란한 짓을 하다가 노나라를 어지럽혔다는 말을 듣고는 애강을 제나라로 소환합니다. 제환공의 정치력이 참 소름끼치는데, 제환공은 애강을 죽인 다음 그 시체를 노나라고 가지고 가서 찢어 버립니다. 대단하죠? 정치적 퍼포먼스를 하는거죠.

계우의 후손들은 계손씨가 되고, 숙아의 후손은 숙손씨, 그리고 경보의 후손들이 맹손씨입니다. 그러니까 원래는 거꾸로 노나라 장공의 첫째, 둘째, 셋째 동생이었는데, 엄청난 권력 싸움을 거치면서 권력 순위가 뒤바뀐 겁니다. 계손씨가 가장 막강한 힘을 가진 세력이 된 것은 이런 배경이 있었던 거예요. 공자의 시대는 계우의 후손인 계손씨가 정권을 잡고 있던 시대죠. 이러한 과정을 통해서 왕과 대부 사이에 위계가 흐트러지고, 문란해지고, 대부들에 의해서 국정이 농단되고, 대부들은 또 자기들의 가신 그룹들에게 당하기도 하고 물고 물리는 관계. 이런 시대에 공자가 계강자라고 하는 계손씨의 실권자에게 질문을 받은 거예요. "계강자문정어공자."(季康子問政於孔子) 계강자가 공자에게 정치를 물었다. 그러니까 사실상 노나라 최고 실력자가 정치를 물은 거였죠. 공자의 대답은 어땠습니까? '정치란, 바르게 하는 것입니다.' 바르게 하다(正). 바름을 추구하다. 바르게 되도록 만들다 등등의 뜻입니다. 노나라 실정을 보면 이 말이 좀 더 와 닿죠? 이 대부들이 하고 있는 꼬락서니는 대체로 정확하게 바르지 않으려고 엄청 노력하고 있는 거죠. 노나라 군주였던 소공(昭公)은 심지어 대부들과의 싸움에 져서 망명지를 떠돌다 객사하기도 합니다. 여하튼 이게 당시 공자가 노나라의 최고 실권자인 계강자에게 되돌려준 대답이었습니다. 계강자는 속으로 얼마나 뜨끔하고 불쾌(!)했을까요.

지금까지 우리가 보았듯이 공자께서 지금 제나라 경공하고 대화를 하고, 위나라에서는 자로의 만류에도 불구하고 남자와 만나고, 노나라에서 계손씨의 최고 실권자인 계강자와 상대를 합니다. 공자가 굉장히 정치적으로 주목받는 인물이었다라는 것을 알 수 있죠. 비록 현실정치에서 직접 무언가를 실행할 수 있는 기회를 얻지는 못했지만, 당대에 중국에서 내로라하는 그 중원의 실권자들에게 정치에 대한 조언을 할 수 있을 정도의 인물이었다는 것을 알 수 있습니다. 이것은 결코 공자의 정치관이나 정치적 언명들이 단순히 공허한 지식인의 수사학으로 평가되지 않았다는 것을 의미합니다. 그 일을 실제로 진행시킬 수 있는 국가의 실권자들을 향해서, 그 나라의 실제 실정에 맞는 이야기들을 쏟아낸 것이었다라고 하는 것, 이게 『논어』에서 공자가 직접 '정치'에 관해 언급한 말들에서 살펴본 내용들이었습니다. 춘추시대의 역사나 각 나라의 사정을 알면 더 잘 이해되거나 훨씬 구체적인 언급이었다는 사실을 통해 알 수 있는 것은 무엇일까요. 바로 공자의 말들이 불특정한 모두에게 적당한 원리가 아니라, 바로 그 인물 그 역사적 사건과 배경 위에서 전개되는 현장의 언어였다는 사실의 반증이 아닐까요?

자, 이런 배경 위에서 다음 글을 한번 보시죠. 어쩌면 조금 다르게 읽힐지도 모르니까요.

정공이 물었다. "군주는 신하를 부리고, 신하는 군주를 섬긴다라고 하면 어떻습니까?" 공자가 응대하며 말했다. "군주는 신하를 예로써 부리고, 신하는 군주를 충심으로 섬깁니다." 「팔일」

역시 그냥 봤으면 이건 그냥 도덕교과서 같은 얘기인데, 노나라 정공입니다. 일단 군주잖아요. 그리고 노나라 군주이니 실권이 없고 전전긍긍하는 사람이겠구나, 라는 걸 알 수 있죠. 실제로 정공은 공자를 등용해 뭔가 일을 꾸며 보려고 노력했던 인물입니다. 그러니 당시 노나라 형국이 얼마나 답답하게 느껴졌겠습니까. 그래서 이 대목은 사실 꼭 이렇게 번역되는 부분은 아닌데, 저는 정공이 공자한테 살짝 푸념을 하는 대목으로 읽어 보고 싶어집니다.

이를테면 이런 식이라는 거죠. "군주는 신하를 부리는 사람 아닙니까? 부려야 되는거 아닙니까? 신하는 군주를 섬기는 것, 이게 정치 아닙니까?" 지금 이 사람이 울화통이 터지는 거예요 지금. 하지만 공자의 대답도 호락호락하진 않아요. 냉정합니다. "왕은 왕 다워야지. 군주가 군주답지도 못한데, 지금." 유학은, 공자는, 항상 이렇게 상호적(호수적)이에요. "일방적으로 신하가 군주에게 충성을 다하는 구조 아니고요, 군주가 일방적으로 신하에게 예를 갖추는 구조 아니에요." 이렇게 대답합니다, 공자는. "군주는 신하를 예로써 부려야 하는 것이고, 신하는 군주를 충심으로 섬겨야 하는 것이겠지요." 그렇습니다. 이런 말들이 보기에 따라서는 별것 아닌 것 같고, 아주 원론적인 대답인 것처럼 보이지만, 사실 이런 소소하지만 분명한 태도 같은 것에서 유가의 근육이 만들어진다고 저는 생각합니다.

군은 군다워야 되고, 대신 신은 또 신다워야 되는 겁니다. 아버지가 대충이어도 아들은 아버지를 따라야 된다? 이런 게 아니에요. 아들이 개차반이어도 아버지는 항상 아들을 품어야 된다? 물론 이 상호적인 관계에서 자기가 할 수 있는 능력의 역할들을 더 확대하도록 노력해야 되는 이유들은 얼마든지 찾을 수 있어요. 하지만 그럼에도 불구하고 아버지가 얼마나 더, 얼마만큼 아들을 더 품을 수 있는가를 위해서 해야 되는 과정이 있고, 아무리 형편없는 아버지라고 할지라도 아들로서 지켜야 될 어떤 것들을 더 넓히기 위해서 고민해야 할 지점들이 있는 겁니다. 하지만 언명의 형태로만은, 일방적인 관계로 되지 않는다는 거예요. 유가에서는 항상 위는 위대로, 아래는 아래대로, 좌는 좌대로, 우는 우대로, 노인은 노인대로, 젊은이는 젊은이대로, 각자의 역할들이 분명하게 포지셔닝되어 있습니다.

그런 지점들을 아주 이른 시기에, 최소한 2,500여 년 전에, 공자는 굉장히 구체적이고 아주 실천적인 방식으로 정치에 대한 언급들을 해나가고 있는 사람이었다, 라고 하는 것이죠. 이 점은 공자가 말하는 정치를 오늘날 그저 도덕적이고 추상적이거나 일반적인 어떤 말들로 대충 섞어 보지 말아야 되는, 또는 그렇게 볼 필요가 없다, 라고 하는 것을 환기시킨다는 점을 말씀드리고 있는 겁니다.

8. 정치란 무엇인가④ ―고귀하게 되기

이제 간단하게 마무리를 좀 해봅시다. 공자의 정치론에 관한 결론
은 뭐냐? 저는 이것을 윤리의 문제로 풀려고 하는데요. 윤리라는 말
이 더 딱딱해 보일지도 모르겠네요. 품행론, 이라고 생각해도 좋습
니다. 무슨 말이냐 하면, 정치라고 하면 우리는 정치권력을 가진 사
람들의 '무엇'이라거나, 국가라든지 아니면 큰 집단의 입장인 것처
럼 생각하는 경향이 있는 것 같아요. 즉, 정치인들의 일이고, 정치적
권력을 가진 사람들의 뭐고. 그런데 저는 공자의 정치론에는 우리
현대의 개인들이 얼마든지 자신들의 실천적 덕목이나 지점으로 변
화시킬 수 있는 대목이 있다고 생각합니다. 다시 말해 품행에 작동
하는 거죠. "군군신신(君君臣臣) 부부자자(父父子子)", 또는 "정명"
(正名), 또는 "정자정야"(政者正也)… 이런 구절들이 정치인들이나
권력을 가진 사람들의 입장뿐만 아니라, 『논어』를 읽는 개개인들에
게 어떤 것이냐는 거죠. 그것을 저는 한마디로 '고귀하게 되기'라고
정리해 본 겁니다.

선생님 말씀하셨다. 정치로 이끌고 형벌로 다스리면, 백성은 모면하려고만 하고, 부끄러움을 모르게 된다. 도덕으로 이끌고 예로 다스리게 되면, 부끄러움을 알고 또한 바르게 된다. 「위정」

여기도 정치가 나오죠. 이것을 개인으로 돌리면 어떻게 됩니까? 현대인들의 주요한 병증 중 하나가 염치(廉恥)를 잃어버린 것, 부끄러움의 상실이라고 저는 생각합니다. 저 어렸을 땐 지금보다 전반적으로 훨씬 없이 살던 때인데 종종 어른들이 이런 말씀을 하시는 걸 들을 수 있었습니다. "사람이 염치가 있어야지." 그런데 요즘은 이런 말 자체를 거의 못 듣는 것 같아요. 염치가 있어서 그런건가요? 그 반대겠죠? 워낙에 염치들이 없어서 말이죠.(웃음) 다 염치가 없어져 버려서 말도 사어(死語)가 되어 버린 거죠. 오죽했으면 있던 말들도 죽어 버렸겠어요.

공자가 이렇게 얘기합니다. 덕으로써 이끌고 예로써 이끌면 부끄러움을 알게 된다고, 그리고 바르게 되려고 한다고. 그럼 우리는 이걸 누가 나에게 다스리기 전에, 내 실천과 품행의 덕목으로 삼는 지점이 어디여야 되는가라고 물어보자는 겁니다. 이를테면 내가 살아가는 어떤 원칙이나 나의 어떤 가치관이 누가 나를 벌주기 때문에, 누가 감시하기 때문에 그걸 안 하거나 못하는 거라면 또는 누가 나를 구속하기 때문에 그래서 살아야 된다면 이건 우리 존재가 너무 초라해지는 거 아닌가요? 그것밖에 안 된다는 게 너무 부끄럽지 않나요? 이 말을 거꾸로 돌리면 그렇게 된다는 거예요. 그러니까 이 말을 자기 자신에게 돌리면, "나는 내가 어떠한 사람이고자 하고 어떤 사람이면 좋겠는가"라는 말로 바로 바꿀 수 있다는 겁니다. 내 자신을 덕으로 이끌고, 내 자신을 예로써 분명히 세울 수 있게 되면, 굳이 법이나 형벌이 아니어도 부끄럽지 않게 되겠죠. 내가 내 자신을 덕으로써 예로써 살피고 이끌어 간다면, 만에 하나 법이나 형벌에 저촉되더라도 나는 부끄럽지 않을 거라고 생각합니다.

식민지 시대 때에 정말 자신을 다 바쳐서 무언가를 하고자 했던 사람들은 당시에 현행법에서는 위법자들이었을 거예요. 왜? 일제강점 시대니까요. 하지만 그 사람들이 법을 어기는 것에 대해서 부끄러워했을까요? 천만의 말씀. 단재 신채호 같은 분은 끝까지 비타협 노선을 지키신 분이잖아요. 단재가 중국에서 잡힐 때, 죄목이 뭐였는지 아세요? 위조지폐 사용 현행범이었어요. 은행에서 위조지폐를 가지고 환전하다가 잡혔습니다. 일본 판사가 "아니 독립운동한다는 지식인이 이런 범법행위를 해도 되는가." 이런 식으로 몰아붙였어요. 모욕 주려는 것이었겠죠. 그런데 단재는 당당했어요. "이게 왜 범법행위냐" 하는 거예요. "내가 어긴 법이 뭐냐. 너희가 말하는 그 법이다. 난 그걸 한 번도 법이라고 인정해 본 적이 없다."

자기가 가지고 있는 가치와 덕이라고 하는 게, 사실은 사회적 질서나 법이 훨씬 더 상위에 있고 훨씬 더 근원적인 것이어야 된다는 거예요. 법으로 다스리고 형벌로 다스리는 것은 최후의 수단이고, 가장 비인간적이고, 가장 무능력한 방식이에요. 이를테면 제가 친구랑 트러블이 있는데 그걸 '법대로' 해결하려 한다면 이건 그 친구와의 관계를 더 이상 유지하지 않아도 좋다는 뜻이겠죠. 관계를 끊어도 좋다는 뜻인 겁니다. 이건 관계 유지를 떠나서 무능력한 거죠. 내 문제를 나와 관계 없는 무엇인가에 맡겨서 처리해 버린다는 생각 말입니다. 이건 근대 이전까지만 해도 비천한 사람들이나 하는 생각이었어요. 어느 귀족이 자기 운명을 법에 맡깁니까. 감히 누가 내 운명을 판단해! 그런데 반대로 요즘 현대인들은 더 이상 자기 자신의 능력으로 이걸 해결해 보려고도 하지 않고 그저 깔끔하게 정리하는 길을 택하는 거죠. 법대로! 그런 점에서 유학이라는 학문은 그런 학문이 아니라는 거예요. 법은 최후에 가야 되는 거고, 이게 가장 부끄러운 짓이에요.

법, 이런 말이 우리들의 품행(윤리)을 가늠하는 만능이 되어선 안 돼요. 현대인들은 이 법이라는 것에 지나치게 결박당해 있습니다. 툭하면 무슨무슨 법이 어떠니 하면서 마치 전능한 것처럼 판단의 의지처로 삼는데, 자기 스스로 자기 행동에 책임을 질 수 있는 어른이라면 오히려 법에 앞서 당당한 삶을 꾸려나갈 수 있어야 하는 것입니다. 이 점에 대해서 분명하게 『논어』나 공자의 가르침이 지시하는 게 있다고 저는 생각합니다.

"자공이 말하였다." 자공입니다. 이제 이름만 봐도 반갑죠? "주왕(紂王)의 불선함은…" 주왕은 은나라의 마지막 왕이에요. "주왕이 아주 문란했던 것은 알려진 것처럼 그렇게 심하지 않았다." 이거 굉장히 파격적인 말이에요. 「미자」편에 나오는 구절입니다. 암튼 제가 좋아하는 자공 선생 나오셨네요. 내용 같이 보시죠. 주나라 얘기도 나오네요. 여러 차례 말씀드렸지만 중국 고대 역사의 정통을 공자는 어디에서 가져왔냐면, 주나라였습니다. 공자는 주나라에서 뭔가 굉장한 걸 봤어요. 꿈에 주공을 오래 못 뵌 것이 너무 한스러워 한탄할 정도였으니까요. 요컨대 주나라의 문왕과 무왕, 그리고 이들을 도왔던 주공이라고 하는 인물과 이 인물들로 인해 만들어진 주나라의 질서, 이것이 공자가 지향하고자 했던 춘추시대의 대의였어요. 구체적으로는 뭐냐. 위로는 왕이 있고, 왕이 천하를 나누어 주는 제후들이 있고, 제후들 밑에 대부들이 있고, 대부들 밑에 사계급이 있고, 사계급 밑에 민들이 있어서 각자 자기의 직분과 역할들을 다하는 안정된 계급사회. 이게 공자가 바랐던 주나라의 질서예요. 그러면 이 사람들의 계급적 질서와 정당성은 누가 부여하느냐? 그건 천하의 민심이 귀의한 왕들이 가지고 있는 거예요. 그래서 제후국과 제후국들의 전쟁은 절대 불가능하지만 한 제후국이 무도하게 굴면, 천자가 다른 이웃한 제후국들에게 무도한 제후국을 정벌할 것을 명령해요. 그래서 항상 전쟁은 천자의 명에 의해서만 할 수 있는 것, 이게 공자가 생각했던 주나라의 이상적인 질서였어요.

그런데 그 질서가 흔들리는 시대가 공자의 시대예요. 그래서 그걸 회복하고자 했던 게 공자고요. 그래서 공자가 '회복'하려고 했다는 점에 초점을 맞추면 공자는 복고주의자가 되고 보수적인 사람이 되는 거고, 그 시대에 흔들리고 있었던 이 흐름을 거슬러서 가고 있는 점에서 보면, 공자는 자기 시대에 저항했던 반시대적인 사람이 되기도 한다는 거예요. 그런 점에 공자는 개혁가이기도 했다는 거지요. 유학이라고 하는 것은 우리가 어떤 측면에서 살펴보는가에 따라서 얼마든지 다른 해석들이 가능해집니다.

그런데, 이 주나라가 은나라를 무너뜨리거든요. 은나라 마지막 왕인 주왕은 천하에 무도한 왕으로 되어 있어요. 자기 삼촌들을 다 죽이는데 심지어는 심장을 열어 죽이기도 하고요. 기자는 미친 척하고 있다가 동방으로 가서 기자조선이 되기도 하는 게 다 이때거든요. 그런데 자공은 이렇게 말해요. 주왕의 불선함, 선하지 못함이 알려진 것처럼 그렇게 심하지 않았다는 거예요. 이건 굉장히 파격적인 언사인 겁니다. 왜 그런가 들어보면 이런 겁니다.

"이런 까닭에" 원래는 그렇지 않은데, 세상의 모든 악명을 다 뒤집어 쓰고 있어요, 주왕이. 원래는 그렇게 나쁜, 그렇게 못된 사람이 아니었지만 쿠데타 등으로 세상이 뒤집어지게 되면, 그때부터는 세상의 온갖 나쁜 것들은 다 주왕이 독박을 쓰게 되어 있어요. 이 말은 우리가 생각한 것보다 주왕이 나쁜 놈이 아닐 수 있다는 겁니다. 그런데 그 어리석음과 탐욕과 교만함의 허방에서 못 헤어나면, 우리는 실제로 자신이 저지르거나 실제 자신의 과오보다 훨씬 더 많은 것들을 감내해야 할지도 모른다는 겁니다. "그런 까닭에, 군자는 하류에 처하는 걸 싫어한다"는 거라는 거예요. 군자가 계급적으로 고귀하게 되기 위해서 그러는 게 아니고, 한발 허방에 디디면, 그 허방으로 무수하게 많은 악취나는 것들이 굴러 들어오기 때문에 군자는 되도록이면 고귀한 자가 되려고 한다는 거예요.

이 얘기를 개인의 것으로 바꾸면 이렇게 되는 겁니다. 우리는 모두 스스로 자기의 덕에 의해, 스스로 고귀한 삶을 지향하면서 살아야 한다. 이게 군주의 입장에서 자기의 고귀함을 실현하는 방식으로, 신하의 입장에서 자기의 고귀함을 실현하는 방식으로, 아버지가 자기의 고귀함을 실현하고, 자식이 자기의 고귀함을 실현하는 방식으로 된다면, 그것은 공자의 말이 정치의 영역에서 이루어지는 것이 될 거고요. 이 말들을 한 개인으로서 자기가 어떻게 살 것인가의 문제에서 우리가 답을 찾으려고 노력해 본다면, 공자의 정치에는 결국 내 자신의 삶의 비전, 내 삶의 지향점들을 얻게 되는 어떤 윤리적 지혜의 소스일 수도 있을 것이다…라는 것이죠. 일단 이 정도가 공자의 정치론을 통해서 제가 살펴볼 수 있는 것들이었습니다. 물론 이게 전부는 아닙니다. 마치겠습니다.

4부.

1인이란

'무엇'인가

공자는 무연(憮然)히 있다가 말했다.
"새나 짐승 등과 더불어 한 무리가 될 수 있겠는가.
내가 여기 이 사람들의 무리와 함께하지 않으면
누구와 함께하겠는가. 도가 있는 천하였다면 나는
변혁하려고 하지도 않았을 것이다."
—— 『논어』「미자」편

1. 자로가 나루터를 묻다

마지막으로 인(仁)에 관해 얘길 해볼까 합니다. '공자' 하면 연관 검색어로 나올 법한 말이기도 하고요.

왼쪽의 그림은 '자로가 나루터를 묻다'라는 뜻의 「자로문진」(子路問津)이란 그림입니다. 그림을 보시면 한쪽에 수레를 타고 있는 인물이 보이시죠? 그분이 공자입니다. 그리고 다른 한쪽으론 써 래를 잡고 선 사람이 하나 보이고 그 앞에서 예를 갖추며 이야기를 하고 있는 사람이 보이실 겁니다. 이 사람이 자로입니다. 그 너머론 강인지 물이 흐르고 있네요. 백문이 불여일견이니, 일단 「미자」편에 나오는 이 구절을 한 번 읽어보죠.

장저(長沮)와 걸닉(桀溺)이 함께 밭을 갈고 있었다. 공자가 그곳을 지나가다가 자로를 시켜 나루터를 물었다.

장저가 말했다. "수레 고삐를 잡고 서 있는 사람은 누군가?"

자로가 말했다. "공구입니다."

장저가 말했다. "노나라의 그 공구말인가?"

자로가 말했다. "그렇습니다."

장저가 말했다. "그럼 나루터를 알 텐데."

자로가 걸닉에게 묻자, 걸닉이 말했다. "자넨 누군가?"

자로가 말했다. "중유라고 합니다."

걸닉이 말했다. "저 노나라 공구의 문도인가?"

자로가 대답했다. "그렇습니다."

걸닉이 말했다. "(이 물처럼) 도도하게 흘러가는 것이 세상(천하)인데, 어떻게(누가) 바꾼다는 것인가? 자네는 사람을 피해 다니는 인물[避人之士]과 함께하느니, (차라리 우리처럼) 세상을 피해 사는 이[避世之士]를 따르는 게 어떤가?" 이렇게 말하면서도 써래질을 멈추지 않았다.

자로가 (공자에게) 가서 아뢰었다. 그러자 공자는 무연(憮然)히 있다가 말했다. "새나 짐승 등과 더불어 한 무리가 될 수 있겠는가. 내가 여기 이 사람들의 무리와 함께하지 않으면 누구와 함께하겠는가. 도가 있는 세상(천하)이었다면 나는 변혁하려고 하지도 않았을 것이다."

이 구절에는 스토리가 좀 있네요? 등장 인물이 자로이니 캐스팅도 좋고요. 유명한 구절입니다. 일단 특징적인 대목을 좀 짚어 보죠. 장저와 걸닉이란 인물이 나오는데 "우이경"(耦而耕), 즉 함께 밭을 갈고 있었다는 뜻입니다. 이때 공자는 자로와 더불어 길을 가는 중이었는데, 나루터를 찾는다고 나옵니다. 길을 찾는 중이었다는 뜻이죠. 그래서 자로를 시켜, 나아가 물어보게 합니다. 문진(問津), 나루터를 묻는다는 뜻인데 이건 길을 묻는다는 뜻이고, 길은 곧 도(道)이니, 이것은 결국 공자가 자로를 시켜 도를 물은 겁니다. 나아갈 도리, 이치를 물었다는 뜻이죠. 그래서 '자로가 나루를 묻는다'는 뜻의 이 '자로문진'은 나아갈 길(도리)을 묻는다는 뜻으로 유명합니다. 한 인문학 출판사의 기획총서 중에 '나루를 묻다'라는 시리즈가 있어요. 모르는 분들은 '웬 나루?' 하실 테고, 『논어』를 아시는 분들은 아 '자로문진'에서 따온 것이로군, 하실 테죠. 좋은 시리즈입니다.(웃음)

자로가 장저와 걸닉에게 나아가 나루를 묻습니다. 스승께 단단히 언질을 받았는지 어땠는지는 모르겠습니다만 자로는 굉장히 정중하고 겸손하게 묻고 있습니다.『논어』에는 이런 형식과 느낌의 문장을 몇 번 반복해서 만나볼 수 있습니다. 주로 장저, 걸닉과 같은 은자(隱者) 계열 인물들과의 만남에서 볼 수 있는데, 「미자」편에 많이 나옵니다. 대표적인 에피소드로 공자의 수레(혹은 가마) 곁을 지나면서 의미심장한 노래를 부르며 사라진 초나라 광자 접여(接輿)나 망태기를 멘 노인, 석문지기 등이 있습니다. 그런데 이런 내용들은 거의가 자로와 관련되어 있습니다. 우연일까요? 한편으론 생각해 볼 거리입니다.

스승에 대한 자부심과 용맹이 대단했던 자로가 장저, 걸닉 앞에선 아주 공손합니다. 어떻게 공손한가 하면, 보시다시피 장저와 걸닉이 나루터를 묻는 자로의 물음에 대답하는 대신 저기 저 수레

곁에 서서 심부름 시킨 이가 누구냐고 되묻거든요. 그런데 자로가 '공구입니다'라고 대답합니다. 자기 스승님 이름을 대고 있는 겁니다. 그러니까 어떤 상황이냐면, 충성도 120점의 자로가 장저와 걸닉을 스승보다 어른으로 대접하는 겁니다. 그런데 그 다음 대화가 재밌습니다. 장저와 걸닉이 공자를 이미 알고 있었던 겁니다. "공구라면, 노나라 공구말인가?" 이렇게 되묻거든요. 그러고는 자로가 맞다고 하자 이번에는 "공구라면 나루터를 알 텐데?"라고 말합니다. 다시 말해 노나라 공자 정도면 자기 길[道]을 누구한테 물을 필요 없이 스스로 알 것이라는 뜻입니다.

그런데 말입니다. 이들(정확히는 걸닉)은 흥미롭게도 자로를 꼬십니다. 떠보는 겁니다. 자로여, 내 말을 들어보시라. 이렇게 도도하게 굼실굼실 거침없이 흐르고 또 흘러가는 것이 바로 물이라는 천하라네. 대체 어떻게 이걸(이 세계를) 바꿔 보겠다는 건가… 불가능하다는 말이죠. 그러고는 자로에게 이렇게 제안합니다. 자네 스승처럼 사람들을 피하는 인물과 함께하지 말고, 우리들처럼 차라리 세상을 피해 살아가는 사람이 되는 게 어떤가? 여기서 피인지사와 피세지사라는 말이 대립합니다. 언뜻 말뜻만 풀어 보면 사람을 피하는 이와 세상을 피하는 이인데, 은자들을 세상을 피해사는 사람이라고 표현한 것은 이해가 금세 됩니다만 공자를 가리켜 사람을 피하는 인물이라고 평가하는 대목은 알 듯하면서도 정확하지는 않습니다. 보통은 공자가 자신의 의지를 실현할 때를 제대로 만나지 못해 사람들 사이에 머물지 못하고 떠돌아다니는 것을 조롱조로 비유하여 사람들을 피해 다닌다고 표현한 것이라고 봅니다. 가장 무난한 해석이지요. 조금 보태 보자면 공자는 이렇게 안 될 일을 하는 사람, '되지 않을 줄 알면서도 하는' 사람인지라 사실상 같이할 사람들이 없고, 결국 사람들을 피하는 사람처럼 되어 외롭게 떠돈다는 뜻인지도 모르겠습니다.

자로가 돌아와 공자님께 이 말을 전합니다. 그러자 공자의 반응. 무연(憮然). 이 말은 할 말을 잃고 허탈하고 먹먹해진 상태입니다. 자로에게 나루터 물으러 보냈는데, 자로가 와서는 대답하기를, 갈 길이 어딘지는 공자 스스로 잘 알 거라고. 대체 어떻게 저 도도한 물줄기를 바꾸려는 거냐고 말하는 겁니다. 공자가 말문이 막힌 것은 정곡이 찔려서라기보다는 어떤 크고 묵직한 현실의 고충을 다시 한번 깊이 느꼈기 때문이 아니었을까요.

이윽고 공자가 마지막 대사를 읊조립니다. 혼잣말처럼 들리기도 하고, 자로에게 하는 당부의 말씀 같기도 한데요. 이렇게 말씀하시죠. 세상을 피해 산다니, 그럼 결국 새나 짐승 등과 함께 살아가겠다는 것인데 새나 짐승 등과 똑같을 수는 없지 않은가. 결국 이러니저러니 해도 여기 이렇게 살아가고 있는 사람의 무리에 있어야 하는 것 아닌가.

바로 여기 이 대목이 중요합니다. 왜냐하면 공자의 그리고 유학의 현세적인 성격이 다시 한번 잘 드러나는 부분이기 때문입니다. 간단히 말하면 공자의 논리는 '여기 이렇게 살(아가)고 있는 사람의 무리'(斯人)야말로 내가 있어야 할 곳이라는 것입니다. 『논어』

에서 공자는 대체로 은자(隱者) 그룹의 인물들에게 일정 정도 예의를 갖추고 있습니다. 이 은자 그룹들은 나중에 도가 그룹과 연결되는 사람들입니다. 아, 오해하지 않아야 할 것은 도가=은자라는 공식은 성립되지 않습니다. 도가는 은자들처럼 세속에서 떠나 살아가는 사람들도 있지만, 또 한편으론 적극적으로 정치와 결합하는 경우도 있습니다. 우리가 흔히 오해하듯 도가들은 모두 무위자연해서 산속으로 들어가 사는 사람들이 아니었다는 말입니다.

어찌 됐건 공자는 은자들에 대해 대체적으로 겸손한 태도를 취하고 있습니다. 그들은 최소한 자신들의 삶을 스스로 결정한 사람들이라고 공자 스스로 인정했기 때문일지도 모르겠습니다. 공자는 은자들을 인정하지만 물론 자신의 의지를 굽힐 수는 없었습니다. 바로 이 지점, 다시 말해 '여기 이렇게 살아가는 사람들의 무리'를 떠날 수 없는 한에서 공자, 나아가 유가의 정치적 입장, 좀 더 직접적으로 말하면 '어떻게 살 것인가'의 문제가 표면화되는 것입니다. 인(仁)이란 이런 배경 위에서 공자를 통해 가다듬어진 하나의 입장 같은 것입니다.

2. 공자는 인을 드물게 말씀하셨다

인(仁)이란 말은 『논어』에 백 번도 넘게 나옵니다. 적은 횟수가 아닙니다. '인'이란 말이 공자 이전 시기 문헌들에서는 자주 쓰이는 말이 아니었다는 점에서 보면 더욱 그렇습니다. '인'은 사실상 공자와 유학의 용어, 개념이라고 할 수 있습니다.

그동안 인에 관해서는 많은 논의들이 있어 왔습니다. 하지만 솔직히 말해 아직도 인이 뭐냐고 물으면 대답이 잘 되지 않습니다. 제가 과문해서이기도 하지만 여간 곤혹스러운 게 아닙니다. 이 인이라는 문자 앞에 서면 말이죠. 자전을 찾아보면 어질다, 자애롭다, 인자하다 등등의 설명을 보입니다. 어질다라는 말이 뭔가 싶어 찾아보면 '마음이 너그럽고 착하며 슬기롭고 덕행이 높다'라고 나와요. 깔끔하죠? 어려운 말도 없고.

그런데 정말 이 설명으로 인이 무엇인지 아시겠어요? 인이란 '마음이 너그럽고 착하며 슬기롭고 덕행이 높'은 실천을 하면 되는 건데, 이게 참 쉽지가 않습니다. 그런데 이 '쉽지 않다'는 말도 그게 반드시 아주 어려운 무엇이어서 그렇다는 뜻이 아니라, 뭘 어떻게 하라는 건지 모르겠다는 난감함 같은 것입니다. 이번엔 이렇게 한 번 생각해 보죠. 방금 전에 제가『논어』에 인이란 말이 백 번도 넘게 나온다고 말씀드렸죠? 그럼 그 백 번도 넘게 말해진『논어』속의 인을 한 곳에 모아 보면 어떨까요. 그럼 혹시 인을 알 수 있지 않을까요? 그런데 사실 그것도 좋은 방법은 아닙니다. 아마 그렇게 모아서 가장 합리적으로 추상화해 낸 개념 설명이 자전에 나온 설명, 그런 것일 겁니다.

대체 뭐가 문제일까요. 저는 우선 오늘 조금 다르게 접근해 볼까 합니다. 일단 제가 오늘 강의 주제(인이란 '무엇'인가)에서도 살짝 비틀어 보았습니다만, 무엇보다 먼저 해야 할 건 인에 대한 질문 자체를 다시 묻는 것입니다. 그래서 인이란 '무엇'인가에 붙은 작은따옴표는 일부러 넣은 의미 기호입니다. 인이라는게 '인이란 무엇인가라는 물음으로 물을 수 있을까'라는 뉘앙스죠. 다시 말해 '인이란 무엇인가'라는 질문을 다시 묻겠다는 뜻인 겁니다.

예컨대『논어』「자한」편의 첫구절은 이렇게 시작합니다. "자한 언리여명여인"(子罕言利與命與仁). 자한언, 선생님께서는[子] 드물게 말씀하셨다(잘 말씀하지 않으셨다, 罕言). 리여명여인, 이익과[利與] 운명[命]과 인(仁)을. 대강 이런 뜻입니다. 그런데 여기 가만히 보세요. 공자께서 이익에 관해서 드물게 말씀하셨다는데, 이건 어렵지 않게 이해가 됩니다. 그런데 운명도 드물게 말씀하셨다? 오십에 지천명 하신 분 아닌가요? 좋아요, 백 번 양보해서 그건 또 그렇다 치자고요. 그런데 그 다음이 인을 드물게 말씀하셨다는 거예요.

이건 좀 이해하기 어렵지 않으세요? 공자, 하면 '인'인데, 이상하다는 겁니다.

그래서일까요? 이 구절은 띄어 읽기를 달리해서 자한언리(子罕言利)에서 한 번 끊어 읽기도 합니다. 그렇게 되면 선생님께서는 [子] 이익에[利] 관해서는 잘 말씀하지 않으셨다[罕言]. 하지만 말씀을 허락하셨다[與]. 운명[命]과[與] 인(仁)에 대해서는. 이렇게 끊어 읽습니다. 누가 봐도 참 어렵게 끊어 읽는 건데, 왜 이렇게까지 읽어야 하는 걸까요? 아마도 그건 공자, 하면 인이라는 공식을 거스르지 않기 위해서입니다.

물론 누구도 모릅니다. 어느 것이 본래 의미인지는요. 하지만 이건 해석 불가능성 혹은 해석의 자의성을 의미하는 게 아니에요. 저는 오히려 그 반대여야 한다고 생각하는데, 저는 이런 구절들이 있기 때문에 고전 텍스트들이 늙지도 낡지도 않게 되는 중요한 이유가 된다고 생각합니다. 이럴수록 더욱 더 많은 다양한 상상력과 여러 상황들을 활용한 해석의 가능성이 열리는 것이거든요.

이런 구절들을 만나면 일단 저는 가장 평범하고 일반적인 방식으로 읽으려는 쪽으로 나아갑니다. 그리고 거기에서 다시 질문을 만들려고 하죠. 예를 들면 이 구절의 경우 일단 먼저 떠올릴 수 있는 것은 분명 '이익과 운명과 인에 관해 잘 말씀하지 않으셨다'라는 것입니다. 저는 거꾸로 왜 공자께서는 인에 대해서는 별로 말씀을 하지 않으셨을까, 라고 묻고 싶습니다. 왜일까요? 명도 잘 말씀하지 않으셨다고 하는데, 사실 명에 관해서도 하실 만큼 꽤 말씀하셨어요. 제가 조금 전 운명이라고 번역했지만 사실 명은 의미가 두텁습니다. 아마도 공자는 어찌할 수 없는 어떤 무엇을 명이라고 생각했던 게 아닌가 싶습니다. 거기엔 사명도 운명도 모두 포함됩니다.

예컨대 지천명(知天命) 같은 말에서 '천명을 안다'라고 말할 때, 이것은 하늘로부터 이 세상에서 부여받은 사명을 안다는 것뿐만 아니라 그 사명을 내가 수행해 나아갈 때 그 결과는 어찌할 수 없는 경우가 많다는 사실을 운명으로 받아들인다는 의미가 함께 있는 게 아닐까 싶습니다. 그러니 명이란 어찌할 수 없이 하는 것이고, 또한 그 결과 역시 어찌할 수는 없는 것입니다. 세상 일이란 게 의도대로 되질 않죠. 의도가 좋다고 반드시 당장에 좋은 결과로 귀결되는 것이 아닙니다. 그럼에도 우리가 그런 일을 왜 해야 하는가, 라고 묻는다면, 그게 바로 명이기 때문입니다. 헌데 그렇게 해도 결과라는 게 참으로 변변찮을 수 있습니다. 그것 역시 내가 어쩔 수는 없는 일이죠. 다만 내가 두 번 다시 그 상황이 되어도 부끄럽지 않게 어떤 일을 했다면 최소한 내 스스로는 그 결과를 받아들이지 않을 수 없을 것입니다. 왜냐하면 다시 그런 선택의 순간이 온다 하더라도 나는 똑같이 할 것이니까요. 이런 게 운명입니다.

여하튼 다시 인(仁)으로 돌아오겠습니다. 이 문장 "자한언리여명여인"의 후반부, 이 부분이 보통 알고 있는 상식적인 공자나 『논어』로는 잘 해결이 안된다는 겁니다. 어째서 '인을 드물게 말씀'하셨을까, 하는 궁금증만 커졌죠. 그런데 제자들은 또 왜 이 말을 『논어』 안에 남겨 놓았을까요? 어쩌면 인이라고 하는 이 말은 우리가 생각하는 것보다 공자나 유가사상에서 중요하지 않았던 게 아닐까요. 우리는 인을 굉장히 중요한, 유학의 무슨 핵심이라고 보지만 정작 당대의 제자들 눈에는 그저 그런 얘기가 아니었을까요?

결론은 '아니다'입니다. 왜 그렇게 생각하는지는 「공야장」편의 한 대목을 보겠습니다. 앞서 한 번 소개해 드렸던 인용문입니다.

> 맹무백이 물었다. "자로는 인합니까?" 선생님 대답하셨다. "모르겠습니다." 맹무백이 다시 물었다. 선생님 말씀하셨다. "자로는 천승의 나라에서 군정을 다스릴 수 있습니다…만 그가 인한지는 모르겠습니다."

자 이렇게 시작하는 구절인데, 이번에도 공자님 스타일로 말씀하시네요. 그 다음을 계속 좀 보죠.

"구는 어떻습니까?" 구는 염구(염유)입니다. 지금 자로와 염구는 공자 문하에서 정치 분야의 최고 제자들입니다. 두번째로 맹무백이 염구를 물었어요. 그러자 공자님께서 말씀하십니다. "염유는 천실의 큰 읍과 백승의 가문에서 재상 역할을 할 수 있습니다…만, 그가 인한지는 잘 모르겠습니다."

가만히 보면 공자님께서 제자들을 평가할 때, 상당히 별점을 박하게 쓰신다는 걸 알 수 있어요. 지금도 보시면 자로, 염구, 공서화 모두 인하다는 평가를 받지 못하는 겁니다. 능력이 출중한 제자들인데도 말이죠. 그러니 인에 관한 언급은 백 번도 넘게 나오지만 정작 인하다고 평가받는 인물은 잘 찾아볼 수가 없게 됩니다. 엄밀히 말해 공자께서는 인한 사람이라는 평가를 잘 안 해주셨다는 말이었을지도 모릅니다.

"공서화는 어떻습니까?" 맹무백이 또 물었지만 공자의 대답은 큰 틀에서는 같았습니다. "공서화는 훌륭하죠. 조정에서 띠를 두르고 서서 빈객들을 맞아 말을 할 수 있습니다." 공서화는 외교의 달인이에요. 그래서 보통 추정하기를 아마 풍채가 좋았을 거라고 여겨집니다. 몸이 아주 반듯하고 크고 비율도 우월했을지도 모릅니다. 그래서 띠를 두르고 백관들 앞에 서면 능히 빈객들을 접견할 수 있다는 겁니다. 하지만 공자는 그런 공서화도 인한 건지는 모르겠다고 말합니다. "…만 그(공서화)가 인한지는 모르겠습니다."

지금 여기 등장하는 공자의 제자들은 에이스급 제자들입니다. 그런데 이 제자들에 대해서조차도 공자는 '인'이라는 말을 상당히 제한적으로 쓰고 있습니다. 능력은 인정한다, 하지만 인한지는 모르겠다는 것이죠. 공자에게서 인이 언급되는 상당수, 백 회 이상 나오는 인의 언급 중에서 상당수는 이렇게 사실상 인이 아니라는 말을 하시기 위해서 인을 말씀하고 계신지도 모르겠습니다.

그러면 도대체 인함과 인하지 않음이라고 하는 것에 대한 공자님의 기준이란 건 뭐고, 이 인함과 인하지 않음에 대한 공자님의 말씀으로부터 공자와 유가의 사상에서의 인이 가지고 있는 특징, 또는 인이 가지고 있는 지위, 또는 인이 가지고 있는 성격이라고 하는 것을 어떻게 추려볼 수 있을까요.

공자님이 말하는 이런 식의 어법은 『논어』에 종종 보입니다. 예를 들면, 「헌문」편에는 이렇게 말하는 대목이 있습니다. "원헌이 물었다. '이기려 하지 않고, 자랑하지 않고, 원망하지 않고, 욕심내지 않으면 인하다고 할 수 있습니까?' 선생님 말씀하시다. '행하기는 어려운 일이라고 할 수는 있겠다…만, 인한지는 잘 모르겠다.'"

「공야장」편에는 또 이런 대목도 있습니다. 자장이 묻기를, 자문(子文)이라는 인물이 영윤 벼슬을 세 차례 했는데—이 영윤 벼슬이라는 것은 국무총리급에 해당되는 자리입니다—영윤 벼슬을 세 차례 하고, 세 차례 그만 두었지만 서운한 기색을 보이지 않았을 뿐 아니라 후임 영윤에게 자신의 노하우를 다 전수해 주었는데, 이러한 자문의 인물됨이 어떠냐고 물은 겁니다. 인하냐고 물었다는 뜻입니다. 그런데 이때에도 공자님은. "글쎄, 그 사람은 재상으로서 훌륭하다…만, 인한지는 모르겠다."(웃음)

공선생님은 대체 왜 이러시는 걸까요. 이쯤 되면 언어 습관이라고 해야겠죠? 최저가 제나라 장공을 시해했을 때, 제나라의 대부 중에 진문자(陳文子)란 인물이 있었는데 그는 그때까지 자신이 누리던 어마어마한 부귀 권력을 버리고 홀연히 떠나 버렸다고 합니다. 무도한 나라에서 살 수 없다는 그런 시위였지요. 그럼 진문자의 이런 인물됨은 인한 것입니까, 라고 물었지만, 이번에도 공자의 대답은 "인한지 잘 모르겠다"였습니다.

혹시 공자님도 진짜 인이 뭔지 잘 모르셨던 게 아닐까요?(웃음) 왜냐면 인이란 뭔가라고 얘기하는 것보다 인이란 뭔지 모르겠다고 대답하는 것이 『논어』에 훨씬 많으니 말입니다. 그런데 이 말은 인에 관한 어떤 힌트가 될 수도 있습니다. 무엇이 인이냐고 묻는 물음보다는 무엇이 인이 아니라는 말에서 인에 접근하는 길을 찾게 될지도 모른다는 사실 말입니다.

자, 이제 문제를 던져 봅니다. 공자는 인에 대해서 많은 말씀을 하신 건 맞아요. 많이 언급된 거 맞습니다. 『논어』라는 책 안에 인에 대한 언급이 많은 것 맞습니다. 하지만 그 대부분이 인을 부정하는 언급이었습니다. 그러니까 사실 인을 많이 말씀하셨지만 정작 인하다고 말씀하신 건 드물었다는 거죠. 그러고 보면 정말 『논어』 속에서 인하다고 인정받는 사람 혹은 인하다는 행위를 만나기가 쉽지 않습니다. 딱 몇 명 있는데, 그것도 다 옛날 옛날 사람들이고 당대 살아 있는 인물들에 대해서는 거의 그런 경우가 없습니다. 제자 안회가 3개월간 인을 어기지 않았다고 말할 때, 그 말은 정말 대단한 평가였다고 말씀드렸었죠? 그럼 인은 살아서는 불가능하다는 말일까요?(웃음)

3. 성(聖)과 인(仁)

자, 이번에는 '인과 인-함'에 대해 말해 보려고 합니다. 저는 인이라고 하는 말과 인-함이라고 하는 말을 조금 구별해 보고 싶습니다. 개념적인 구별은 아닙니다. 단지 인이라는 공자의 용어를 어떤 실체로 환원해서 접근하지 말고 용법으로 이해하자는 뜻에서 편의적으로 구별해 보는 겁니다.

다시 말해 인은 어떤 실체적인 목표에 도달하는 문제가 아니라 매 순간 '함(하다)' 또는 '행위'로서만 실재하는 어떤 것이라는 생각입니다. 이 두 가지를 만약 『논어』 안에서 다르게 구별해 볼 수 있다면, 우리가 물어야 될 것은 '인이란 무엇인가'가 아니게 될 것입니다. 물어야 할 것은 '나는 어떻게 나의 인-함을 실현할 것인가'에 가깝습니다. 누구에게나 옳은 불변의 인 같은 게 따로 있지 않다는 것입니다. 지금 여기에서 어떻게 하는 것이 나의 인-함인가를 물어야 합니다. 단지 개별적이고 실천적일 뿐인 겁니다. 아니 이런 말들도 공연히 제가 어렵게 말하고 있는 것이고요. 더 간단히 말해 보겠습니다.

『논어』에 등장하는 인물들 중 가장 높은 가치로 인정되는 이들은 성인(聖人)입니다. 유학에서 말하는 성인은 우리가 오늘날 종교적인 의미에서 상상하는 성인들과는 다릅니다. 즉 초현세적이거나 초월적인 능력을 가진 인물들이 아니에요. 유학의 성인들은 아주 현세적인 인물들이죠. 즉 초월적인 능력, 이를테면 성령을 가지고 있는 인물들이 아니라 유학의 성인들은 그저 각자의 자기 시대와 현실을 우리와 똑같이 살아갔던 인물들이에요. 그리고 딱 정해져 있습니다. 요임금, 순임금, 우임금, 탕임금, 문왕, 무왕. 여기까지는 일단 기본적으로 공인된 성인입니다. 그리고 주공이 있어요. 공자는 주공을 대단히 높이 보았죠.

그리고 또 한 사람을 넣자면 바로 공자입니다. 당연히 『논어』 안에서는 그럴 리가 없죠. 공자께서 자신을 성인으로 여기거나 혹은 여기도록 했을 리 없으니까요. 공자를 성인으로 높이는 데 크게 일조한 인물은 공자의 제자들입니다. 이를테면 자공 같은 제자들이 있는데, 더 직접적으로는 후대의 맹자입니다. 맹자는 요·순·우·탕·문·무·주공·공자까지를 패키지로 해서 성인으로 대접합니다. 맹자가 공자를 성인으로 만드는 겁니다. 그럼 맹자 뒤에 누가 와 가지고, 요·순·우·탕·문·무·주공·공자 받고 맹자까지 성인으로 만들어 줘야 되는 거거든요. 그런데 아무도 안 받았어요.(웃음)

맹자는 유학사에서 기원전 4세기 사람인데요. 공자는 기원전 6세기 사람이잖아요. 맹자의 도는 무려 1,300여 년 가까이 끊겼다가 11세기가 되어서 송나라 북송시대 때에 다시 재발견됩니다. 그러니까 맹자는 1,300년간 마이너리거였다는 뜻입니다. 중간중간 한 두 번 불려나오긴 했지만 대체로 무명의 마이너리거였다는 게 맞습니다. 그런데 천 수백 년 후 북송의 유학자들과 남송의 주자를 통해 완벽하게 부활합니다. 그래서 이때 성인 계보를 다시 재정비하려고 도통(道統)을 만드는데요, 요·순·우·탕·문·무·주공·공자까지는 금세 '성인' 인증이 연장되었는데 맹자는 새로 심의에 들어간 거예요. 성인으로 삼을 것이냐 말 것이냐. 하지만 맹자는 결국 성인 인증 과정에서 등급 보류됩니다. 반쯤만 성인으로 인정되었어요. 그래서 아성(亞聖)이라는 말을 쓰기도 하는데, 대체로 그냥 현인(賢人)이라고 봅니다. 공자와 맹자를 성현이라고 할 때 그 성과 현이죠.(웃음)

사실 성인이냐 현자냐 등급을 나누는 것이 뭐가 중요하겠습니까. 가만히 보면, 공자 시대 때에 공자가 이전 선배들 중에서 성인으로 여겼던 인물들은 왕들입니다. 요, 순, 우, 탕, 문, 무왕 다 그래요. 그리고 또 한 가지, 이분들은 모두 현실에서 고귀한 왕이었지만 그렇다고 평생 평탄하게 살았던 분들이 아니에요. 평생 천하를 걱정하면서 더 훌륭한 인물에게 세상을 맡기려 전전긍긍했던 요임금. 자기 아버지와 동생으로부터 몇 차례 죽을 고비를 넘기면서도 효와 우애를 지켜야했던 순임금. 황하강 범람을 막기 위해서 9년 동안 치수사업을 위해서 죽을 힘을 다해 돌아다녀야 했던 우임금. 은나라 주왕에게 잡혀 유리란 곳에 갇혀 죽을 위기를 겪었던 문왕, 아버지 문왕의 뜻을 이어 쿠데타 전쟁을 일으켰던 무왕 등등 이들은 모두 명실공히 각자 자신의 발바닥에 땀이 나도록 돌아다니면서 계속 열심히 일하고 세상을 걱정해야 했던 사람들이었습니다. 유학의 성인들은 이런 사람들인 겁니다. 모두 현실 속의 인물들이었는데, 어쨌든 이런 성인들은 공자 당대에는 더 이상 만나볼 수 없는 아이디얼한 타입으로 남게 되었다는 겁니다.

인(仁)은 이러한 성인 다음으로 제안되는 실천 윤리라고 생각해볼 수 있습니다. 사실 이렇게 말하면서도 성과 인을 이렇게 서열화시키는 듯한 논의가 가능한지 주저되기는 합니다만, 반드시 인과 성의 순차적인 위계라기보다는 공자가 자기 시대의 성(聖)을 인(仁)으로 제안했다고 이해해도 좋습니다. 그러므로 『논어』 안에서 '인하다'라고 하는 말로 평가할 수 있는 것은 그 자체로 이미 당대급 성인에 해당된다고 말할 수도 있을 겁니다. 공자가, 그렇게 많은 사람들, 특히 자기 제자들—천승의 제후국에서 왕권을 쥐고 흔들 수 있는 자로 같은 인물이나, 또는 백승의 가문에서 읍재를 할 수 있는 염구 같은 인물—에 대해서, 그 능력을 충분히 높게 평가하면서도 끝내 인이라고 하는 말을 붙여 주기를 주저했던 것은 적어도 이 '인'이라고 하는 것이 공자에게는 어떤 이유가 있었을 것이라는 겁니다.

자로나 염구의 능력과 자질이 대단하지 않다는 게 아니에요. 다만 인이라는 건 아니 인하다는 건, 어떤 자질과 능력의 만개와도 구별되는 것이라는 느낌입니다. 자로가 천승의 제후국에서 활약하는 것, 염구가 백승의 대부 가문에서 능력을 발휘하는 것은 모두 대단한 일이고 남들이 감히 미치지 못할 것들이지만 그것이 그 자체로 인한 것인가 하는 것은 다른 문제라는 겁니다.

앞에서도 잠깐 말했지만, 이 인(仁)이라고 하는 말은 제자백가들과 다른 책에는 거의 등장하지 않는 용어예요. 공자가 글자를 만들었다는 뜻이 아니라 개념을 새로이 창출해 내고 있는 겁니다. 인이라는 말은 당대 사람을 평가하는 용어가 아니라 성인들에 대해 사용하던 말이었습니다. 도가 쪽이나 『장자』 쪽에서는, 지인(至人) 즉 지극한 인물들이라든지, 또는 '참 진(眞)' 자를 쓰는 진인(眞人) 등의 말이 나옵니다. 자신들이 강조하는 윤리적 이상을 구현한 인물들에 대한 이름인 거죠. 마찬가지로 공자 경우에는 성인, 인자, 군자 등의 용어를 쓰는 겁니다. 성인이라는 말이 대체로 현세의 인물이 아니었으니, 당대 사람들에 대한 가치로 새로운 말이 필요했을 수도 있고요. 아니면 공자가 생각했던 삶을 표현할 새로운 개념이 필요했을 수도 있습니다. 사상이라는 게 이렇게 새로운 개념을 창출하는 것에서 세상에 대한 새로운 안목이 만들어지는 것이니까요.

4. 공자, 인을 행한 자를 말하다

이런 맥락에서 인(仁)이라고 하는 말은 제자들이 듣기에도 좀 생경한 언어였을 수 있습니다. 그러니 선생님께서 많이 말씀하시긴 했지만, 모르는 말이었던 거죠. 왜? 현세에서 실제로 인한 사람을 거의 본 적이 없기 때문입니다. 보시다시피 『논어』에서 제대로 인한 사람이라고 이야기된 경우가 별로 없으니까요. 공자와 제자들 이야기할 때 봤던 안회 정도나 3개월 인을 어기지 않았다고 얘기되는 겁니다. 이제는 아시겠죠? 이 3개월이 얼마나 대단한 건지! 어지간해 가지고는 붙여 줄 수 있는 딱지가 아닌 겁니다. 그런데 안회는 3개월, 고작 3개월이 아니라 무려 3개월이나였던 겁니다.

그럼, 공자에게서 인하다는 평가를 받은 사람이 없느냐? 아닙니다. 있습니다. 『논어』 안에 있느냐? 있습니다. 그 인물들은 미자(微子), 비간(比干), 기자(箕子)라는 인물입니다. 이 인물들은 어떤 인물들이냐? 은나라에서 주나라로 넘어갈 때에, 은나라의 마지막 시기에 폭정을 일삼았던 주왕(紂王)이라는 사람이 있습니다. 이 주왕의 숙부이자 신하였던 사람들이에요.

그런데 왕이 하도 정치를 어지럽히고 주색에 빠져 있자, 미자는 "아휴, 꼴보기 싫어. 이런 정치" 하면서 떠나가 버렸어요. 이렇게 도가 무너진 나라에서 내가 몸을 담고 있다는 것이 치욕스럽다, 라는 겁니다. 비간은 자기 조카이기도 한 왕에게 충심을 다해 충언을 합니다. "이런 식으로 나라를 다스리면 안된다. 어쩌구 저쩌구…" 그랬더니 주왕이 "충신에게는 심장에 구멍이 일곱 개가 있다더군요. 어디 한번 봅시다, 삼촌" 하면서 배를 갈라 버렸어요. 비간은 그렇게 죽습니다.

기자는 폭정의 시대에 거짓으로 미친 척을 하면서 견뎠어요. 감옥에 갇혔다가 목숨을 구해 나중에 도망을 치죠. 기자는 당시 은나라의 최정상급 인물인데, 이 인물이 어디로 도망을 칩니까? 동쪽으로 오는 겁니다. 동쪽 어디? 동이족. 그래서 우리에게 기자 조선 시대가 열립니다.

이 세 사람이 공자에 의해서 인자들이라고 언급된 인물들이에요. 그러니까 아까 성인으로 평가받았던 요·순·우·탕·문왕·무왕 혹은 주공까지도 포함해서, 이런 인물들은 모두 왕이었단 말입니다. 주공도 어쨌든 노나라의 제후로 임명이 되었고, 또 주나라를 실질적으로 이끌었으니 큰 틀에서 이들은 모두 현실 정치 권력의 문제와 무관하지 않다고 할 수 있습니다. 하지만 현세에 살았던 인물들 중에서 자신의 삶을 고귀하게 실현했던 인물로는 어쨌든 미자와 비간과 기자가 일단 대표적인 인물이라고 할 수 있습니다. 무엇보다 현실에서 실천 가능하다는 것도 좋습니다. 그러니까 우리에게 인이라고 하는 것은 아직은 좀 멀지만, 조금씩 조금씩 이제 저 성인의 길로부터 내려오고 있다, 이 얘기를 드리고 싶은 겁니다. 그 부분을 같이 한 번 보겠습니다.

미자는 떠나갔고, 기자는 종이 되었고, 비간은 간언하고 죽었다. 공자께서 말씀하셨다. "은나라에는 이렇게 세 명의 인자가 있었다."_「미자」

微子去之미자거지, 箕子爲之奴기자위지노, 比干諫而死비간간이사. 孔子曰공자왈, 殷有三仁焉은유삼인언.

인에 대해 말씀이 없으셨던 전례에 비춰 보면 한꺼번에 세 명이 동시에 인을 행한 사람으로 등장하는 특별한 구절입니다. 그렇게 인에 대해서 박했던 공자께서 갑자기 은나라에 세 명의 인자가 있었다고 하는 이런 기이한 대목을 발견하게 되는데, 여기에서 미자, 기자, 비간 등이 인을 행한 인물로 평가되고 있어요. 인이 무엇인가가 아니고, 위인(爲仁) 즉 '인을 행함'을 말하고 있는 것이고, 그렇게 인을 행한 인물로서 지금 언급이 되고 있는 것입니다. 예컨대 미자라고 하는 인물은 도가 없는 곳에서 머물지 않고 떠나가는 것으로 인을 실천한 사람인 겁니다. 마찬가지로 기자는 종이 되어 살아가는 것으로써 인을 실천한 사람이고. 비간은 충신으로 간언하다 죽임을 당하는 것으로써 인을 실천한 사람입니다.

즉, 공자가 인이라고 말하고 있는 이 대목을 가만히 살펴보면 비간과 기자와 미자라는 세 인물에 대해서 공통점을 확인하려고 하는 게 아님을 알 수 있습니다. 아니 공통점이라면 공통점인데 그것은 이들 세 사람이 각자의 포지션과 맥락 위에서 자기 자신만의 인을 행했다는 사실입니다. 다시 말해 인을 실현한 것에 대해 인자(仁者), 인을 행한 사람이라고 평가한 겁니다.

인이라고 하는 것은 누구나 도달해야 될 실현가능한 실체로서 존재하는 것이 아니고, 각자 자신이 실천하는 위치가 다를수록 그 인의 실천은 서로 다른 방식으로 등장하고 있다는 것입니다. 그래서 '인은 어떻게 평가되느냐?' 인을 실천하는 사람을 통해 평가되는 것이 첫번째라는 거예요. 어떤 인한 행위를 했는가 이전에, 그런 인함을 실천한 사람으로서 『논어』에서 등장하는 것이죠.

그러면 이번에는 구체적으로 제자들에게 인에 대해서 이야기할 때에는, 즉 제자들이 인한 사람이 되도록 공자는 어떤 이야기를 하고 있는가, 그 이야기들을 살펴보겠습니다. 조금씩 조금씩 인을 가까이 끌어당겨 보는 것입니다.

5. 인은 사건이다

「옹야」(雍也)편의 다음 구절을 보겠습니다. 자공이 등장하네요. 캐릭터를 생각하면서 읽어 봅니다. 자공은 굉장히 언변이 뛰어난 천재죠. 자공이 묻습니다.

자공이 말했다. "만일 백성에게 은혜를 널리 베풀어 많은 사람을 구제한다면 어떻습니까. 인이라 이를 수 있습니까?" 선생님 말씀하셨다. "어찌 인(仁)한 사건이겠는가. 반드시 성인의 일일 것이다. 요순도 이것을 부족하게 여겼다. 무릇 인한 사람은 자신이 서고자 하는 곳에 다른 사람도 서게 하고, 자신이 숙달하고자 하는 것에 다른 사람도 숙달하게 한다. 가까운 데서 취하여 비유할 수 있다면 인을 행하는 방편이라고 말할 수 있다."

子貢曰자공왈, 如有博施於民而能濟衆여유박시어민이능제중, 何如하여. 可謂仁乎가위인호. 子曰자왈, 何事於仁하사어인. 必也聖乎필야성호. 堯舜요순, 其猶病諸기유병저. 夫仁者부인자, 己欲立而立人기욕립이립인, 己欲達而達人기욕달이달인. 能近取譬능근취비, 可謂仁之方也已가위인이 대목에서 인에 관한 숱한 소문들과 관련된 유력하고 유명한 언급이 하나 등장합니다. "기욕립이립인, 기욕달이달인."(己欲立而立人, 己欲達而達人) 자기가 서고자 하는 것에 다른 사람도 서게 하고, 자기가 숙달(능통)하고 싶은 것에 다른 사람도 숙달하게 한다는 뜻입니다.

그런데 이 대목을 가만히 보세요. 자공이 어떻게 말하고 있는지를요. 보통은 자공이 "인이란 무엇입니까?"라고 묻고, 스승께서 이러이러한 것이 인이다, 뭐 이런 식으로 얘기하는 게 일반적이겠죠. 그런데 이 대목을 보면 자공이 먼저 "이렇게 이렇게 하면 인하다고 할 수 있겠습니까?"라고 묻고 공자가 그것에 대해 대답하고 있습니다.

일단 자공은 인이 무엇이냐고 묻지 않아요. 더 정확히 말하면 누구나 실천할 수 있는 인이 무엇인가를 묻고 있는 게 아니라 자신이 지금 상황이 어떠어떠하니 지금의 자기가 이러이러하게 행동하면 어떻겠느냐고 여쭙는 겁니다. 이런 질문이 가능한 건, 이제까지 우리가 보아 왔듯이 공자와 제자들은 그런 맥락을 공유하는 사이이기 때문에 가능한 겁니다. 질문자가 자공이든 염구, 자로 기타 등등 누구이든 아무 차이도 없다면 이런 가정은 불필요하고 무의미한 것이기 때문입니다. 그렇게에 또한 이 말은 그 역도 성립하는 것입니다. 조금 이따가 다시 보겠지만 인이란 무엇이냐고 물어도 결국 대답은 바로 그 질문자에게 딱 맞는 실천의 지점에서 이루어집니다. 참으로 놀랍게도 말입니다.

여하튼 그 스승이 자기가 가장 잘 아는 제자 자공, 자공의 현재 역할, 자공의 배경, 자공이 지금 질문하는 맥락, 이런 것들을 다 종합해서 '너라면 이렇게 이렇게 이렇게 하는 것이 인하다고 할 수 있다'라고 대답을 해주고 있다는 거예요. 즉, 인이라고 하는 것은, 누구나 내가 서고자 하는 곳에 다른 사람을 대신 서게 해주는 것이 아니라, '바로-지금-이' 자공의 맥락 위에서 실천의 방도로써 제시되고 실천됨으로써 현실화되는 것입니다. 이 말은요, 그러니까 우리가 『논어』를 읽을 때 최소한 이 모든 대화를 종횡무진 아우르는 공자만큼 전체적인 판을 보아야 한다는 것을 의미합니다.

즉, 인이라고 하는 것은 이상적인 어떤 규범으로 존재하는 것이 아니라, 제자들이 직면한 매번의 구체적이고 직접적이고 실천적인 상황에서 질문을 통해서, 그 질문을 구성하고 있는 그 사람의 그 현재 위치 또는 현재 맥락 등등의 실제적인 고려 위에서 상상되고 구성되는 것이라는 뜻입니다. 요컨대 바로 그의 '인-함'을 발휘하는 것입니다. 인을 행함으로써 인자가 되는 것입니다. 그러니까 이것을 한 번 행했다고 해서 그것으로 인자에 머무르는 것이 아니에요. 왜냐하면 그 '인-함'이란 내가 실천하고 실현한 인이지만, 나란 존재도 또한 늘 똑같은 것이 아니기 때문입니다. 나에게 다른 상황이 왔을 때는 나의 인함은 또 다시 이런 물음을 거쳐서 자신의 인함을 얻어야 된다는 것이죠.

저는 지금 제 나름의 매우 중요한 결론에 도달합니다. 요컨대 공자에게 왜 인이란 무엇인가라고 묻는 것이 불가능한가, 아니 불가능한 게 아니라 인의 실체를 규정하려는 게 왜 적절하지 않은가, 왜 백 번이나 넘게 나오는 인에 관한 언급에도 불구하고『논어』를 통해 인을 딱부러지게 설명할 수 없는가 하는 것은 공자도,『논어』도 인을 '무엇'이라고 생각하지 않았기 때문이라는 말씀을 드리는 겁니다. 간단히 말하면. 인은 '무엇'이라는 말로 규정할 수 있는 것이 아니라, '매번의 실천으로서만 구성적으로 현실화하는 사건'이라고 이야기할 수 있습니다. 어떤 실천의 현장을 통해서만 '인-함'으로 구성되는 '사건'이란 뜻입니다. 그렇기 때문에 그 현장이 사라지면 그 '인-함'도 사라져 버리는 거예요. 불변의 인한 실체라는 것은 없다는 겁니다.

6. 안회가 인을 묻다

자, 그럼 이제 핵심으로 들어가 보죠. 그 다음 대목을 볼까요. 안연이 인에 대해 묻습니다. 짜릿하지요? 자공이 물었는데 이번엔 안회의 물음으로 인(仁)을 만나 보는 겁니다. 안회가 누굽니까. 공문의 에이스 아닙니까. 그런 안회와 공자가 인에 관해 이야기하는 대목입니다. 정신을 바짝 차리고 귀를 쫑긋 세우고 들어보지 않을 수 없겠지요.

> 안연이 인에 관해 물었다. 선생님 말씀하시다. "자기의 사사로움을 극복하여 예를 회복하는 것, 즉 극기복례(克己復禮)가 인이다. 하루 극기복례하면 온 천하가 모두 인에게로 돌아간다. 인을 행하는 것은 자기에게서 연유하는 것이지, 다른 사람에게서 연유하는 것이겠는가."
> 안연이 말했다. "좀 더 자세하게 설명해 주시기를 바랍니다." 선생님 말씀하시다. "예가 아니면 보지 않고, 예가 아니면 듣지 않고, 예가 아니면 말하지 않고, 예가 아니면 행동하지 않는 것이다." 안연이

말했다. "제가 비록 불민하지만, 이 말을 깊이 새기겠습니다." 「안연」

顔淵問仁안연문인. 子曰자왈, 克己復禮爲仁극기복례위인. 一日克己復禮일일극기복례, 天下歸仁焉천하귀인언. 爲仁由己위인유기, 而由人乎哉이유인호재. 顔淵曰안연왈, 請問其目청문기목. 子曰자왈, 非禮勿視비례물시. 非禮勿聽비례물청. 非禮勿言비례물언. 非禮勿動비례물동. 顔淵曰안연왈, 回雖不敏회수불민, 請事斯語矣청사사어의.

이 구절은 『논어』에서 아주 유명한, 그리고 보니 맨날 유명한 구절이라고 하네요.(웃음) 여하튼 이 구절은 따로 '사물'(四勿) 장이라고 해서, 요즘 스타일로 말하면 '성공하는 사람들이 절대 하지 않아야 할 ○○가지 습관'과 같은 그런 거죠. '인을 행하는 사람들이 절대 안 하는 네 가지', 뭐 그런 겁니다.

내용을 보죠. 일단 안회 등장하십니다. 인이 '무엇'이냐고 단도직입합니다. 그런데 방금 말씀드렸죠. 이제 이렇게 인을 물을 때조차도 사실은 어떻게 대답되는지를 보면, 조금 전에 제가 드린 말이 이해되실 겁니다. 결코 개념 규정을 하는 방식으로 대답하지 않으십니다. 여기도 보세요. 선생님께서 말씀하십니다. 극기복례위인(克己復禮爲仁). 극기복례가 위인, 즉 '인-함'이다. 극기복례, 유명한 말이지요. 자기를 이겨서, 즉 자기의 사사로움을 이겨서 예로 돌아가는 것, 예를 회복하는 것, 이것이 위인. 즉 인을 행하는 것이다, 라고 얘기했어요. 일단 이것은 안회에게 이 질문을 하는 바로 그때의 그 안회에게 주는 대답이라는 건 이제 더 말씀 안 드려도 되겠죠? 그렇다고 그때의 안회에게만 해당되는 임시방편이란 말도 아니라는 것도 말입니다. 자기의 사사로움을 이겨서 예를 회복하는 것으로서 인을 실천하면 되는데…. 아마도 자로를 보면서는 이렇게 말씀하시지 않았을 거예요. 자로와 극기복례가 상관없다는 말이 아니라, 맥락을 가져야 한다는 말입니다.

사실 우리는 중고등학교 때 무작정 외우고 한자 시험 때문에 들어서, 이 말이 얼마나 센 말인지를 알지 못해요. 그까짓 것, 극기복례… 이런 식이죠. 대신 우리는 이렇게 받아들이죠. 인이란 무엇인가. 극기복례. 마치 사지선다 정답 고르듯이 말입니다. 이런 식으로『논어』안에서 공자님이 인에 대해서 이야기하는 부분을 다 모아요. 극기복례, 박애, 박시제중, 욕립이립인 욕달이달인…. 이런 걸 다 모으고 다 외워봐도 인자가 되지 않는 역설. 그러고 보면 우리야말로 정말 '정확하게 빗나가는' 공부를 하고 있는 거죠?

여하튼 우리는 잘 모르지만, 안회는 알았어요. 극기복례, 이 말을 듣는 순간 깜깜해졌던 모양입니다. 왜냐하면 선생님 말씀이 아직 안 끝났어요. "일일극기복례 천하귀인언."(一日克己復禮 天下歸仁焉) 이렇게 되어 있습니다. 일일극기복례, 하루 동안 극기복례한다는 것입니다. 나를, 나의 사사로움, 나의 삿된 욕망들을 이겨서 하루 동안 예로 돌아가면, 예에 서게 되면, 천하가 다 인으로 되돌아온다, 인에 머물게 된다는 거예요. 이거 지금 안회에게 주는 겁니다. 안회 같은 정도의 인물이 사사로움을 제거해서 예로 서면, 천하가 다 그 인함의 혜택을 받게 돼요. 중요한 건 그 다음입니다.

안회가 다시 묻습니다. 보통은 한마디 하면 "넵, 선생님, 잘 알겠습니다"라고 알아듣는 안회가 아닙니까. 그래야 안회죠. 묵묵히 실천하는 것으로 다음 스텝을 보여 주었던 안회 아닙니까? 그런데 다시 물어요. 드문 일입니다. 어떻게 묻냐 하면, '잘 모르겠습니다, 선생님. 더 쉽게 가르쳐 주시겠습니까?'라는 거예요. 어렵다는 겁니다. 두렵다는 말입니다. "안연왈 청문기목."(顏淵曰 請問其目) 안회조차도 이 말을 듣고 너무 감당하기가 힘들었던 것일지 모르겠어요. 아, 이렇게 말하면 또 '거 봐, 인은 어렵고 힘들고, 안회도 힘든 걸 우리가 어떻게 해' 뭐 이러면서 이럴 때마다 강력한 부정의 정신을 발휘하는 분들이 있어요. 그래선 안 됩니다. 유학은 네거티브가 아니라고 말했잖아요. 안회도 다시 묻습니다. 무엇을 묻냐고요? 그 세목(세부항목)을 묻는 것입니다. 선생님, 저도 감당하기가 힘들 것 같습니다. 아니 '제가 제대로 하기 위해서라도 좀 더 알아야겠습니다'라는 게 더 맞겠네요. '극기복례라니요, 그 감당하기 힘든 말씀을 던지시다니요. 대체 그거 어떻게 하는 겁니까'라고 안회조차도 묻는 거예요.

그러자 공자가 그 유명한 사물장을 얘기해요. 사물(四勿), 즉 네 가지 금기를 얘기하는 겁니다. "비례물시"(非禮勿視), 예가 아니면 보지 않기. "비례물언"(非禮勿言), 예가 아니면 말하지 않기. "비례물동"(非禮勿動), 예가 아니면 동하지 않기. 행동하지 않기. "비례물청"(非禮勿聽), 예가 아니면 듣지 않기. 안회야, 이렇게 하면 된다(안 하면 된다)라고 이야기를 해주는 거예요. 물론 이건 안회 정도의 인물에게 말해 주는 스승의 '인-함'입니다. 그런데 언뜻 보면 부정과 금기의 언어로 보이는 이 '사물' 가르침은 이제까지 우리가 얘기해 온 공자와 『논어』 그리고 질문자와의 관계 등등 맥락에서 되짚어 볼 때 굉장이 맛이 깊은 가르침입니다. 정말 섬세하고 굳건하고 감동적이기까지 합니다.

7. 사물(四勿) — 긍정의 부정

일단 다음 구절들도 한번 보실까요. 공교롭게도 인용문이 전부 「안연」편에 있는 구절들입니다.

① 중궁이 인을 물었다. … 내가 원하지 않는 것을 다른 사람에게 하지 마라.

仲弓問仁중궁문인… 己所不欲기소불욕, 勿施於人물시어인.

② 사마우가 인을 물었다.

선생님 말씀하시다. 인한 사람은 그 말을 아껴서 한다.

司馬牛問仁사마우문인. 子曰자왈, 仁者其言也認인자기언야인.

③ 번지가 인을 물었다.

선생님 말씀하시다. 사람들을 아끼는 것이다.

번지가 앎(지식)을 물었다.

선생님 말씀하시다. 다른 사람을 아는 것이다.

樊遲問仁번지문인. 子曰자왈, 愛人애인. 問知문지. 子曰자왈, 知人지인.

①번에서는 중궁이 인에 대해 물었습니다. 그러자 선생님의 대답이 이렇습니다. "기소불욕 물시어인."(己所不欲, 勿施於人) 중궁아! 지금 네가 인을 행한다고 하는 것은. 기소불욕, 네 자신에게 다른 사람들이 행하길 원치 않는 것을. 물시어인, 너도 다른 사람들에게 베풀려고 하지 않는 것이면 되겠다.

굉장히 구체적이죠. 왜 이렇게 인에 대한 얘기들이 구체적일까요? 인에 대해서 이런 얘기들이 지금 뭘 의미합니까? 우리는 보통 인이란 무엇인가에 대해 물으면 인이란 것을 추상적으로 정리하기 위해서 노력하는데, 실제로 『논어』 안에 등장하고 있는 인에 대한 설명들은 아주 구체적이고 실천적인 대목들로 나오고 있습니다.

극기복례해라. 극기복례가 뭔지 모르겠습니다. 아, 그럼 예가 아니면 보지도 듣지도 말하지도 행동하지도 말라는 거야. 아, 인을 어떻게 행해야 하는 겁니까. 아, 그것은 네가 원하지 않는 건 다른 사람에게도 행하지 않는 거야. 인은 무엇입니까 어떻게 행하는 겁니까. 네가 서고 싶은 곳에 다른 사람도 세워 주고, 네가 도달하고 싶은 곳에 다른 사람도 도달하게 해주는 거야.

왜 이렇게 인에 대한 것은 구체적이고 이렇게 직접적인 말로 되어 있을까. 이것은 인이라고 하는 것이 추상적이고 관념적인 차원에서 작동하는 어떤 관념의 무엇이 아니라, 일상적이고 현실계에서 작동하는 『논어』 특유의, 유학 특유의 현세적 언어의 장이기 때문에 그렇다는 겁니다.

②번도 마찬가지. 사마우가 물었어요. "사마우문인."(司馬牛問仁) 선생님이 다르게 대답합니다. "인자(仁者)는 기언야인(其言也認)이다." 말을 좀 아껴야 된다. 아마 이 사마우라는 인물이 말을 통해서 구설에 오르거나 다른 사람을 상처주거나 하는 일이 있었던 모양이에요. 그래서 사마우에게 "너 인자 되려면, 인을 행하려면, 말을 좀 아껴야 될 거야."

③번 인용문에서는 번지가 묻습니다. 그러자 선생님이 말합니다. "애인."(愛人) "너는 다른 사람들에게 좀 관심을 가질 필요가 있겠어. 사람들을 좀 아껴줘. 넌 너무 네 생각밖에 안한다. 너 너무 매정하다. 네가 지금 네 자리에서 인을 행하는 건, 네 주변을 돌아보는 거야. 네 사람들을 살펴보는 거야."

어떠세요. 감이 오는 것 같으십니까? 『논어』 안에서 인을 말하는 대목은요, 서양철학 책에서 개념을 얘기하는 것처럼 그것을 증명하는 과정이나 논증하는 과정으로 나아가지 않아요. 아주 구체적인 겁니다. 그래서 유학은 기본적으로 굉장히 실천적인 책이에요. 유학은 아주 윤리적인 책이에요. 좋은 의미에서. 나를 구속하는 윤리가 아니라, 각자 자기의 법을 창안해 나갈 수 있도록 만들어 주는 거예요.

사물장도 이런 맥락에서 읽어야 합니다. 흔히 이 대목을 보면 사람들은 괴로워합니다. 예가 아니면 보지도 말고, 듣지도 말고, 말하지도 말고, 행동하지도 말라니. 역시 유학은 답답하고 고루해. 뭐 이런 식으로요. 하지만 그 반대입니다. 이건 예라는 형식에 인간을 구속하는 윤리를 말하는 게 아닙니다. 그 반대로 진정한 자유, 예 위에서 저 스스로 진정한 자유인이 되는 길을 말하는 대목입니다.

생각해 보죠. 우리는 눈이 있어서 본다고 생각해요. 귀가 있어서 듣는다고 생각하고요. 그런데 정말 그럴까요. 지금 이 강의실 이 앞쪽에 이 스피커가 보이세요? 보이시죠? 이게 지금까지 한 시간 넘게 아니 며칠, 몇 달 동안 여기 있는 겁니다. 하지만 어쨌든 오늘 한 시간 넘게 이 스피커 안 보이셨죠? 왜 안 보이셨나요? 눈이 없었나요? 마음이 없었기 때문에 그런 겁니다. 우리가 지하철 타고 다닐 때 책을 보게 되면, 옆사람 떠드는 소리가 안 들려요. 왜요? 지하철 타면 귀가 없어지나요? 소리가 있다고, 귀가 있다고 듣는 게 아니에요. 들으려고 하는 마음이 없으면 들리지 않는 겁니다.

공자가 「위정」편에서 말했던 구절 중에 나이 칠십에 '종심소욕불유구'(從心所欲不踰矩)했다고 말한 대목이 있어요. 마음이 하고자 하는 대로 따라 행하였지만 법도를 넘지 않았다라는 구절입니다. 이때 공자의 종심소욕이 바로 안회에게 말한 사물의 경지와 통합니다. 우리는 무엇무엇을 마음껏 한다는 말을 무턱대고 하는 것, 방종한 것이라는 식으로 생각하는 경향이 있어요. 하지만 공자가 나이 칠십에 도달한 이 경지는 그런 게 아닙니다. 조금 전문 용어로 말해보면 '욕망의 배치'를 전면적으로 바꾸는 거예요. 아니 아주 형이하학적으로 말하는 게 더 나을지도 모르겠습니다. 우리가 배가

고프면 거리 상점들 중에 순 밥집만 눈에 보여요. 머리카락 자를 때가 되면 헤어샵들이 보이죠. 이런 이치입니다.

　눈이 있다고 보고, 귀가 있다고 듣는 게 아니라는 건, 내 자신의 욕망의 배치가 내 스스로 창안한 예의 윤리 위에 서 있어야 한다는 거예요. 내가 예라고 생각하는 것들을 보고, 내가 예라고 생각하는 것들을 듣고, 내가 예라고 생각하는 것들을 말하고, 내가 예라고 생각하는 것들을 행동하는 것입니다. 그런 욕망이 내 스스로에게 자연스럽게 되면 그 위에서 우리는 마음대로 즉 욕망대로 행해도 나의 예를 보고, 듣고, 말하고, 행동하게 되는 것이죠. 이 사물장은요, 처음엔 저도 좀 답답한 것이라고 생각했었던 적이 있었습니다. 그런데『논어』를 한 번 두 번 더 읽으면 읽을수록 그 맛이 완전히 깊숙하다는 걸 알게 됩니다. 이런 구절을 읽으면 요즘은 가슴이 벅찰 정도예요.

　그러니까 인을 행하는 건, 각자 자기의 법을 창안해 나간다는 게 기본원칙이라면 원칙일 겁니다. 안회에게 말해 준 이 대목을 바탕으로 우리는 다른 제자들의 인을 추렴할 수 있습니다. 배움에 게으르지 않아야 되고, 먼 데서 와서 자기와 삶의 비전을 같이할 수 있는 벗들과 함께할 수 있는 공동체 의식이 있어야 돼요. 누군가는 말을 아끼는 것으로, 누군가는 자기가 당하길 원치 않는 것을 타인에게 행하지 않는 욕망의 배치 위에 서야 하는 거죠. 그리고 자기의 삶을 다른 사람들이 알아봐 주지 않아도, 그것에 별로 흔들림이 없어야 돼요.

이런 인물형이 바로 공자 학단이 지향하는 삶의 기술이었을 겁니다. 그런 사람들이라면 아주 구체적으로 자기의 삶의 문제들을 맞닥뜨렸을 때, 자기의 삶의 윤리를 또는 자기의 실천적 지점들을 만들어 나갈 수 있는 거예요. 이 사람들이 참조한 것은 기존에 있었던 법이나 이런 것들이 아닌 거예요. 철저하게 지금 자기 자신의 위치와 자신의 상황으로부터, 자기의 능력과 조건으로부터 이 문제들을 해결해 나갈 수 있는 답들을 구하고, 그 답들에서 또 다른 물음으로 나아가요. 그렇게 물음을 일으킴으로써 답을 얻고, 답을 얻음으로써 다음 질문에 서는 것. 이것이 유학이 가지고 있는 아주 멋진 실천성입니다. 그게 유학의 인이 가지고 있는 특징이라고 할 수 있습니다.

8. 위인지학 vs 위기지학

이렇게 인(仁)은 인 그 자체로 말해지는 경우가, 제가 알기로는 적어도 『논어』 안에서는 한 번도 없습니다. 아마 이런 의미에서 공자의 제자들은 처음에 우리가 말했던 것처럼, '우리 선생님께서는 이익이나 운명이나 인에 대해서 말씀 안하셨다'고 기록했던 게 아닐까요. 즉, 인에 대해서 고리타분하게 "인은 이런 거"라고 형이상학적인 이야기 안하셨다는 거예요. 하지만 굉장히 많은 인을 말씀하셨어요. "말 아껴라", "주변을 돌봐라." 이런 말들이 사실은 바로 그 한 사람을 인의 행위로 이끄는 아주 구체적이고 적실한 말이었다라고 하는 거예요. 인, 또는 『논어』는 아니 유학은 질문자와 질문 받는 자, 스승과 제자라고 하는 이 기본적인 관계를 떠나서는 애초에 성립될 수가 없는 학문이었다는 사실을 의미합니다. 그래서 그저 책으로만 공자와 맹자를 달달달달 외우거나, 또는 공자가 하신 말씀들을 머릿속으로 외움으로써 인이나 유학이 실천되는 경우는 없다고 말씀드릴 수 있습니다.

그리고 참고 삼아, 앞에서 자공 관련해서 언급했던 부분을 다시 잠깐 보시면, 인은 양보하는 게 아니라는 걸 알 수 있습니다. 내가 서고 싶은 곳에 다른 사람도 서게 해주고, 내가 이루고자 하는 걸 다른 사람도 이루게 한다고 할 때에, 인한 사람은 겸손해서 자기가 서려고 하다가 '재도 서고 싶겠지?' 해서 "너 먼저 서." 이럴 것 같고, 내가 이루려고 하다가 '재도 이루고 싶겠지?' 해서 재 먼저 하게 하고, 이럴 것 같지만 그런 의미는 아니고요. 내가 서고자 하는 것만큼 타인들도 서고 싶어할 것임을 아는 것이에요. 포인트는 양보가 아니라 그렇게 타인들을 알아 가는 것이죠. 넓은 의미에서 지인(知人)의 코드입니다.

유학은 자기가 하고 싶은 게 먼저예요. 일단 나로부터 출발하는 학문이에요. 이기적인 게 아니라 방향과 순서를 말하는 겁니다. 이것을 유학에서는 위기지학(爲己之學)이라고 얘기합니다. 자기를 위하는 학문이라는 뜻이에요. 유학에서 비판하는 학문은 어떤 학문이냐? 위인지학(爲人之學)이에요. 다른 사람을 위하는 학문. '어? 이상한데?' 현대인들이 보기에는 위인지학이 좋은 것 같잖아요. 타인들을 위하는 학문. 현대인들은 자기를 위하는 학문, 위기지학 그러면 되게 이기적인 학문이라고 생각하고, 위인지학이라고 하면 굉장히 공익적인 학문이라고 생각을 하기 쉽지만, 유학은 그렇게 생각하지 않습니다. 위인지학은 다른 사람들의 기준에 자신을 맞추기 위해서, 다른 사람을 위해서 일한다고 생각하는 거예요. 다른 사람들의 눈에 맞추기 위해서. 이거는 자기를 잃는 행위라고 유학은 생각해요. 유학은 기본적으로 가까운 데서 먼 곳으로, 나에게서 타인에게로 나아가는 학문입니다.

예를 들면 신유학의 기본 교과서인 사서(논어/맹자/대학/중용) 가운데 제일 처음 읽는 책은 보통 『대학』입니다. '대학', 즉 큰 배움의 골격을 말하는 책이죠. 이 책에선 처음에 배움에 관해 커다란 세 개의 비전을 보여 줘요. 삼강령이라는 겁니다. 그게 뭐냐면, 첫번째, 명명덕(明明德)이다. 대학의 길은, 내 안의 밝은 본성을 밝히는 거라는 뜻입니다. 두번째, 친민(親民)하는 것이다. 즉 내 안의 덕을 밝혔으면, 이 덕을 다른 사람들을 친(親), 아끼는 데로 나아가는 것이라는 뜻입니다. 나에게서 출발해서 나 아닌 데로 나아가는 거죠. 여기에 순서와 구별이 있습니다. 이 구별이 없어지면 묵가의 겸애가 되는 것입니다. 그 다음에는 어떻게 하는가? 이 작업을 죽을 때까지 쉬지 않는 것. 이것이 지어지선(至於至善)입니다. 이게 『대학』이란 책에서 제시하는 배움의 세가지 목표에요. 나로부터 출발하고, 내 주위를 보듬고, 나로부터 출발해서 내 주위를 보듬는 이 일을 멈추지 않는 것. 유학의 모든 학문은 이렇게 가까운 데서 먼 데로 나아갑니다.

유학은 나와 내 주위로부터 시작한다는 것은 자칫 잘못된 방향으로 나아가면 폐쇄적인 친족 공동체로 코드화되기도 합니다만 우리가 이제까지 살펴본 것처럼 제자들을 이끄는 공자의 이런 태도로 보자면 그것은 단순히 내 것을 챙기는 것이 아니라 삶을 대하는 기본기로 여기 나로부터 출발시켜야 한다는 것을 원칙으로 삼는다는 그 이상도 이하도 아니라는 걸 알 수 있습니다. 그래서 내가 서고 싶으면 다른 사람을 세워야 하는 문제가 아니라, 내가 서고 싶은 곳에 는 다른 사람도 서고 싶을 것이라는 생각에, 나도 서고 다른 사람도 거기로 끌어당겨 주는 거예요. 내가 성취하고 싶어하는 일은 다른 사람도 성취하고 싶을 만큼 멋지고 뜻 있는 것이라는 생각에, 내가 그걸 성취하고 싶은 만큼 다른 사람도 그걸 성취하고 싶어 할 것이 라고 생각하는 거죠.

이 대표적인 관계가 부모자식 관계죠. 부모는 자식에게 저게 좋은 거라 생각하기 때문에 강요할 수 있어요. 물론 자식 입장에서 는 황당하지만, 부모 입장은 그런 거죠. 아이가 어렸을 때부터 계속 밥을 안 먹고 과자를 좋아해. '아, 그럼 내 새끼는 과자를 좋아하니 까 과자를 많이 줘야지' 하고 과자를 주는 부모가 있을까요? 아니 죠. 저게 아이에게 좋지 않을 거라는 걸 알기 때문에, 애가 과자보다 밥을 싫어해도 밥을 먹이려고 노력하죠. 애가 싫어하고 짜증을 내 도 강요를 하죠. 왜? 내가 나에게 좋은 것이고 내가 좋다라고 생각 하는 것인데, 그것을 저 아이에게도 주고 싶은 거예요. 이게 가장 가 까운 데서부터부터 시작되는 방식입니다. 아이에게 어떤 버릇이 있 어요. 애가 맨날 침을 찍찍 뱉으면서 다녀요. 아침에도 침을 뱉고 다 니고 저녁까지 막 그러고 다녀요. 그것은 내가 보기 싫어서이기도 하지만, 다른 한편으로 내가 살아 보니까 저런 태도로는 좋은 사람 들 만나기 힘들 거야라는 생각이 들죠. 주변에 껌 씹는 애들밖에 안 모일 테니까. 그 마음이 그 아이를, 내 옆에 있는 사람들을 내 스스 로 참지 못하고 참견하게 되는 겁니다. 이건 가족으로 예를 들어 말한 거지만, 내 친구를, 정말 모르는 사람에게조차 우리가 그러한 윤리적 실천(참견)을 할 수 있도록 해야 한다는 정도의 비전이 유학인 것입니다. 원래. 이게 법이나 규범을 어기기 때문에 그걸 따지는 것이 아니라 '저러면 좋지 않은데…. 쟤도 저게 좋아서 하는 건 아닐 텐데….' 또는, '나는 이게 좋은데….' 그러니까 이렇게 살라고 자식들에게 또는 친구에게 얘기할 수 있는 겁니다. 이게 유학이 가지고 있는 힘입니다.

9. 인과 소통—타자와의 만남

어쩌면 공자는 인을 더욱더 많이 말하고 싶었을 겁니다. 하지만 제자들이 행여라도 자신이 이야기한 인을 외워 버릴까 봐 걱정했을지도 몰라요. 즉 공자는 제자들이 인을 듣고 그 인을 말하고 다니기를 원치 않았던 것 같고요, 인을 행하기를 원했던 겁니다. 때문에 인을 말하지 않음으로써, 인을 무엇이라고 언어로 제한하지 않음으로써, 사람들이 인을 행하는 자신들의 용법을 창안할 수 있기를 바랐던 것이라고 생각합니다. 지금 여기에서 우리가 나의 인함을 세우는 것, 나의 인함을 실천하는 것으로써 우리는 매 순간 공자, 또는 유학의 실천적 물음 앞에 자기도 모르게 서게 되는 것이죠. 그 첫번째 과제는 지금 여기에 있는 나로부터 출발하는 이 부분들을 나 아닌 타자들의 관계로까지 확장시키는 문제입니다.

　타자라고 하는 존재는 쉬운 문제가 아니에요. 나 이외의 바깥으로 나가게 되면 문제가 아주 힘들어집니다. '나'도 물론 어렵지만, 그나마 나는 어쨌거나 내 스스로 타협할 수가 있어요. 나는 좀 바꿔 봐야지. 내가 좀 내 스스로 어떻게 해봐야지. 이런 마음으로 뭘

가 해볼 수 있지만, 문제는 거기서 한발을 나가려고 할 때 우리는 무수하게 많은 저항에 부딪히게 됩니다. 나에게는 이것이 굉장히 옳은 일이고, 좋은 일이고, 정당한 일이지만 이것은 다른 사람에게도 그럴 것이라는 보장은 없어요. 그렇다고 해서 나의 옳음이 무조건적으로 다른 사람에게 강요될 수 있는 지점은 분명히 아닐 겁니다. 이런 문제와 다른 이와의 충돌들을 해결하기가 워낙 어렵기 때문에, 이런 것들을 규칙으로 정해 놓자, 하고 해결하려고 하는 측이 법가 쪽입니다.

법가는 시스템을 만들어 놓고 이러이러한 문제들에 충돌이 생기면 "싸우지 말고 그냥 법대로 해." 그런데 여기에는 관계가 사라진다는 거예요. 우리가 규칙이나, 매뉴얼이나, 법에 의존하게 되면 사람과 사람 사이의 관계는 하나도 중요해지지 않게 됩니다. 그런데 유학이라고 하는 것은, 조금 세게 이야기하자면, 법은 중요하지 않아요. 법보다 관계가 깨진다는 것을 오히려 훨씬 더 참혹한 상황으로 유학은 받아들입니다. 이 관계 위에서 어떻게든 서로가 같이 살 수 있는 해결책들을 모색해 봐야 된다 라고 하는 것이죠.

제일 첫번째, 길을 묻는 자로의 질문에 은사들이 "저렇게 사람들을 피하는, 사람들이 다 옆에서 떨어져 나가는 사람이니까 쫓아다니지 말고 차라리 우리처럼 세상을 피하는 게 맘 편하지 않겠어? 어차피 그럴 거면 차라리 세상을 왕따시켜, 너희가. 우리처럼 살아" 라고 반쯤 조롱조로 이야기합니다. 그러자 공자는 "그래도 내가 이 사람의 무리를 떠나서 살 수 있겠는가"라고 탄식하지만 이때에도 공자의 믿음은 확고합니다. 기본적으로 지금 여기, 그리고 이 사람의 무리들 안에서 무언가 답을 찾겠다라는 것이죠. 질문과 답은 항상 이 바깥을 벗어나지 않는다는 것, 이게 유학에서는 아주 중요한 전개라는 것입니다. 법가처럼 외부의 시스템을 통해 깔끔(!)하게 해결해 버리자거나, 노장처럼 '절이 싫으면 중이 떠나야지'라는 태도로 떠나 버리는 것으로 문제를 해결하는 것이 아니에요. 그 현장을 떠나지 않고 그 조건을 고스란히 받는 것 위에서 어떻게 이 삶의 문제를 돌파해 나갈 것인가라고 고민하는 겁니다. 그렇기 때문에 저는 유가가 굉장히 많은 비판을 받고 한계를 지적받는 것만큼이나 위대하다는 이야기를 드릴 수밖에 없다고 생각합니다.

문제의 해결책을 밖에서 찾는 건 어떤 점에서 보면 그나마 쉬운 일이거든요. 문제를 피해 떠나는 것은 어떤 점에서 보자면 쉽습니다. 물론 그것도 어렵지만, 그 문제는 어떻게 보자면 사실 약간 반칙이죠. 이 현장 안에서 어떻게 해결책을 구할 것인가, 그것은 이 문제를 죽이 되든 밥이 되든 여기에서 승부를 보겠다는 각오를 갖고 있는 사람들이 아니면 애초에 불가능한 출발인 것입니다. 그래서 나 아닌 타자들을 만날 때 우리는 바로 절망하게 돼요. 집에 있는 자녀들이나 심지어 그렇게 오래 사귀었던 친구하고도 어느 한순간 확 틀어집니다. 모두 타자들이에요. 말 한마디에서도 어떤 벽이 확 느껴지기도 하죠. 그런데 그런 사람들 사이에서 어떻게 이 인을 실천할 것인가, 어떻게 인-함을 할 것인가라고 고민해야 하는 것입니다.

타자들과의 인-함의 문제를 가장 멋진 이미지로 만들어 준 사

람은 정명도(程明道)인데요, 그 글을 한번 같이 보겠습니다. 이거는
『논어』에 나오는 글은 아니고, 『이정유서』(二程遺書)라는 곳에 나오
는 겁니다. 정명도와 정이천(程伊川)이 형제인데. 한 살 터울로 형이
고 동생이에요. 둘 다 북송대의 유학자들인데, 이들 형제로부터 남
송대의 주희(주자)라고 하는 인물을 통해 주자학이 등장하는 겁니
다. 그래서 주자학을 다른 한편에서는 정주학이라고도 부릅니다.
그 정도로 정명도·정이천의 학문이 주자에게는 굉장히 큰 영향을
끼쳤습니다. 바로 그중 한 사람, 형인 정명도의 글입니다. 유학이 말
하는 인이 어떤 것인지, 정명도는 이렇게 이야기합니다.

> 의서에서는 손발이 마비되는 것을 불인(不仁)이라고 말하는데, 이
> 말은 아주 잘 표현되었다. 인이란 천지만물을 일체로 삼으니 일체
> 가 자기자신이 아닌 것이 없다. 자신임을 깨달으면 어디엔들 이르
> 지 못하겠는가. 만일 (인이) 자기에게 있는 것이 아니라고 하면, 스
> 스로 자기와는 관계없게 되니 마치 손발이 '불인'(마비)한 것과 같
> 다. 그러므로 "널리 베풀어 백성을 구제하는 것"이 성인의 일[功用]
> 이다. 또한 인을 말하기는 매우 어려우므로 "자기가 서고자 하는 것
> 에 남도 서게 하고 자기가 숙달하고자 하는 일은 남도 숙달하도록
> 해준다. 가까운 데에서부터 취하여 비유할 수 있다면 인의 방법이
> 라고 말할 수 있다"라고만 말했다. 이와 같이 인을 보려고 하면 인
> 의 몸뚱아리[體]를 얻을 수 있다.
> 醫書의서, 言手足痿痹언수족위비, 爲不仁위불인, 此言最善名狀차언최선

명장. 仁者인자, 以天地萬物爲一體이천지만물위일체, 莫非己也막비기야.
認得爲己인득위기, 何所不至하소부지. 若不有諸己약불유저기, 自不與
己相干자불여기상간, 如手足不仁여수족불인, 氣已不貫기이불관, 皆不屬
己개불속기. 故博施濟衆고박시제중, 乃聖之功用내성지공용, 仁至難言인
지난언. 故止曰고지왈, 己欲立而立人기욕립이립인, 己欲達而達人기욕달
이달인, 能近取譬능소취비, 可謂人之方也已가위인지방야이. 欲令如是觀
仁욕령여시관인, 可以得仁之體가이득인지체.

의학에서는 손발이 마비되는 증상을 불인(不仁)하다고 이야기
한다는 거예요. 글이 재밌죠? 마비되었는데 불인하다고 해요. 다시
말해 인하다는 건 소통이 잘 된다는 거예요. 인체로 말하면 순환이
잘 되는 상태가 인한 상태이죠. 기가 막힌 비유예요. 아, 기가 막히
면 불인이 돼 버리니 이렇게 비유하면 안 되겠네요.(웃음)

그런데 정명도는 이 말이 인에 관해 아주 적실하다고 합니다.
인이란 천지만물과 하나가 되는 것이라는 겁니다. 천지만물과 한
몸으로 여기는 것이기 때문에 인은, 인을 행한다는 것은 나로부터
출발해서 나 아닌 타자들과의 관계를 소통시키는 거잖아요. 그래서
천지만물과 하나, 일체를 느끼는 거예요. 그렇기 때문에 어느 것이
든 이 나, 자기 아닌 것이 없게 된다, 이런 뜻입니다. 자신임을 깨닫
는다면, 그것이 곧 나라는 것을 깨닫는다면 어디엔들 이르지 못하
겠는가, 만일 인이 자기에게 있는 것이 아니라고 하면, 스스로 자기
와는 관계없게 되는 것이니, 마치 손발이 마비되는 것과 같다라는

겁니다. 그러므로 "널리 베풀어 백성을 구제하는 것" 이게 아까 박시제중(博施濟衆)이라고, 자공이 물어봤을 때 이런 대답이 나왔었죠? 여하튼 그렇게 하는 것이 성인의 일이라고 말했더랬습니다. 또한 인을 말하기는 매우 어려우므로 "자기가 서고자 하는 것은 남도 서게 하고" 이것도 아까 나온 말이죠? '자기가 숙달하고자 하는 일은 남도 숙달하도록 한다. 가까운 데에서부터 취하여 비유할 수 있다면 인의 방법이라고 말할 수 있다'라고만 말했다. 이와 같이 인을 보려고 하면 인의 본체를 얻을 수도 있다'라고 말하고 있습니다.

　요지는 이런 겁니다. 자, 인하다고 하는 것은 무엇이냐? 이것은 인을 행하는 문제인데, 인을 행한다는 것은 나라고 하는 개체로부터 나 아닌 개체들의 관계들을 소통시키는 문제다라는 겁니다. 그래서 가장 인을 잘 행하는 사람은 가장 소통이 잘되는 사람, 즉 천지만물과 일체라는 거예요. 이걸 신체에 비유하면 우리의 몸이 막힌 데 없이 혈액 순환이 잘되는 사람이 인한 사람이에요. 그러니까 '아, 저 사람은 인한 사람이다'라는 건 뭐냐면 건강하게 대사 활동이 이루어지는 사람인 거죠. 그렇게 몸을 유지하는 사람은 기본적으로 자기의 한 몸 안에서 아주 인한 사람이라는 겁니다. 우리는 보통 '인' 하면 '어질다' 이렇게 생각하는데, 인하다는 것은 다른 게 아니라, 내 한 몸 구석구석, 손 끝부터 머리 끝까지 내 온몸이 소통되는 거예요. 그런데 가끔 보면 어디가 막혀요. 어딘가가 저리고. 그것을 의학에서는, 한의학에서는 불인하다고 얘기한다는 겁니다. 이런 불인한 놈아, 이런 불인한 곳, 이라고 얘기한다는 거예요.

이것을 사람의 관계로 얘기하자면, 내가 어떤 곳과는 잘 통하는데 어느 대목에서는 계속 안 돼. 이럴 수 있잖아요. 내가 시댁하고는 잘 되는데 이상하게 친정하고는 맨날 싸워. 반대일 수도 있고요. 또 내가 친구하고는 너무 좋은데, 가족들하고는 너무 사이가 안 좋아, 역시 반대일 수도 있고요. 이런 식으로 우리가 어떤 관계에서 어딘가에서는 잘 되는데 어딘가에서는 막힐 수 있죠? 그러면 그 지점이 지금 내가 마주서야 될 질문이 있는 자리겠죠. 그 지점을 뚫어야 된다는 거예요, 유학은. 왜? 위기지학(爲己之學)이니까. 자신이 지금 당면한, 자신을 지금 마비시키는 이 자리를 직시하지 않고 떠나거나, 다른 외부에서 이 문제의 해답을 가지고 와서는 안 됩니다.

10. 왕양명과 천지만물 일체로서의 인

구체적으로 예를 들어 볼게요. 이 얘기는 왕양명이라고 하는 명나라 때 철학자의 인(仁)에 대한 설명인데요. 양명은 이렇게 얘기합니다. "천지만물과 하나되는 것이 인이다." 구체적으로는 이렇게 얘기해요. '어떤 어린아이가 우물에 빠지는 모습을 보면 누구라도 가서 그 아이를 구해 주고 싶은 마음이 든다.' 이건 애초에 『맹자』에 나오는 말이에요. 왜 그럴까? 그것은 그 어린아이의 인과 나의 인이 하나가 되기 때문이라는 겁니다. 즉, 그 어린아이의 위급함을 차마 그냥 모른 척 보아 넘길 수 없기 때문이라는 거죠. 이것이 내가 그 아이와 하나(정확히는 하나의 인으로 연결되어 있다)라는 사실을 증명하는 것입니다. 우리는 그 아이가 나와 특별한 관계가 없는 아이이고, 그 아이가 특별히 부잣집 아이라거나 이런 걸 따지지 않아도, 그냥 그 아이를 가서 구해 주고 싶거나 도와주고 싶어집니다.' 맹자는 그걸 측은지심이라고 이야기했습니다. 왜? '그 어린아이도 나와 똑같은 사람의 무리이기 때문에 우리는 그런 순간에 하나의 인(仁)으로 통하게 된다'는 것이지요.

그 다음. 길을 가는데 어디에서 짐승의 울음소리가 너무 처절하게 들려요. 그러면 그때 마음이 확 그 짐승에게로 쏠려요. '쟤가 지금 어디가 아픈가? 덫에 걸렸나? 사고가 났나?' 그래서 그 짐승을 구해 주고 싶은 마음이 들고, 돌봐 주고 싶은 마음이 듭니다. 그런 마음이 들겠죠? 그런데 왜? 이것도 역시 그 짐승의 인함과 나의 인함이 하나가 되었기 때문이라는 거예요. 그 순간에. 어떻게 그럴 수 있는가? 그 짐승도 지각이 있는 생물이기 때문에 그렇다는 거예요.

또, 이건 제가 직접 당한 일인데요. 저희 아파트에 몇십 년 된 목련나무들이 있거든요. 낡은 아파트기 때문에 몇십 년이 됐어요. 근데 어느 날 그걸 다 잘라났어요. 이유가 뭔 줄 아세요? 목련 때문에 그 아래에 꽃이 못 자란다는 거예요. 목련이 너무 높아서 밑에 꽃들이 햇빛을 못 받는다는 말도 안 되는 이유로 수십 년 된 나무를 한 번에 거의 반으로 잘라 버렸습니다. 저는 이 광경을 보고 너무 어이가 없고, 마음이 아팠습니다. 입주해 산 지 십수 년 만에 거의 처음으로 아파트 관리사무소엘 찾아갔을 정도였습니다. 이런 마음이 있을 수 있겠죠?

동네에서 어렸을 때부터 커 오면서 맨날 보고 자란 대추나무가 벼락 맞아서 확 반이 쪼개졌다. 어렸을 때 친구랑 놀던 미루나무, 느티나무가 있는데 공사로 베어졌다, 또는 수해에 쓸려갔거나 하면 그때 마음이 그리로 확 간단 말이에요. 양명의 말로는 식물하고도 우리는 이미 하나가 된다는 거예요. 그 식물의 인함과 나의 인함이 하나가 된 것인데, 어떻게 그럴 수가 있을까요? 그 식물의 생의지

때문입니다. 식물도 살고자 하는 생명의지를 갖고 있는 것이기 때문에 나의 인함과 하나가 된다는 겁니다. 유학의 인함은 이렇게 가는 거예요. 우리는 유학을 보통 사람 사이에서만 성립한다고 생각하지만 만물일체설이 유학의 인함의 궁극입니다.

자, 여기서 한발 더 나갑니다. 왕양명은 깨진 기왓장을 보아도 무생물에게도 덜컥 마음이 일어난다는 거예요. 우리가 어떤 물건에도 거기서 확 마음이 일어날 수 있고, 그 물건과 내가 하나가 된다는 거예요. 생각해 보면 어떤 물건, 특별한 의미를 갖고 있는 어떤 물건이 그렇게 어느 순간 확 우리의 마음을 다 쓸어가 버리는 경우가 있죠. 양명은 이것을 고석지심(顧惜之心), '옛일을 돌이켜 생각하는 마음'이라고 얘기했어요. 어떤 물건에는 어떤 서사가 있을 수 있습니다. 이건 우리 아버님이 남겨 주신 유품인데, 이건 우리 형님 얼굴을 닮았던 건데라든지, 이건 우리 어머님이 옛날에 아주 어려운 형편에서 사 줬던 건데. 이럴 때에, 확 무언가가 일어난다는 거죠. 마음은 아니, 마음이란 게 그런 겁니다. 그리고 바로 그 마음이 인 아니겠습니까?

저는 이것이 유학에서 인이 보여 줄 수 있는 소통의 궁극이라고 생각합니다. 유학이 지향하는 세계가 결국 사람과 사람들 사이의 공동체 관계잖아요. 공동체 문제는 기껏해야 국가와 세계를 생각하게 되겠죠. 또 유학이라고 하면 국가 철학으로 기능할 것 같은 이미지도 있고요. 하지만 왕양명 등에게서 보이는 이 '만물일체설'은 아주 가볍게(!) 인간이라는 종적 경계를 넘어버립니다. 이런 유학을 가정의례나 제사 같은 것으로 가두어선 안되죠. 가족주의라는 건 유학이 뒤집어쓸 원죄가 아닌 것 같아요.

가족주의는커녕 가족을 넘어서 금수와 초목과 심지어는 무생물 등 이 세계 내의 모든 존재들과 만물일체한다는 정치=학문이 유학 말고 또 어떤 게 있을까요? 유학이 최고다, 라는 게 아니라 유학의 이런 면모가 우리가 흔히 오해하는 지점과 얼마나 먼 것인지 말씀드리고 있는 겁니다. 무생물에게조차도 내가 실천할 수 있는 실천의 지점들을 찾을 수 있다는 게 얼마나 멋집니까. 성인들이 이미 너무 오래되어 새로운 성인들이 필요했을 때, 공자는 '인'을 제창한 것입니다. 새로운 비전을 제시한 것이죠.

그래서 저는 이 유학이라는 학문을 절대로 수동적이거나 소극적이거나 혹은 자족적이고 폐쇄적이고 배타적인 등등의 것으로 규정하는 일체의 논의에 동의하지 않습니다. 앞에서도 잠깐 말씀드렸지만, 그런 이미지는 특정한 시기에 그렇게 왜곡된 것이라고 할 수 있습니다. 특히 부정적인 방식으로 말이죠. 그러니까, 우리한테는 유학이라는 말로 수입되고 또 전개되었지만 그게 사실은 주자학(성리학)이었던 것이죠. 주자학(성리학)은 유학 전체의 그림에서 보자면 그 가운데 700여 년에 걸쳐 있는 학문의 이름입니다. 2,500여 년 역사에서 700여 년이라면 결코 적지 않은 시간입니다. 하지만 그보다 더 중요한 건 우리의 유학 체험은 오로지 이 700여 년 속에 있었다는 사실입니다. 게다가 이 경험은 지금 현재 우리가 살고 있는 이 근대적 삶의 양식에 의해 부정되고 극복되어야 했던 전근대 시기의 이야기이기도 합니다. 우리에게 주자학(성리학)이 싸잡아 비판받는 이유에는 이런 역사적 맥락도 있는 것이고요.

그 바람에 유학이 본래 가지고 있었던 또는 유학이 본래 지향하고자 했던 어떤 가치들이 미처 우리 손으로 검토되지도 못한 채 유효기간 지난 상품처럼 일거에 폐기처분되었던 것입니다. 제가 유학을 위해서 변명해 주고 싶은 게 있다면, 아니 그보다 다들 보시다시피 그리고 아시다시피 저는 유학자가 아닙니다. 하지만 비록 유학자는 아니지만 어찌 됐건 그래도 유학을 공부하는 입장에서 아쉬운 게 많아요. 제가 보기엔 유학이 지금처럼 저평가된 상태로 곧장 역사의 장 바깥으로 망각되는 건, 무엇보다 우리들에게 좋지 않을 것 같아요. 저는 인문학의 부정 정신을 긍정하지만, 그것은 지나간 과거를 쉽게 잊거나 절연시키자는 얘기가 전혀 아닙니다. 유학은 지금 여기에서 무엇을 할 것인가, 어떻게 살 것인가에 관해 스스로 질문하는 것이 당연하다는 걸 가르쳐 줍니다. 뭔가 작은 실마리라도 각자에게 마련된다면, 저는 그 실마리를 길잡이 삼아 유학이 충분히 현재의 우리에게 말을 건넬 수 있는 학문이기도 하다는 점을 말씀드리고 싶은 겁니다.

11. 역부족

공자의 제자 중에 염구(冉求)라는 비운의 스타가 있습니다. 여러 번 나왔는데, 자로와 함께 정치 분야에서 쌍두마차입니다. 자로는 위나라의 쿠데타에 말려들어서 죽지만, 염구는 공자의 고향인 노나라에서 읍재(재상, 국무총리)의 역할을 했습니다. 고대 신분제도를 보면 한 나라에는 왕이 있죠. 이것을 제후(공)라고 합니다. 그리고 그 밑에 대부계급이 있어요. 이 대부계급이 계손씨, 숙손씨, 맹손씨 같은 삼대 가문입니다. 실제적으로 이 가문들이 제후보다도 더 힘이 세서 나중에 소공 같은 사람은 쿠데타로 추방해 버리고 객사하게 되고 이런 나라가 노나라였다고 말씀드렸었죠. 염유는 실질적인 노나라의 실력자인 계손씨 집안의 읍재를 해요. 즉 계손씨 집안의 총 행정책임자가 된다라는 뜻이에요. 그래서 이게 사달이 되는 겁니다. 너무 뛰어나요. 두뇌도 뛰어나고, 능력이 뛰어나서, 염유가 일을 너무 잘했어요. 그래서 계손씨의 재산이 점점 불어나는 겁니다. 더 잘살게 되고요.

낮에는 계손씨 집안의 일을 하지만 매일 저녁마다 스승님한테 와서 "스승님, 오늘 무슨 일이 있었습니다" 하고 브리핑을 합니다. 가만히 보면 공자는 리모트컨트롤 정치를 합니다. 자신은 가만히 앉아 있으면 제자들이 각자의 지위와 역할에서 벌어진 일들을 다 브리핑해서 보고하고, 와서 얘기를 하고 그러는 겁니다. 근데 어느 순간 점점 염유가 안 옵니다. 와도 자꾸 늦습니다. 저녁 8시가 되었는데 염유가 "야근입니다" 이러면서 못 오고, "회식 있습니다" 이러고 빠지죠. 자주 그러니까 하루는 공자 선생님이 삐치셔 가지고, "왜 이렇게 늦냐"라고 묻죠. 그러자 염구는 "공무를 처리하느라 많이 바빴습니다"라고 변명을 해댑니다. 그랬더니 공자님이 "아유, 힘들겠구나 우리 제자"라고 말씀해 주시면 좋겠지만.(웃음) 우리가 아는 공자님은 절대 그런 분이 아니시거든요. 바로 이렇게 쏘아붙입니다. "뭐, 계손씨네 사적 일이나 도와주고 있는 거지. 정말 공무였다면 내 귀에 안 들렸을 리가 없다!" 염유는 염유대로 얼마나 괴로웠을까요.

하루는 염유가 스승에게 이렇게 말해요. "선생님. 제가 선생님의 도를 좋아하지 않는 것은 아닙니다만, 선생님의 도를 현실에서 실천하기에는 제 능력이 부족합니다." 여기에 역부족(力不足)이란 말이 나와요. "역부족이에요, 선생님." 그럼 우리 스승님께서 "아이구 미안하다. 내가 너무 너를 힘들게 한 것 같구나"라고 하셨을 것 같지만 역시 천만의 말씀이잖아요. 우리 스승님이 그러실 리가 없지요. 또 팩하시죠. 저기서. "그래? 너 말 참 이상하게 한다." 이러면서. "역부족? 진짜 힘이 부족한 사람은" 공자님이 탁 말을 받아요.

"진짜 역부족자는 중도이폐(中道而廢)하는 법이지." 중도에서 그만
둔다는 뜻입니다.

진짜 능력이 부족하다는 것은, 능력이 부족한 사람은, 그 힘을
다하는 중에, 중도에서 멈추는 거예요. 다시 말하면 이런 거예요.
"힘이 다하는 사람은 어떤 사람들이냐, 힘을 다하는 데까지 쓰는 중
에 그치는 사람이 역부족한 거야. 너는 지금 획을 긋고 있어. 미리
한계를 긋고 있구나. 해보기도 전에." 이러면서 탁 쏘아붙이잖아요.
"진짜 힘이 부족한 사람은 자기의 힘이 다하는 데까지 나아가 본 사
람이다. 너는 지금 내가 말하는 이 도를 실천해 보려고 하지도 않고
'못하겠습니다'라고 얘기하는 거다. 미리 네 한계를 긋고 있는 거
다"라고 이야기합니다. 원래 역부족이라고 하는 말이나 중도이폐
라고 하는 말은 이런 뜻을 가지고 있습니다. 앞으로 역부족이란 말,
함부로 못 쓰시겠죠? 중도이폐라는 말은 함부로 쓰셔도 되고요.(웃
음)

여하튼 제자들은 제자들 나름대로 굉장히 스트레스를 많이 받
았을 거라는 겁니다. 하지만 용장 밑에 약졸 없다고. 어찌 보면 자로
처럼 비록 머리로는 잘 이해가 안되지만 온몸으로 스승님의 말씀을
무조건 다를 수 있다고, 따르겠다고 하는 마음이 최고일 수 있습니
다. 자로 보세요. 죽으면서까지 갓끈을 매면서 죽었다고 하잖아요.
그런데 염유 같은 제자는 오히려 스승을 따르기가 굉장히 힘든 거
죠. 자로처럼 소신있게 밀어붙일 수도 없고. 그렇다고 해서 스승의
말씀을 정면에서 반박할 수도 없고. 그 사이에서 이런 제자들의 고

충도 사실은 『논어』 안에 있습니다. 그래서 그 안에 등장하는 여러 인물들이 서로 갖고 있는 입장과 관계의 고충들을 들여다보면 『논어』란 책을 훨씬 더 재밌게 읽을 수 있는 겁니다.

12. 광자와 견자, 그리고 향원

이제 결론으로 갑니다. 각각 「자로」편과 「학이」편에 나와 있는 말인데요.

① 강직하고 굳세고 소박하고 어눌한 것이 인에 가깝다.
剛毅木訥강의목눌 近仁근인.

② 교묘한 말재주와 잘 꾸민 낯빛에는 인이 드물다.
巧言令色교언영색 鮮矣仁선의인.

강직하고 굳세고 소박하고 어눌한 것이 인에 가깝다. 공자는 이렇게 말했습니다. 강의목눌(剛毅木訥). 이 어눌할 때의 눌이 언변에서의 눌변을 이야기하는 거거든요. 공자는 확실히 여러 면에서 말을 잘하는 것을 굉장히 많이 경계했어요. 그래서 말 잘하는 것에 대한 공자의 편견이 있어요. 자공 같은 인물, 번지 같은 인물들이 『논어』 안에서 제대로 평가받지 못하는 것도 아마 그런 이유도 있지 않을까 합니다.

그런데 그런 자공이나 번지 같은 인물, 즉 『논어』에 등장하는 공자의 제자들 중에서 최고 말 잘하는 인물들을 매 순간 말로 기를 죽여 놓는 인물이 공자예요. 말을 제일 잘하시는 분은 사실 공자님인데 공자님은 이렇게 말해요. "교언영색 선의인"(巧言令色 鮮矣仁)이라! 말을 잘 꾸미고, 낯빛을 잘 꾸미는 자들 중엔, 인한 자가 드물다고요.

『논어』에 보이는 인에 가까운 태도와 인하기 어려운 태도는 거칠고 투박하지만 온몸으로 실천하고 있는 축과, 세련되고 예쁘고 조각 같은 아름다움으로 계산된 축으로 나뉩니다. 당연히 『논어』는 전자의 축에서 더 인간적인 가치를 찾습니다.

인은 소유가 아니라 행위입니다. 그래서 머물 수 있는 게 아니에요. 인한 행위를 실천함으로써 매 순간 거쳐 지나가는 그것이 인, 인겁니다. 요컨대 인자가 인을 행하는 게 아니죠. 인자가 되어서 인을 행하는 게 아니에요. 인을 행하는 사람이 그 순간 인자가 겁니다. 그러니까 매 순간 인자가 되어야 되는 문제에 서는 거지, 한번 인자가 되면 하는 것이 다 인이 되는 문제가 아니다, 라고 얘기합니다. 어떠한 훌륭한 인격도 매번 그 행위로서만 인자가 되는 셈인 것이죠. 안회 같은 인물도 고작 삼개월 정도 인에 머물렀다 라고 하는 거 보셨죠? 이제 와서 보면 이게 얼마나 대단한 이야기는 여러 번 말씀 드렸습니다.

군자가 인을 떠나게 되면 어찌 이름을 이룰 수 있겠는가? 군자는 밥을 먹는 시간을 마치는 동안에도 인을 떠나지 않고, 경황이 없는 중에도 반드시 인에 있고, 위급한 순간에도 반드시 인에 있어야 한다.

「이인」편에 나오는 인에 관련된 언급입니다. 아주 경황이 없는 이런 순간에도 군자는 인을 떠나지 않아야 한대요. 그러니까 인을 지킬 수 있는 사람이 얼마나 극소수이겠는가, 인을 행할 수 있는 사람은 얼마나 극소수이겠는가, 라고 생각할 수 있지만요. 거꾸로 생각해 보면 이것은 인이라고 하는 것을 우리가 굉장히 고명하고 큰 어떤 것을 생각하기 때문에 그런 거죠. 다른 한편으로 생각해 보면 인은, 지금 내 처지에서 매 순간 나의 사심 없음을 이 관계적 맥락 안에서 실행할 수 있을 때, 인은 실천되는 거거든요. 대단한 공익적인 일을 하거나 대단한 무슨 일을 행해야만 인을 행하는 게 아니라, 각자의 자기 처지가 그 스스로의 어떤 행위로 전환될 때에 그를 인한 사람으로 만들어 줄 수 있는 것이겠지요. 그렇게 생각하면 오히려 인이라고 하는 것은, 훨씬 더 구체적이고 다양한 용법들을 획득할 수 있는 지점에 서게 된다는 겁니다.

인을 행하는 사람. 자, 당연히 성인이면 이 인을 계속 행할, 행하는 사람들이겠지요. 그런데, 현세에서 성인을 만나는 건 거의 불가능에 가깝다. 왜? 성인은 스스로 자기를 성인이라고 생각하지 않거든요. 그러니까 우리가 현세에서 "성인? 성인이십니까?" "네. 제, 제가 성인입니다."(웃음) 그러면 성인이 아닌 거예요. 그러니 우리는 현세에서는 성인을 만날 수가 없어요. 현세에서. 그래서 공자도 자기는 성인을 만날 수 없다 그러면서 차선책으로 성인을 만날 수 없으면 누구와 일을 도모하겠는가 하니 이렇게 얘기합니다. "중도의 길을 가는 사람". 이게 성인인데 이 사람을 만날 수 없다면, "치우치지도 않고, 의존하지도 않고, 매 순간 적중한 인을 행할 수 있는 사람을 만날 수 없다면, 나는 차라리 광자(狂者)·견자(狷者) 무리와 함께 하겠다." 이렇게 얘기해요. 광자는 '미칠 광(狂)' 자를 써요. 미친 놈들이죠. 견자는 지키는 바가 있는 사람을 말해요.

'광자, 견자가 대단한 건가? 뭐지?' 많은 사람들이 광자와 견자에 대해서 논의를 합니다. 왜 하필이면 미친놈들과 같이하겠다고 하는 것인지, 그 이유는 딱 한 가지입니다. 광자, 견자는 아직 그 뜻을 잃지 않았기 때문입니다. 어떤 뜻? 요순과 같은 성인이 되겠다, 라고 하는. 중도에 서겠다라고 하는 뜻(의지)입니다. 인을 실천하겠다고 하는, 인함을 실천하겠다는 이 뜻을 잃지 않았다는 거예요.

그런데 왜 광자 견자냐? 뜻은 잃지 않았는데 아직 성인이 아니기에 하는 짓이 헛발질을 많이 해가지고 현실하고 괴리가 생기는 겁니다. 자기는 사심없이 인을 행하는데 말이죠. 자로를 생각해 보세요. 자로가 사심으로 인을 행하겠습니까? "선생님, 뗏목 준비할까요?" 이게 사심이겠습니까? 그런데 헛발질을 하지요. 광자예요. "저미친놈 저거… 용기는 훌륭하다만 저 쓸데없어 저거." 무슨 말인지 아시겠습니까. 이 사람들은 비록 현실에서 헛발질을 하지만 그래도 이 사람들은 사사롭게 잔머리를 굴리는 사람들이 아니에요. 그래도 성인됨의 길에 서려고 계속 자기를 몰아붙이는 사람들이죠. 광자는 그 뜻을 잃지 않고 매번 돌진합니다. 그런데 현실에서 갭이 있어요. 실천이 안되는 거죠. 그래서 사회에서 볼 때에는 '아이고 저 미친놈, 저 미친놈.' 하죠.

견자는, '하… 아직 안될 것 같은데. 그러면 조금 참아야지. 다음 기회에 다음 기회에.' 이러면서 기다리고 있어요. 둘 다 현세에서 이 갭을 메우지 못해서 성인이라고 할 수는 없지만, 그래도 다른 생각들을 안 해요. '다른 쉬운 길을 찾아야지. 다른 길을 찾아야지.' 이런 생각 안 해요.

한편 공자가 이런 인물들과는 함께하지 않겠다고 한 인물들이 있어요. 향원(鄕原)이라고 하는데 이 향원이 아주 나쁜놈들일 것 같지만, 안 그래요. 생각보다 향원들이 아주 젠틀해요. 좀 지적을 해볼까 싶어서 들여다봐도, 딱히 지적할 게 없어요. 향원은 세속의 어떤 흐름에 두루두루 잘 화합해요. 그게 좋은 거 아닙니까? 그런데 공자는 "내가 중도의 길을 가는 성인을 만날 수 없다면, 광자 견자와 함께하지, 향원 같은 인물들과는 절대 같이 가지 않겠다." 향원은 덕을 해치는, 덕의 도적놈들, 덕을 훔치는 자들이에요. 이렇게까지 얘기했어요. 덕지적(德之賊)이다. 내 집 앞을 지나가면서 나한테 인사 안하고, 나한테 뭐 얘기 좀 안 하고 지나가도 내가 섭섭해하지 않을 인물들이 향원들이야. 개네들은 우리 동네 와서 지나가면서 "이 동네 공자 어른 산다는데 한번 만나 뵙고 가야지." 안 이랬으면 좋겠어. 딱히 지적하려고 해도 지적할 게 없고 세상과 두루두루 잘 어울린다? 우리 현대인들은 이런 인재를 찾지 않나요? 오히려. 두루두루 사람 좋은 통합형 인재말입니다.

자, 그런데 공자는, 유학은 왜 이런 인물들을 굉장히 경멸할까요? 이건 공자가 추구하는 어떤 가치나 공자가 추구하는 윤리의 어떤 점에 어긋나기에 결정적으로 공자가 함께할 수 없다라고 생각하는 걸까요. 그것을 맹자는 이렇게 얘기합니다. 향원이라고 하는 인물들은 기본적으로 위인지학(爲人之學)자들이에요. 어떻게 하면 두루두루 세상과 화합하고, 어떻게 하면 다른 사람들과 딱히 지적받지 않을 정도로 자기 몸가짐을 잘할 수 있는가? 이것은 다른 사람들의 눈치에 자기를 맞추기 때문이에요. 그런데 유학은 그런 학문을, 그런 삶을, 좋은 삶이라고 생각하지 않는다는 거예요.

유학은 스스로 자기의 뜻하는 바를 자기로부터 세우고, 자기의 가치를 스스로 만들어 나갈 수 있는 사람들을 찾고 있어요. 자기의 결정을 외적인 결정에 맡기지 않는 사람. 내가 지금 여기서 행동해야 될 때인지, 내가 지금 멈춰야 될 때인지, 내가 여기서 한 번쯤 더 참고 기다려야 될 때인지를 규칙에 맞춰서 찾는 사람이 아니라, 스스로 만물과 하나될 수 있는 사람. 스스로 옳다고 믿으면 백 번 천 번 기다릴 수 있어야 되고, 그것이 옳지 않다고 믿는다면 단 한 번도 기다릴 필요가 없겠죠. 다만, 그 책임과 판단이 사사롭지 않아야 되는 거지요. 즉, 어떤 이해관계가 아닌 것으로 내 삶의 윤리들을 스스로 만들어나갈 수 있는 사람들. 그런 사람들은 좀 헛발질도 하고, 어그러지고 하더라도, 이런 사람들이 훨씬 더 사회적으로도, 개인적인 삶에서도, 훨씬 더 건강한 삶이다라고 유학은 이야기해 주고 있다는 겁니다. 향원이라고 하는 인물은 유학에서 특히 공자님께 아주 비판받는 굉장히 하급의 인물입니다.

13. 내가 인하고자 하면, 이미 인이 있다

공자는 성인이 아니었습니다. 아마도 스스로를 인자(仁者)라고도 여기지 않았을 겁니다. 하지만 공자는 무수히 많은 세월 동안에 스스로 인하고자 했을 거예요. 인을 실천하는 자로서, 광자로서, 또는 견자로서라도 자기를 실천시키려고 했을 겁니다. 끊임없이 또 군자이고자 의지[志]했을 거예요. 그런 귀한 가치를 실현하는 사람이고자 했을 겁니다. 그리고 그렇게 군자적 삶에 이르고자, 또는 머물고자 혼신의 힘을 다함으로써 공자는 매 순간 인자가 되고, 매 순간 사실상 성인의 반열에 오르는 겁니다. 성인이었기 때문에 행했던 게 아니라, 그런 행위들 위에 매 순간 서려고 했던 그 자체가 후대에 공자를 성인이라고 주저없이 부르게 되는 이유가 된다는 겁니다.

공자의 일생에도 굉장히 많은 헛발질들이 있죠. 하지만 그 한평생을 물러서지 않잖아요. 68세까지 14년 동안 천하를 돌아다니면서도, 자기의 도가 실현될 수 있을 때까지 가면, 얼마든지 다니겠다는 거였어요. 68세가 되었을 때, 비로소 꿈을 접어요. 그러고는 두말없이 고향으로 돌아옵니다. "돌아가자, 돌아가자. 노나라로 돌아가서, 젊은이들을 키우자."

　이런 삶을 살 수 있었던 인물이었기 때문에, 공자의 매 삶을 "성인의 삶이었는가"라고 말하는 것은 적당하지 않을지 모르지만, 공자의 그 매 순간의 행위들은 아마도 스스로에게 떳떳한 행위들의 연속이었을 것입니다. 그런 점에서 공자는, 충분히 후세 사람들에게 존경을 받을 만한 어떤 지점들을 이미 표출하고 있는 것이었죠.

　공자의 일생은 한 인간이 끊임없이 자기의 부족함을 채우면서 나아가고, 또 조금 더 나은 삶의 길을 향해서 묵묵히 나아간다는 그런 드라마에 비유해 볼 수 있습니다. 저는 이 말을 두 가지 뜻으로 쓰고 있습니다. 공자는 신이 아니었고 우리와 똑같은 인간이었던 만큼 그 부족함을 채워 가는 삶이었다는 뜻이 하나라면 성인-됨은 진짜 부족해서라기보다 스스로 부족함을 볼 줄 알아야(부족하다고 여길 줄 알아야) 나아갈 수 있다는 뜻이 다른 하나입니다.

　인은 유학이 제시하는 인간다운 삶의 방향입니다. 어떻게 그렇게 공자는 사십에 비로소 미혹됨을 이길 수 있었고, 오십이 되어 천명을 알게 되고, 육십이 되어 귀가 순해지고, 칠십이 되면서는 삶으로부터 자유로워지게 되었는가. 이 사실은 공자가 매 순간순간 자기 앞에 맞닥뜨린 질문들을 묻고 나아가고, 묻고 나아가고 하는 그 과정의 연속을 보여주고 있는 것이 아닌가 합니다. 열다섯에 배움에 뜻을 두고, 서른에 예에 서고, 마흔에 불혹하고, 쉰에 지천명하고, 육십에 이순하고, 칠순에 종심소욕불유구(從心所慾不踰矩) 할 때에 공자는 그렇게 매 순간 다른 현장으로 자기를 이동시킬 수 있을 만큼, 매번 자기 앞에 맞닥뜨렸던 삶의 질문들을 통과해 나아간 것이 아닐까 하고 생각해 봅니다.

그게 아마 유학의 기조로서의 공자가 가지는 인간적인 매력이지 않을까. 이미 완성된 어떤 초월적 성자라든가, 이미 굉장히 전지전능한 재능을 갖고 있는 무언가로 출발해서 끝났다라고 하는 드라마의 주인공, 그것을 세상에서 보여줄 복음을 전파하는 성인, 이런 이미지가 아니라, 매 순간 우리와 똑같은 고난들을 실제적으로 겪으면서, 그 과정들을 통과할 때마다 하나씩 하나씩 다른 자리에 자기를 이동시키는 삶을 보여 준 성자였다는 것. 그게 공자가 갖는 아마 위대함이지 않을까, 싶습니다.

그래서인지 공자의 일생에 인이란 무엇이냐는 물음에 대한 대답은 없습니다. 매 순간 물음들이 있었고, 그에 대한 대답으로서 어떠한 삶이 있었을 뿐입니다. 그리고 그런 공자의 삶의 여정에는 항상, 배움이 떠나지 않았다는 거죠. 그렇기에 공자의 일생은 또한 매 순간 지나치거나 모자랄 수밖에 없는 현실 위에서 물러났던 적도 없습니다. 지나치면 지나친 대로, 모자라면 모자란 대로 공자의 그 길이 바로 실천으로서의 인-함, 인을 행하는 길이었다라고 저는 그렇게 말씀드리고 싶습니다.

어떻게 인-할 것인지 궁금하시다면 제가 인에 대한 공자의 언급 중에서 가장 좋아하는 말을 마지막으로 드리고 싶습니다. 공자는 「술이」(述而)편에서 인은 멀리 있지 않다, "인원호재"(仁遠乎哉)라고 말합니다. "아욕인"(我欲仁), 내가 인하고자 하면. 내가 인을 원하면. 바로 거기에, 인이 이른다. 인은 어떻게 행하는 문제가 아니라, 지금 내가 이 자리에서 인을 행하고자 하는 거기에서, 이미 나는 인의 조건 속에 들어와 있게 된다는 것. 이 말보다 더 강렬한 인에 대한 언급이 있을 수 있을까 싶습니다.

마지막으로, 공자가 어떤 인물이었는지 다시 한번 보는 것으로 끝내겠습니다. 「헌문」편에 있는 구절이고, 이미 한두 번 언급되었던 내용입니다. 공자 같은 사람도 동시대 사람들에게 어떻게 비쳤는지를 보여 주는데 그다지 긍정적인 평가로는 보이지 않습니다. 어쩌면 조롱에 가깝기도 하고요. 하지만 저는 이 공자가 받았던 조롱이 바로 가장 공자를 제대로 설명해 주는 것이지 않을까 생각합니다. 이렇게 되어 있습니다.

자로가 석문에서 유숙하게 되었는데, 문지기가 자로에게 물었어요. "어디에서 왔소?" 자로가 대답합니다. "공씨에게서 왔소." 성문지기가 이렇게 말합니다. "아아, 안 되는 걸 알면서도 하는 사람 말이오?"

"되지 않을 걸 알면서 매번 하고 다닌다는 사람", 당시 사람들은 공자를 그렇게 봤다는 거예요. "아휴, 그 인간 그거, 되지도 않을 걸 알면서 매번 그러고 다닌다더만?" 이렇게 얘기를 했다는 거예요. "시지기불가이위지자여"(是知其不可而爲之者與), 바로 그 불가한 줄 알면서도 하는 자 말이오?

여기에는 물론 조롱과 비아냥이 섞여 있습니다. 하지만 바로 그게 공자라는 거예요. 왜? 그게 공자가 받은 사명이고, 공자가 가야 될 운명이자 길이었을 테니까요. 공자가 그 길에서 물러섰다면 혹은 타협했다면 아마 우리는 공자와 같은 스승을 만나기 위해 좀 더 많은 시간을 더 기다려야 했을 겁니다. 바로 이 점이 공자라고 하는 인물을 이천오백 년이 지나는 동안 계속 살아있게 만드는 원천이기도 하겠지요. 그 안 되는 걸 알면서도, 즉 현실에서 꼭 다 이루지는 못할 거라는 걸 알지만, 그게 해야 하는 일이라는 걸 그 스스로 사심없이 아는 한, 그 길에 끝까지 이르려고 나서는 것 말입니다. 결론이 너무 진부하고 소박한가요. 그래도 이게 제가 드릴 수 있는 정도의 얘기입니다. 지금까지 잘 들어 주셔서 감사합니다.